近　藤　萌　美　著

近世日本の礼と国家

―新井白石と松平定信、後期水戸学と岡山藩学―

塙　書　房　刊

目次

目　次

近世日本の礼と国家

――新井白石と松平定信、後期水戸学と岡山藩学――

序章　近世・近代《modern》の礼と国家

第一節　本書の視点

本書の目的は、日本において近代国家のはじまりといえる明治維新が、王政復古という形がとられるとともに、神仏分離がなされ、全国で廃仏毀釈運動がなされたことを歴史的に位置づけることである。

これまでこの問題については、幕末の政治過程において傍流を占めていた国体神学の信奉者たちが新政府の中枢をにぎった薩長討幕派によってイデオローグとして登用され、歴史の表舞台に立ち、新政府の権威の確立のために天皇の神権的絶対性が何よりも強調されたと説明されてきた[1]。また近世から近代に転換する明治維新期と同様に、中世から近世への過渡期においても権力と宗教の対抗のなかで為政者の神格化がなされていることが指摘されている[2]。

近代社会への転換にさいして、旧い生活様式や意識形態が改められ、民族的な規模でのあらたな生活や意識の様式が成立してゆくのは、どの民族にも見られる普遍史的な事実であり、それは、近代的な国家と社会の成立をその基底部からささえる過程である。だが、日本のばあい、近代的民族国家の形成過程は、人々の生活や意識の様式をとりわけ過剰同調型のものにつくりかえていったように思われる。神仏分離にはじまる近代日本の宗教史は、こうした編成替えの一環であり、そこに今日の私たちにまでつらなる精神史的な問題状況が露呈しているのではなかろうか。

安丸良夫は、このように、仏教や民俗信仰への抑圧を、「民族的な規模でのあらたな生活や意識の様式」を確立する過程と位置づけ、それはどの民族にも見られる普遍史的な事実であり近代的な国家と社会の成立をその基底部からささえるものと評している。本書では、この安丸の指摘に学びながらも、一つの疑問に対面する。日本近世においては、このような編成替えの前史といえる経世論が改革期の儒学者を中心に試みられ、その延長上に水戸学や後期国学が位置づけられる。これらをいかに理解したらよいか、と。安丸は国体神学を幕末維新期といった対外関係の緊迫のなかで「民族的規模での意識統合」[3]をはかるために浮上してきたと述べているが、本書では、改めて安丸の指摘する近代化に伴う編成替えを近世政治改革思想の延長として再考していきたい。そして、古代以来習合[4]を深めてきた神仏の分離がなぜ明治維新期に行われたのか、そして、その神仏分離の後、仏教が政府から切り離されたまま、近代国家の確立がなされているのはなぜなのかを考える一助となればと考える。

では、どのような視点からその問題を明らかにするのか。本書がとりあげるのは主に儒学者をはじめとした経世思想であるが、そのなかには、祖先を政治のもとに置き、仏教をはじめとしたそれ以外の信仰形態を再編成、または変容させていく政治手法が含まれる。

日本近世政治思想において、儒教思想の自己分解過程を通じての近代意識の成長を、思惟方法の変容という観点から考察したのは丸山眞男である。[5]丸山は、政治的＝社会的秩序が天地自然に存在するという朱子学的思惟から、それが主体的人間によって作為さるべきものとする徂徠学的論理への展開に、自由意志の主体としての人間が社会秩序を作為するといった近代的＝市民的思惟様式の萌芽をみた。[6]徂徠は、封建社会の依って立つ根本規範の新たな基礎づけと、現実の社会的混乱を克服すべき強力な政治的処置の提示を政治的課題としていた。

この丸山の見解に対して、尾藤正英が日本と中国では儒教の存在様態が異なるという観点に立って、解体されたとされた朱子学自体が、そもそも日本では体制教学として成立しえていなかったとした[7]。また、溝口雄三は、朱子学に自然法的性格を措定すること自体にも疑義を呈した[8]。このように、丸山の提示した「自然」から「作為」へという思惟の転換の構図は、主にその前提において諸氏の研究成果によって超克されたかにみえる。

しかし、社会秩序の起源を聖人の「作為」に求め、人間が主体的に社会秩序を作為し変革することができるという点に着目した丸山の制度観はいまだに色褪せていない。なぜなら、本書で明らかにするように、近世改革期において、為政者の祖先を顕彰し、そのもとで制度改革を進めていくという手法は、徂徠学やその思惟様式を継承した国学に限定されることなくみられ、その手法をもとに明治維新期の神仏分離政策、神道国教化政策がとられたと考えられるからである。丸山は徂徠学に注目し、乗り越えられ解体される朱子学（道徳）という構図を立てたため、その後の寛政期の異学の禁は「自然的秩序思想の強制的復興」「社会的照応性の故にではなく、そのいとなむイデオロギー的機能の故に、民心安定に焦慮する封建支配者によって再び登場を命ぜられた朱子学」、水戸学は「国内秩序の無条件的な承認」「自然的秩序の論理の再確認」「作為の論理の停滞」とし、両者とも思想的停滞とした[9]。しかし、そもそも政治のもとに祖先を置き、それに対する感覚的な「道徳」をもとに政治を改革するといった手法には、多分に人々の信仰や思想、生活様式の再編・変容をもたらす要素があり、その点を捨象してしまっては、神仏分離を伴った日本近代国家の確立過程を考えることはできない。

また、丸山同様に徂徠の思惟様式に着目したのが小路田泰直である[10]。小路田は鎌倉時代以降、話し合いに基づく輿論政治の安定化のため、輿論の上により広大で奥行きのある「死者の輿論」を置き、私利私欲に引き裂かれがちな輿論を輿論の名において抑制するといった政治手法が模索されてきたさまを考察し、徂徠の「先王制作の道」をその画期の一つとしている。「死者の輿論」とは「先王制作の道」をはじめ、慣習や伝統、古い法律（祖法とも呼ばれる）など現代に残る輿論のこととされ、[11]祖先顕彰を扱う本書においても多分に関わるものであるが、丸山同様、近世改革期の個々人の「道徳」に働きかける政治手法については不問にされている。

丸山・小路田が捨象した「道徳」[12]がなぜ近世から近代にかけて政治手法に必要とされるのか、日本の近代化を再考する上でも重要な視点と考えられ、この点を明らかにすることが本書の狙いの一つである。[13]

そこで、本書が改めて注視するのが、「礼」「鬼神」「道徳」である。本書では、「礼」を人々の生活スタイル、またはその総体としての社会の構造を調整していく「調整弁」と考える。儒学者たちは、「礼」を当時の社会に創出し、政治改革に適用しようと構想する。「礼」による調整を通して、「家」を基礎とした社会に、各人が容易に干渉しえない「公共財」を生み出し、永続的に継承させようとするのである。そして、「礼」を制度として機能させるために、「礼」を創始した為政者の祖先＝鬼神を為政者自身が顕彰するとともに、家に継承されるべき「財」の観念を生むために各人の「家」の祖先顕彰も促し、人々の生活様式を変容させていく。閉じられた空間に「財」を継承させるといった意味において、その祖先とは「家」「国家」に帰属するものであり、仏教などの祖先をより高次な存在に帰依させる他の信仰形態とは分離されねばならない。なぜなら、そうしないと「財」が「家」「国家」の外部へと分散していくからである。この儒教における経世的な要素は、多分に人々の信仰や思想、生活様式の変容を迫るものであるが、近世前期から岡山藩をはじめとした「明君」により、実際の政治に取り入れられた。そこでは、為政者は象徴的に神仏分離を行い、仏教から切り離した祖先を顕彰し、政治を観念的に公的なものとしていったのである。

近年、近世日本における儒礼の受用について、吾妻重二や田世民[14]によって研究が進められている。特に吾妻によって、朱子学の礼式テキストである『文公家礼』が十七世紀以降実践され、近世後期になると『家礼』の葬祭儀礼に関する論述が数多く著されたことが実証され、また実際に『家礼』に基づいた葬祭が行われたことが明らかにされている[15]。また民間でも『家礼』式位牌が家々に普及し、氏は近代日本の祖先観念は儒教や『家礼』の影響のもとで形成もしくは強化されたのではないかと推測している[16]。

本書の特徴は、個別の儒礼の受用をトレースするのではなく[17]、儒学者らが個別に儒礼を取り入れるその動機を、彼らが直面した政治的課題を解決するための経世思想のなかからとらえることにある[18]。

そもそも「礼」とはいかなるものか。人々の性に生まれながらに備わっている善の端緒を拡充する装置であるとするのが中島隆博であるが[19]、氏は「礼」について次のようにいう[20]。

それが規範であることは疑いえない。しかし、それは法規とは区別される。（中略）法規とちがって、礼はむしろ美的なものである。美的と言うのは、アイステーシスというギリシャ語の古義を参照しながら、「感じる」という人間の感情的なあり方に深く根差していることを意味するためである。したがって、礼は「飲食男女」といった人間の基本的な欲望を方向づけたり、起居や立ち居振る舞いあるいは冠婚葬祭に形を与えたりする。ということは、礼は一種の飾り（パレルゴン）にほかならない。ところが、その飾りは決して二次的なものではなく、それなしには本体がうまく働かないような、重要な装置である。

そうすると、礼は規範であるとはいえ、客観的な規範ではなく、感情に基づいた、主観的で特殊な規範ということになる。そのために、礼は王朝ごとに時代ごとに改変すべきだとされてきたし、具体的な適用の場面において、その適切さが常に問い直されてきた。

「礼」が人間の基本的な欲望を方向づけたり、冠婚葬祭に形を与えたりといった「感じる」という人間の感情的なあり方に深く根差した規範であるとの指摘は、それが宗教的な領域にわたるものであることを示唆しており、その原初的な規範は適用において王朝ごとに改変されるべきものとされた。では、それを近世日本社会に落としこんだ際にどのような政体が構想されるのだろうか。

前述したように、丸山は徂徠の「作為」に近代思惟の萌芽をみた。そして、「自然」＝道徳は解体されるべきものと措定された。しかし、徂徠が「作為」の主体として考えたのは聖人であり、「作為」した制度とは「礼」である。そもそも個々人の感情や道徳観念と不可分である「礼」をそこから切り離して考えることにより、日本近代は見えてくるのだろうか。むしろ人々の欲望・感情のなかからいかに個々人の私欲を超越した「家」「国家」を立ち上げるかといった問題が学者たちの対面したテーマであり、[21]「礼」や祖先顕彰はその回答なのである。

本書では、人々の感情に働きかけるこの原始的な手法がまず儒学者たちによって改革期に試みられていったことを中心にみていくが、のちに後期水戸学や後期国学によって「天祖」の顕彰を人々が行いうるといった論理的転換が行われる点にも着目していく。その思想史的前史のもと、明治維新期政府が「神祇官再興」といった引金をひき、後期水戸学・後期国学の信奉者たちによって主体的に神仏分離・廃仏毀釈が行われていったと考えられる。さらに、地域史においては、「天祖」の顕彰という「国家」の枠組みのなかで、人々の欲望の新たな調整弁として「議会」が登場していく。このような維新期の特徴的な動きについても展望していきたい。

第二節　本書の構成

以上のような視点に基づき、本書を二つの部分から構成した。

第一部「幕藩制の中央から」では、新井白石、松平定信、後期水戸学をとりあげた。近世において改革期をどこに置くかという点について改めて論じなおすことはしないが、彼らは概して幕藩制の危機にあたる時期に国政に参画、または影響を与えた学者たちである。そのなかでも本書の中心を占めるのは新井白石である。白石は、丸山に「個人として如何に優れ、如何に豊かな近代性を身に着けてゐても、全体の思想系列からは多分に孤立的である様な学者[22]」として分析の対象から外された。丸山の主対象は「儒教思想の主流をなした学派及ほぼ純粋な儒者」である徂徠であったからである。しかし、儒教思想において白石が新たな学派を形成しえなかったという点において、孤立的であったとしても、近世政治思想を考える上で傍流としてよいのだろうか。白石は徂徠同様、独自の視点から「礼」を考究し、実際の政治の上に反映しようと考えた。その「礼」と「国家」にまつわる思索は松平定信や後期水戸学によって継承されたし[23]、祖先顕彰を位置づけた『鬼神論』は、江戸後期、国学者平田篤胤に影響を与え、彼の思想の端緒となる『鬼神新論』を生み出させた[24]。このように第一部は、白石を近世政治思想の中心に据えて、改めて「礼」と祖先顕彰について考察しなおした点にその特色がある。

第二部「岡山という地域から」では、岡山藩における儒式先祖祭祀・幕末の国学者の死生観と祭祀、明治初期地域議会の議論をとりあつかった。「第一節　本書の視点」でも触れたように、儒学における経世的な要素は、多分に人々の信仰や思想、生活様式の変容を迫るものであるが、岡山藩においては、「明君」池田光政がその藩政の立ち上げにおいて、当時の幕府の方針に反して象徴的に神仏分離を行い、祖先を仏教から切り離し、為政者自らが祖先を顕彰、そのもとに観念的に藩政を構想した。次代に幕藩制に適合的な形で調整がなされるが、城内に設けられた宗廟での祖先祭祀は明治五年（一八七二）の藩政終末期まで存続する。岡山藩において江戸後期から「明君」光政の顕彰が行われ、幕末に尊王攘夷思想が興隆するとともに平田派国学が適合的にその家臣団で一派を形成できたのは、藩政初期にすでに神仏分離がなされ、藩政において祖先顕彰を政治のもとに据える素地が整っていたからと考えられる。そして、この土壌に新井白石の『鬼神論』に影響をうけそれを思想的端緒とした平田派国学の後継が花開くのである。また、その一方で、明治維新期に地域議会が率先して運営され、地域の議者によって地域財政の拠出、運用について議論された。議者を先導したのは開明派の郡奉行とそのもとに集められた漢学塾師匠たちであったが、地域における人材育成の財源に寺社領の運用を視野に入れるなど、経世的に地域財政の調整を構想した。そのあり様は、「礼」を考察する本書において、その発展的な形態と考えられる。岡山地域ではその後民権運動が活発化していくが、尊王攘夷運動と民権運動は同じ俎上に載せるべき問題であり、その変貌の論理は今後の課題ともなっている。

次に、各章の内容とその成稿経緯を示す。第一部第一章から第五章は、二〇一二年一月に奈良女子大学に提出し、同三月に博士（文学）の学位を授与された博士論文「日本近世社会における政治改革と「祖」の観念―近代政体の源流―」を構成するものである。博士論文を提出する段階で、第一章から第四章についてはすでに発表していたものに加筆・修正をしたが、今回この博士論文に、その後発表した論考を第二部第六章から第九章に加えて再構成しなおした。「第一節　本書の視点」で触れたが、本書では学者たちの個別の「礼」の受用をトレースするのではなく、彼らが個別に「礼」を取り入れるその動機を、彼らが直面した政治的課題を解決するための経世思想のなかからとらえている。そのため、本書には多様な「礼」が登場する。

第一章「新井白石の礼制構想と鬼神論の関係性―積み重なる制度と「祖」の観念―」は奈良女子大学史学会『寧楽史苑』第五三号（二〇〇八年二月）に発表したものを一部改稿した。

そもそも「礼」はなぜ政治改革に必要とされるのか。十八世紀初めの幕藩制の改革に将軍のブレーンとして参画した新井白石が「礼」がどのように位置づけ、構想しているのかを考察した。白石は社会の問題を「奢侈の俗」による「財」の欠乏にあるととらえ、政治の要諦はそれを「上」から調整する「礼」にあると考えた。そして、その制度考究のために大著『経邦典例』を著した。(25) 白石の制度観において、「礼」はそれを興した「祖」から発され、その「徳」をもとに子孫へ継承されるものと考えられ、その論理的な枠組みを『鬼神論』で述べている。その思想のもとでは、一個人の救済を対象とする仏教や、現世利益的な神仏の祭祀ではなく、「祖」が興した「家」の観念を軸に社会は組み替えられ、擬制的な国家を形成する。本章では白石の政治思想の骨子を明らかにしている。

第二章「新井白石の貨幣論―中期幕藩制における貨幣危機と「国家」構想―」は東北大学大学院文学研究科日本思想史研究室『日本思想史研究』第四一号（二〇〇九年三月）に発表したものである。「礼」には社会の「財」の欠乏を上から調整する機能があり、その日本における沿革を六部門（田制・貨幣・車輿・冠服・楽舞・職官）に分けて考究した白石であったが、その柱の一つである「貨幣」による調整が幕政において必要となる局面が出てきた。元禄の貨幣改鋳による物価上昇の危機である。本章では、白石が「貨幣」とはどうあるべきか、それを担う幕府はどのようにすべきかを論じた「白石建議」を分析した。そのなかで、幕府は諸侯とは異なる「天下国家」を与かる存在であるとし、「貨幣」はその調整弁であり、「私」とするものではないとした。それを観念的に想起させるために、家康を「神祖」とし、「貨幣」を神祖家康からのあずかりものと位置づけた。第一章で、「礼制」と祖先顕彰の関連を考察したが、ここにおいてもその論理的連関がみられ、しかも、幕藩制の正統性を内包するための論理構想であったといえよう。改革期において、なぜ祖先顕彰が必要とされるのか、「礼」と「国家」をテーマとする本書において、その基底となる考察である。

第三章「新井白石の政治論——『読史余論』を中心に——」は『寧楽史苑』第五七号（二〇一二年二月）に発表したものである。

白石の政治思想において、「礼」と祖先顕彰に焦点をあてる本書において、捨象できないのが「天皇」の存在である。本章では、白石の史論『読史余論』において、白石が日本における「礼」＝「位階」の起源から説き起こし、徳川幕府成立までのその「礼」の質的変化を論じており、当代に「親」を廃した「官僚制」を創出するために、「天皇」を上位者とした「礼」（官位）の再興を企図したことを明らかにした。幕府に仕える人々は上位者との「親」（親しさ）ではなく、官位に基づいた適正な役割を担い、それにふさわしい装束を身に着ける。それにより、窮乏することなく、能力を活かした働きができるとされた。その「礼」の復元において創始者であり、上位者である天皇は要であり、存続が担保されるのである。

第四章「松平定信の政治思想——『宇下人言』を中心に——」は『奈良歴史研究』第七六号（二〇一一年六月）に発表したものである。

天明の大飢饉に対応して政治改革を主導した松平定信は、不時の備えを安定的に蓄積するための礼（社倉）と、その起動力となる為政者の欲の抑制＝修養として、朱子学を興隆した。そして、その仕組みを内外に象徴的に示すために倹約によって拠出した「財」を「祖先神」へ献穀し、蓄積する場としての霊屋を設定し、自らも修養により神格化しそれに連なった。第一章から第三章で考察したように、白石において祖先顕彰は「礼」を機能させ、それを天下国家のためのものとするために為政者自身や民へと内外へ働かせるものであったが、定信はより深刻な飢饉という非常時に対応し、個人の修養をより厳しく求め、個々人に「道徳」を求める「礼」を構想し、祖先のもとに財政的備えを現出させ、自らが神としてそれを運用した。そこにおいて「道徳」は蓄積された「財」の無私性を証明する要となった。

第五章「後期水戸学の国体論」は博士論文を構成する各章のなかで唯一未発表であり、今回必要な加筆・修正を行った。

幕末の情勢において、尊王攘夷を信奉した志士たちがバイブルとした後期水戸学の国体論においては、「外夷」を意識しながら、国内に備えとなる「財」と「兵」を分散的に地域に創り出すことを主眼として、人々により直接的に「天祖」へ忠孝をもって応えることが求められた。そのために、「天祖」が民命を重んじて武をもって国を建てたことを象徴的に表す大嘗祭をはじめとした「礼」が天皇によって実践される。人々はそれが体現された「国体」に「信」を置き、主体的に政治に参画していく。彼らの紐帯となるのは、「天祖」への忠孝といった「道徳」であり、それを想起させるのが「礼」である。観念的に人々が「天祖」へ忠孝をもって応えうるとされたことが、白石・定信との相違点であり、その担い手の広がりが全国的な廃仏毀釈を起因させる要素の一つとなった。「国体」に適合しない「財」は調整されるべきであり、「礼」の実践によりそのことが人々に明示される。

第六章「江戸前期岡山藩主の先祖祭祀とその思想背景」は『岡山県立記録資料館紀要』第九号（二〇一四年三月）に発表したものである。

岡山藩では藩政初期において、藩主池田光政により、政治の象徴として先祖を祭る宗廟祭祀が位置づけられた。「聖人の教」は親を祭って敬の本を立てることであるという中江藤樹をはじめとした熊沢蕃山らの江西学派がその思想的背景となったが、寛文期には藩主・藩士のみならず領民にも神道請・神儒葬を促した点が、寺請を基調とした幕藩制のなかで特異であった。光政の目的はこれまで仏教寺院に委ねていた祖先祭祀を当主自らが祭る神儒式の祭祀に変えることにあり、その徹底ぶりは幕府の儒者林羅山に「耶蘇の変法」のようであると評され、一種の異様な宗教的雰囲気であったという(26)。この光政の断行に対して蕃山は「水土」論で独自の批判を展開し、人々が行いやすい「易簡の善」に基づいた礼の創設を主張する。次代の池田綱政は蕃山の論をとり、領内の神道請をとりやめた。しかし、岡山城内での藩主の宗廟祭祀は草創期三代を固定し、明治五年（一八七二）まで続けられた。領内全体の「礼」の導入は挫折したものの、政治の本に「孝」を置くといった光政の試みは、藩政とともに象徴的に続けられた。光政・蕃山両者に共通していたのは、当時の社会に人倫＝「道徳」を主とした政治を取り入れようと考えたことであり、蕃山に至っては無理なく永続的に行える方法が模索された。

第七章「幕末維新期における岡山藩国学の死生観と祭祀」は『岡山県立記録資料館紀要』第一四号（二〇一九年三月）に発表したものである。

本章では幕末維新期の岡山藩において、尊王攘夷派筆頭として活躍した番頭土肥典膳の死にあたり、神葬祭を執り行った思想的背景を探った。この神葬祭は岡山藩藩学で教鞭をとっていた上田及淵の「魂魄帰所論」を思想的バックボーンとしていたが、これは平田篤胤の神観念を継承発展させたものである。篤胤は新井白石の『鬼神論』に影響をうけ『鬼神新論』を著し、その思想的端緒とした。篤胤は白石の『鬼神論』のなかから、主に孔子の「鬼神」に関する記述を「徴」としてあらゆる事象の原因を神祇とし、天津神の創造神としての性格を強調した。世界は大禍津日神と大直毘神、枉神（夜見の国）によって運営されており、その「理」を知ることが政の本と説いた。上田はその篤胤の神観念を継承・発展させ、大国主命が「忠孝節義」の「道徳」を規準に人々の死後裁定を行うとし、より人々の日常に「道徳」を求める「鬼神論」を再構成した。この世界観のもとで典膳の神葬祭は行われたが、彼らの主眼は、神々が運営しているこの世界の「理」を知ることであり、その世界観に基づいて祭祀儀礼を整備することであった。

第八章「岡山藩議院開設前における邑久郡議事院—明治二年「堕胎圧殺禁止衆議書」の分析を中心に—」は、『岡山県立記録資料館紀要』第一六号(二〇二一年三月)に、第九章「岡山藩議院開設前における邑久郡議事院の決議—郷学文武館の設立過程を中心に—」は『岡山県立記録資料館紀要』第一七号(二〇二二年三月)に発表したものである。

岡山藩では第七章で扱った尊王攘夷派を代表する土肥典膳が「復古派」とされるのに対し、その対立した派閥の代表者として「開明派」の香川真一がいた[27]。この香川が中心となって興されたのが、岡山藩議院であり、それが地域で花開いたのが邑久郡議事院である。この議事院は地域の漢学者たちを中心とした特選議者たちで運営され、維新期の地域社会が直面している諸問題を議論した。そこでは、地域を担う人材育成のために、それを阻害している堕胎・圧殺を直接的に取り締まるのではなく、それまでの社会制度や習俗を分解し、地域共有の「財」を創り出し活用する案が多く出され、議論された。「礼」というのが、人間の基本的な欲望を方向づけたり、起居や立ち居振る舞いあるいは冠婚葬祭に形を与えたりするものであり、人々の生活スタイル、またはその総体としての社会の構造を調整していく「調整弁」であると本書では位置づけるが、ここでは「議会」がその役割を担うこととなったのである。そして「議会」において「学校」が創設され、寺院は教育の場として活用される対象とされた。

岡山藩において幕末維新期に「復古派」「開明派」に分かれた政治手法は、そもそも新井白石において一つの統一した構想として考えられていた。そこでは政治に与かる主体を正統に位置づけるために祖先顕彰があったのであり、社会の調整弁である「礼」がそれによってあるべき形で機能する。

後期水戸学・平田国学を経たことにより、政治主体が為政者のみではなく、個々人に分有され、地域社会では議会が経営されうる土台ができた。その過程において、神仏分離・廃仏毀釈運動が起こっていたのである。これは、近世社会から近代「国家」を観念的に立ち上げるための政治手法が結実した結果といえる。そして、これは社会における政治と宗教の距離について考えることでもあり、現代にも変わらず普遍的な問題であろう。

【注】

(1) 安丸良夫『神々の明治維新―神仏分離と廃仏毀釈―』岩波新書、一九七九年。
(2) 同右、二三頁。
(3) 同右、四頁。
(4) 古代から中世の神仏習合について本研究が参考としたのは、佐藤弘夫『アマテラスの変貌―中世神仏交渉史の視座―』(法蔵館、二〇〇三年)。
(5) 丸山眞男『日本政治思想史研究』東京大学出版会、一九五一年、一八三頁。
(6) 同右、二三三頁。
(7) 尾藤正英『日本封建思想史研究』青木書店、一九六一年。この丸山の朱子学ありきの立論を否定するものとして、他に田原嗣郎(『徳川思想史研究』未来社、一九六七年)、渡辺浩(『近世日本社会と宋学』東京大学出版会、一九八五年)、等。
(8) 溝口雄三編『中国という視座』平凡社、一九九五年、第一章。
(9) 徂徠学と後期水戸学の関連については、丸山以降新たに研究が進められた。尾藤正英は「国家主義の祖型としての徂徠」(『荻生徂徠』日本の名著十六、中央公論社、一九七四年)において、後期水戸学に徂徠学の影響があるとし、両者の祭政一致の思想に注目する。そこでは徂徠が「政治権力の背後には、「天」や「鬼神」という非合理的な権威の存在していることが必要である」(同書、五八頁)と主張したとされ、中国の夏・殷・周三代の「先王の道」に依拠した徂徠が「道」についての新しい考え方を導入したことにより、はじめて祭祀という行為が、政治上に重要な意味をになうものとして位置づけられるに至った」と位置づけている。尾藤は祭祀を「非合理」と評価するが、その「非合理」な祭祀がなぜ政治において必要とされたのかという問題については、必ずしも明らかにはされていない。また、子安宣邦の『新版鬼神論―神と祭祀のディスクール』（白澤社、二〇〇二年）、『国家と祭祀―国家神道の現在―』（青土社、二〇〇四年）においても、徂徠と主に会沢正志斎の『新論』に、天に合して祖考を祀る古代祭祀の再構成にその国民統合的な役割を見ることができるとされているが、なぜそれが政治に必要とされたのかという点については尾藤同様不問にされている。また、大川真は「近世日本における祠廟―為政者と祭祀―」（『季刊日本思想史』八二号、特集近世祭祀と政治、二〇一七年）において、新井白石の『鬼神論』を中心に近世日本の儒教的言説において「政治判断による死者の選別」がいかに説かれているのかを考察しているが、「礼」に注視する本研究においては付言するにとどめる。

（10）『日本近代の起源』敬文舎、二〇一五年。

（11）同右、二三～二四頁。

（12）丸山は道徳とは個人のものとし、徂徠においては、規範（道）の公的＝政治的なものへまでの昇華によって、私的＝内面的生活の一切のリゴリズムよりの解放となって現れたとしている（『日本政治思想史研究』一一〇頁）。道徳よりの解放を近代化の指標とした。

（13）小路田泰直は『日本近代の起源』において輿論安定化のために模索をしだす鎌倉以降を日本近代と位置づけるなど、日本史を新たな視点から考察している。従来の時代区分における近世から近代にかけての神仏分離・廃仏毀釈を考察することを目的とする本書においては、扱う対象が広範に及ぶためこの区分については立ち入らない。

（14）田世民『近世日本における儒礼受容の研究』ぺりかん社、二〇一二年。

（15）吾妻重二「儒教と日本の葬祭儀礼」（『世界のなかの日本宗教』吉川弘文館、二〇二一年）。

（16）吾妻重二・二階堂善弘『東アジアの儀礼と宗教』雄松堂出版、二〇〇八年、一一一頁。

（17）本書で主にとりあげる新井白石の個別の儒礼受用については、王怡静「新井白石『家礼儀節考』について―書誌学的考察を中心に―」（『東アジア文化交渉研究』一六、二〇二三年）。

(18) 本書は日本近世改革期の学者の思想から「礼」と祖先顕彰について考えるものであり、日本の近世期における儒教儀礼そのものを研究するものではない。中国における古代儀礼と儒教の関係や、儒教儀礼のもつ意味、そのなかで朱熹『家礼』はどのような位置を占めるのか、東アジアにおいてそれがどのように受用されたのかなどについて広範な整理をしているのが、吾妻重二「儒教儀礼研究の現状と課題─『家礼』を中心に─付.『家礼』関係研究文献リスト（中国、朝鮮・韓国、ヴェトナム、日本）」（吾妻・二階堂前掲書）である。

(19)『悪の哲学』筑摩選書、二〇一二年、一一三頁。

(20) 同右、一一六頁。

(21) 上安祥子は『経世論の近世』（青木書店、二〇〇五年）において社会に氾濫する人々の欲望から立ち上げられる公共性への思考＝志向を経世思想の構造のなかに読み解いている。

(22)『日本政治思想史研究』一八四頁。

(23) 大川真は新井白石の政治思想を検討し、実効的な政治権力に正当性を与える「正名」という原理がその思想の中核に置かれており、この白石の「正名」思想を反定立することによって十八世紀末からの尊王（皇）論・名分論が昂揚していくとして、松平定信のブレーンであった中井竹山や後期水戸学を分析、両者を「反定立」ではあるが、同じパラダイムで議論していたと評価している（大川真『近世王権と「正名」の転回史』御茶の水書房、二〇一二年、一六四頁、二五五頁）。

(24) 子安前掲『新版鬼神論』六四頁。

(25) 大部は現在失われてしまっているが、その大凡の考え方は「田制考」「貨幣考」「車輿考」「冠服考」「楽舞考」「職官考」それぞれの序からうかがえる。

(26) 相良亨『近世日本における儒教運動の系譜』理想社、一九六五年。

(27) 香川が自伝において復古派との対立を自ら語っている（谷口澄夫「香川真一遺稿「自伝稿」(上)」『瀬戸内海研究』第一一号、一九五七年）。

第一部　幕藩制の中央から

第一章　新井白石の礼制構想と鬼神論の関係性

——積み重なる制度と「祖」の観念——

はじめに

本章では、近世中期における新井白石の礼制構想[1]をとりあげ、白石の経世思想の根本となった「礼」と「祖」の関係性を考察する。白石は江戸中期において、天皇と将軍の関係を国制上の視点からとらえており、礼楽（聖人の道を実現するための制度）を起こすという志のもとに、制度改革をはかろうとした人物であった。また彼の論考には、儒教（聖人の道）と仏教への言及がある。彼の構想する政治においては、「礼」は欠かせなく、その「礼」は祖先祭祀を要する「家」を基礎に成り立っていた。関係を縦に作る「祖」にささえられた「礼」とそれを弛緩させる仏教思想は相反するものとされた。

白石にとって、「礼」がその思想の根幹を占めていることを確認した後、それがよりどころとしている「家」の「祖」を顕彰する思想を検討していく。白石が、江戸中期という時代を背負い、何を生み出そうとしていたのかということが、明治維新において、天皇の「祖」が必要とされた近代天皇制を考える第一歩となればと考える。

第一節　白石の学問とは——理想的な三代と礼楽——

新井白石が政治の上で活躍した宝永から正徳（十八世紀初頭）にかけての時代性とは何であろうか。それは真の文治政治の構築であったとされる。(2) 応仁の乱から始まり、戦国の百年以上の長きにわたって続いた戦乱の時代を経て、徳川家康によってようやく江戸幕府が樹立された。三代までの武断的性格の幕政から、四代家綱のころ、由井正雪の牢人問題を経て、五代綱吉の文治主義へとその政策の性質を変えたかに思われたが、綱吉政権は儒教奨励策等にみられる文治主義的傾向をもつ一方で、この前後にはみられないほどの大名改易を行うなどの武断主義に転じており、実際のところ将軍の独裁専制化をはかったといわれている。この綱吉の死をもって将軍職を継いだのが白石の君主、甲府侯綱豊（家宣）であった。綱吉の薨去が宝永六年（一七〇九）正月十日であるが、その九日後の正月十九日に、家宣は白石に対して元和令について下問し、翌二日に白石は「神祖法意解」一冊を家宣に献上しており、(3) その後、二十二日に綱吉の御葬送が行われている。家宣や白石は、かなり早い段階からこれまでのものを改訂した新しい武家諸法度を用いようという意志があったといえよう。翌年四月十五日に宝永武家諸法度が発布されることとなるが、新たに創定された条目のなかには、「礼」の語が見られるようになる。すなわち、「凡そ奢靡を競ひて礼制によらす財利を貪りて廉恥をかえりみす妄に人才の長短を論し竊に時事の得失を議し風を傷り俗を敗る事是より甚しきはなし云々」（第八条）という条である。(4) これは、武士が「礼制」を越えた奢侈によってその社会の風俗を破ることを戒めた条項である。また新設ではないが、十二条には「衣服居室の制竝饗宴の供贈遺の物、或は僭侈に及ひ、或はその倹に過く、皆是礼文の節にあらす、貴賤をのく其名分を守りて、大過不及に至るへからさる事、」とある。これは天和令の「衣装の品不可混乱、白綾公卿以上、白小袖諸大夫以上免許之事」を、さらに「礼」を押し出す内容のものへと改変したものである。ここでいわれている「礼文の節」とは、奢侈でも倹約に過ぎても不可であるということである。

このように、新たな武家諸法度には「礼制」を意識した条文が増やされている。しかし、白石の礼制構想は、そののちに八代将軍吉宗によって悉く無きものにされた[5]。しかし、吉宗に『政談』を献上した荻生徂徠は、その著のなかで白石同様「武家官位制度」の必要性を唱えている。白石の存在自体は忌避される一方で、その施策はある種の時代性を帯びていたのではないかと推測される。白石にとって「礼制」とは具体的にどのようなものとしてとらえられていたのか確認していきたい。

一　「礼制」の必要性

白石が学問について述べたものに『学訓』という書がある。この書は儒教の沿革から始まって、学問とはどうあるべきかが述べられている。彼が「礼制」をどのようなものと考えていたのかをみるために、まず彼の考えた聖人の道の沿革を確認していきたい。

「古三代の盛なる世」においては、聖人が行う政事は全て「学」であり[6]、その「学」が殷、周へと引き継がれていった。孔子没後は諸子の学の数が多くなり（これらはもちろん異端とされるが）、孔子の弟子のなかでも学派が分かれていったという[7]。つまり、孔子以降は、聖人の道が人々によってどんどん分解されていって、はじめは政事そのものであった「学」が「小道」に陥ってしまった。その後、焚書坑儒によって、道が絶えてしまったかのように思われたが、道教からその「学」を得ることができた。しかし、その「学」はやはり、学党によって分解されたものであり、これらは天下において大害であったとされる。そして、このようにして中国において聖人の道が分解されたのと同様「近世以来我東方に於いて」も「学」が分解されていることが取り沙汰されているという。

このように白石は学党の弊というものを「大害」と考えている。ここで彼が必要と考えているのは、学党によって分裂してしまった「学」をその原初の「大」なる形に復元することである。そこで重要とされるのが、『大学』の明徳、新民、至善という三綱領である。「但々有レ本有レ末有レ始有レ終りて善の至り極れる者は孔子の学におはします候へば、是をこそ学の大なる者とは申候はつらめ。」、つまり本末終始がそのなかにあり、至善のものが、孔子の「学」であり、「学」の大なるものであるとされた。では、その孔子の「学」とは具体的にどのようなものなのだろうか。

孔門の人々常に従事被レ為業と申すは詩書礼楽の事に被レ従候にや候ひつらん。（中略）顔淵は好学を以て称し給ひ候所に仁を問はれ候。御答に礼を以て被レ示候き。又邦を治め候事を被レ問候にも韶舞を以て被レ示候は、礼と楽とにあらずして聖人の事業もなく候やらん。（中略）天高く地卑く候は礼の立申候所にて候。天気降り地気昇候は楽の教に候。天子諸侯卿大夫士庶人、但々倹をのみ宗とし礼の節文といふものなく候はんには、鴻業未判之世にこそは候はんずらん。天地既に被二別立一候はん後は無礼無楽していかに人道は立候はむにや。[8]

孔子は詩書礼楽こそが、仁を実現する方法であるとした。そして天地の別れた様に比せられるように、礼が君臣の名分を規定し、楽はそれをさらに統合するものとされ、これら二つなくして聖人の事業はなく、人道も立たないという。このように聖人の事業を「学」として受け継いだ孔子が仁を成す要としたのが「礼楽」であった。

翻って、白石の時代において、「礼」が必要とされるのは具体的に以下の理由からであるという。

遊惰の俗すこしく堪がたき事あらんがために、其礼を教へざらんは、いかでか仁政とは申すべき、又、泰平の日既に久しく、奢靡の俗も又長じぬ、されば世の人財とぼしく力尽ぬ、此時に及て礼制を議せられなば、衣服より以下居室器用に至るまで、そのほど〳〵につけて各其物を備へざる事をえず、さらば、財力給せざる所ありて、世の患すくなかるべからずといふ人あり、これも又然るべからず、財力の乏しく尽きぬること世の人礼文の節を知らずして、奢靡の俗日々に長じぬるによれるなり、さらば猶礼を修て其俗を正さるべき御ことなり。（中略）其存する所は礼制を定め給はんに、行われずということなかるべし、其故はこれすなはち人の情に因り玉ふが故なり。(9)

太平の日が久しく、奢侈の俗が形成され、財がとぼしく力尽きる者が多かった。そこで、幕府が「礼制」を議したならば、人々はその分限にあった生活ができるというのである。給される「財」が少ないから、世の患いが多いというのではなく、ほどよい「礼」というのが制定されていない上に、奢侈の風俗が長じたことにより、「財」がとぼしい、いわゆる貧困ともいうべき問題が起こっているというのである。

ここで、白石が危惧しているのは経済成長期における貧困という問題であった。人間は奢侈の俗に引かれる。限られた資産を増やすことが不可能ならば、支出を「礼制」によって統制していくしかない。彼は、人の情を勘案した「礼制」が上から定められ、それが社会で共有されたならば、そこから「奢靡の俗自らやみて財用を富し賑するの理」も生まれてくると考える。ここで、白石が注視しているのは、社会のなかで形成されていく奢侈の俗というものが、個々人の意に反して人々の生活を貧しくしていくその仕組みである。その社会に形成された「俗」を上から解消していくことこそが「仁政」であるというのである。

以上、白石の学問が、当時の貧困を社会問題として、経世上の目的から「礼制」を有用なものとして考えていたことを確認した。ではそれはどのようにして創られるのか。そしてそれは具体的にはどのようなものだったのだろうか。

二　『経邦典例』残欠

白石の「本朝」における制度考究の大典として『経邦典例』という書があった。もともとは田制・貨幣・車輿・冠服・楽舞・職官の六考から成っていたようで、一部十五巻[10]とも、また二十一巻[11]であったとも伝わっている。残念ながら、白石没後に自宅の書庫が火災に遭い、秘蔵されていた多くの著作が失われた。そのなかにこの書もあったのか、現在残されているのは各々の序と、冠服考上巻のみである。[12]ここに収められている車輿考・冠服考・職官考等は白石の「礼制」を考察する上で、彼がどのようなものを参考としようとしていたのかを探る格好の史料であったろう。この『経邦典例』には、寛政二年（一七九〇）江戸後期の幕臣近藤重蔵[13]によって序がつけられている。白石没後、彼に対する関心が再び高まったのは、松平定信が幕政にあたった天明・寛政のころからであった。この近藤の序には、典礼と歴史の思想上の関係が述べられており興味深い。そして、白石の『経邦典例』がどのようにして構成されていたのかということもうかがえる。ここでは、後世の近藤の視点から白石の「礼制」の一端をうかがっていきたい。すなわち、

苟處之無術、則仁心仁聞、徒為㆓虚器㆒而已、故欲㆓平天下㆒者、在㆑知㆓理乱興衰之幾、典章経制之文㆒、而参伍稽考、詳洽融会、酌㆑之宜而時㆓措之㆒焉、夫知㆓理乱興衰㆒者、有㆓国史㆒、知㆓典章経制㆒者、有㆓律令格式㆒、史者六国而有㆓日本史㆒、式者貞観弘仁而後闕㆓其書㆒、如㆓彼唐朝㆒、史有㆓通鑑㆒、式有㆓通考㆒、上下数十百年、可㆓一閲而尽㆒矣、不㆓亦善㆒哉、此我
天朝伝㆑学自㆓漢唐㆒、其如㆓朝庭之典章経制㆒、大抵原㆓神代之礼㆒、因㆓季唐之制㆒、而損㆓益之㆒、貞観延喜之盛也。

郁々乎其文者也、惜哉其方策典籍、泯滅而不レ伝、不レ無二遺憾一焉、典章無レ成レ書、稽古者病レ之、是以某常欲下傚二杜氏通典、馬氏通考一、門二分彙列一、為中一代之大典上焉、属藁匱書刀薄末米間獲レ見二新井白石先生所レ著経邦典例一、序歴世沿革、燦然可レ見、深契二素志一(14)

ここでは、もし為政者に「仁」の心があっても、「理乱興衰の幾」と「典章経制の文」の術がなければ、ただ虚しくしてしまうだけであるという。その「理乱興衰の幾」を知るには国史によればよいし、「典章経制の文」を知るには律令格式によればよいという。我が天朝は学を漢唐から伝えてきたが、朝廷の「典章経制」は、神代の礼に基づいており、唐の制によってそれを手直しして、それが貞観延喜に結実したという。しかし、これらは無くなってしまい、後世には伝わらなかった。典章の書が残っていないことは、稽古にとっては致命的であり、これをもって近藤は、杜氏の通典(15)や、馬氏の通考(16)に倣い、一代の大典をなしたいと思っていた。そんな時に、白石の『経邦典例』を得て、その序において歴世の沿革が燦然と見ることができ、かねてからの願いが深く契られていると感じたという。白石の『経邦典例』は、先にも述べた通り六考から成っており、その内容は田制・貨幣・車輿・冠服・楽舞・職官であった。杜氏『通典』や、馬氏の『文献通考』に準ずる制度考究の書を白石も編纂しようとしていたということが、その序が残っていたことによって、近藤により発見されたのである。馬氏『文献通考』とは、杜氏『通典』の失われてしまったところや拙かった部分を補い発展させたものである。次の引用にもあるように、「典章経制」とは前代の遺制を考究することによってできあがるものとされた。

理乱興衰、不二相因一者也、典章経制、寔相因者也、不レ泥レ古以非レ今、不レ安レ今以廃レ古、学者不レ可レ不レ知也、夫子曰殷因二夏礼一、周因二於殷礼一、所二損益一可レ知也、三代之際、聖王之徳、莫二是為レ盛焉、然其典章経制、莫レ不レ因二之前朝一矣、(中略)亦似レ有レ可レ議者矣、蓋人情事変不レ得レ已也、今欲三概傚二三代漢唐之軌轍一

者誤矣、是不㆑通之論也[17]、

「理乱興衰」という歴史自体が、後の時代の歴史に直接的に影響を及ぼすものではないが、「典章経制」はその前代によるところが大きい。だから稽古の学が重要とされる。それを学者はよく知らなければならないという。すなわち孔子が言うには、殷は夏の礼によっているし、周は殷の礼によっている。前朝から損益するということを知るべきであると述べられている。しかし、それは前代のものをそのまま用いるということではない。人情は変化することがやむをえず、今にして三代や漢唐の「典章経制」に倣おうとしてもそれは誤りであるという。よって、この損益には段階を踏んだ方法がある。

竊嘗以為学之方、読経講道者上也、其次尽㆑知㆓当今之制度㆒、察㆔祖宗設㆓制之㆒「通㆓大経㆒識㆓大本㆒」（中略）詳㆓辨国史律令格式之文㆒、而後取㆓通鑑通考会典等書㆒参㆓考之㆒、知㆓和漢之制異而道同㆒、萃㆓古今之時異而義同㆒、用㆓天之時㆒、因㆓地之理㆒、察㆓人之情㆒、通㆓事之変㆒、探㆓其源㆒観㆓其流㆒、其可㆑改與不㆑可㆑改、其有㆑弊與無㆑弊、稽㆓之聖経㆒、詢㆓之衆賢㆒、参稽互察、研究致精、所謂建㆓諸天地㆒而不㆑悖、質㆓諸鬼神㆒而無㆑疑、其自信如㆑此、而後用可㆔以施㆓事業㆒也[18]、

まず、経典を読み、道を講じることがはじめで、次に当今の制度を知りつくし、祖宗がこの制を設けた意を察する。さらに、古の国史律令格式を詳しくわきまえ、その後に、中国の『資治通鑑』、『通考』、『会典』等を参考にする。これらにおいて肝要なのは、和漢の制は異なっていても道は同じであること、古今という時が異なっていても義は同じであることを知ることであるという。時代と空間、人の情を察し、事変に通じ、その源を探りその流を観し、改変すべきか残しておくべきか、弊があるか有益か、などと、聖経を稽《かんが》え、賢人が集まって互いに照らし合わせながら考察する。そのような考証を通して、のちにこれを用い、事業に施すべきであるという。以

上のような近藤の考えのなかには、聖人の道を学んでから、和漢の制度の考証を通して現代の制度を形成していく方法が述べられている。これは、白石の『経邦典例』残欠の「田制考序」にもあてはまる考えである。書経曰くとして、次のように述べられている。

欽若二昊天一、暦二象日月星辰一、散授二民時一、伝曰、時以作レ事、事以厚レ生、生民之道、於レ是乎在、然日月星辰、有レ象而見レ于レ上、陰陽寒暑、無レ形而運レ于レ下、二者常動不レ息、一有一無、出入往来、盈縮遅疾、其抄忽微茫之間、亦有レ時而不レ斉、積レ之之久、不レ能レ無二差繆一、是以暦象以来、其始未三嘗不二精且密一、而其後多疎而不レ合、理固然也、不レ合則不レ可レ不下亦変二其法一以求中其合上、

田制考の序には「歴代の田制を叙すを以て第一と為す」[19]とあるが、この序には生民の道に非常に大きく関わる暦と田制の沿革について述べられている。ここでは、聖人の定めた暦も、日月星辰や陰陽寒暑の変動により、差繆が出てこざるをえなくなり、また再び厚生に益するように改変する必要があることが述べられている。そして、中国の春秋戦国時代（特に井田法を唱えた孟子）、漢、唐の田制に触れたあと、本朝の田制の沿革に触れられる。[20]本朝では、班田制を取り入れるが、それは皇綱の衰えとともに失われていくという。

維我東方上世之制、猶二三代封建一也、中世已降、猶二秦漢郡県之制一也、田賦之法、上世則猶二夏后之貢一、中世則猶二周人之徹一、而後倣二唐班田之制一、及二皇綱不一レ振、班田始廃、亦猶三周末諸侯去二其典籍一也、過レ此以往、古之良法美意、亦皆蕩然矣、

つまり「本朝」は、制度面において上世は「三代封建」、中世以降は「秦漢の郡県」に比せられ、田賦法においては上世は「夏后の貢」、中世は「周人の徹」、その後、唐の班田制に倣ったが[21]、皇綱が振わなくなり、「田制」が廃れていったという。[22]

『経邦典例』は、徳川幕府に至るまでの、「典章経制」（礼楽を含める律令格式）の沿革を考察することが目的であったと考えられるが、その序においては、主に制度の起源が三代の先王によってどのように創始されたのか、そしてそれが中国においてどのように継承されていったのか、「本朝」においてはどうであったか、という視点から記述されていた。「田制考」には皇綱の不振とともにその制度は衰えていったとあったが、他の序においても同趣旨のような記述がなされている[23]。では、徳川の世において、白石が前代の「典章経制」として考察すべきものは朝廷の制度だけであったのだろうか。白石は将軍に進講した『読史余論』において、朝家・武家の歴史を九変、五変の「理乱興衰」で描いているが、ここでは朝家と武家の歴史は重なりつつも、それぞれの勢力の問題として分けて叙述されている[24]。二つの勢力の浮き沈みが交わったその時に朝家から武家の天下に転換した様を白石は見ていた。つまり朝家の「典章経制」は衰えていったが、それとともに武家の「典章経制」が興ったと考えていたのである。

三　武家の「礼制」

武家の「礼制」を考察するにあたって、白石が語り始めるのは鎌倉幕府からであった。徳川幕府の前代にあたる「礼制」の沿革を鎌倉、室町と考察しているのが『武家官位装束考[25]』である。白石にとって武家の幕府創始者である源頼朝のころは「マヅ鎌倉ノ初三代将軍ノ時ハ、武家将軍ノ代タル事論ズルニ及バズ、但シ其頃迄ハ、サスガニ王政の御名残オハシケレバ、頼朝世ノ事ヲ沙汰シ玉ヒシニモ、毎事院宣ニヨラレズトイフ事ナシ[26]」とあるように、院宣に頼らなければならないながらも武家将軍としての興りとしてとらえられている。つまりこれが武家が世の事を沙汰する始まりとされる。この後、摂家将軍や北条家という陪臣が政事をあずかるようになり武家の儀容が変化していくが、室町幕府三代将軍義満の代に及んで武家の「礼」は大きく発達する。この名残は義政の代まで及び、応仁の乱に始まる戦乱の世の中で天下は大きく乱れ、「六十余ガウチ、安キ年月モナクシテ、終ニ滅ビ」、武家の儀式も滅びてしまったという。そこで「当代ノ御事ニ至リテハ、天下一統ニ帰シマヰラセ、昇平スデニ百年ニオヨビヌレバ、京鎌倉ノ代々ノ比量スベキ所ニアラズ。」とされるものの、「礼制」という点においてはいまだ不十分とされ、前代にあたる鎌倉・室町幕府においての官位装束の制度を稽古することで、新たな徳川の時代の「礼制」を創設しようというのがこの『武家官位装束考』の目的であった。

では白石の考える武家の官位とはどのような沿革をもつとされていたのだろうか。すなわちそれは、武功によって位を受領するところから始まった。『武家官位装束考』によると、将軍の関東下向とともに、関東に四位五位六位の者たちが増えていき、その位階のなかでも職掌は四府（左右の衛門兵衛の督佐尉）か検非違使に任じられていたという。[27] これは足利殿の世においても継承されていくのであり、白石はこの①位は四位五位六位、②職掌は四府（左右の衛門兵衛の督佐尉）か検非違使という規則性を武家の官位制度としてとらえる。また、職掌は家によって世襲されていった。[28] これらの特色の上にさらに徳川幕府において新たな特徴が付加される。それが「公家当官の外たるべし」という堂上の外の権である。[29] 白石は家康が、武家の官位を公家の官位の外であるとしたことを褒め称えている。しかしこれも、前世からの沿革をもつという。すなわちそれは頼朝が朝廷に対して、あえて高位の官職を求めなかったところから、武家独特の官位を重んぜず職掌を重んじるという習わしが生まれたというのである。頼朝は、武家が朝家の官位のなかに叙せられてはいるものの、その官位の制をむしろ利用し、既存の朝家の官位の制の上に新たな武家の価値概念の存する制度――武職を基調とする制度――を創出したのだと、白石はみている。

しかし、この頼朝によって創出された官位制度は朝官の高下を論じてなされたことではなく、慣例によって続いたものであり、整備された制度としては甚だ体裁の悪いものであった。よってそれに適した位階を設けようというのが白石の主張であり、それが「勲位」制度である。

古我朝家にして勲階をおかれし例に依りて、武家には公武各相分るる所ありて、武家の職掌品階も、同じく共に貴からざることを得べからず、ましてや当家に至りては、武家の官位は堂上の外に定めおかれしは、只自ら古勲階の事に相同じ、さらば老中より以下の御家人、勲一等二等より次第に勲十二等に至りて、公家には官位を以て其貴賤を論じ玉ひ、武家にはその勲階と職掌とを以て、其高下を論ぜんには、彼是相妨る所もなくて、武家の職掌も自ら貴き所を得て、異朝の人のきかん所も、尤国体を得る所にもあるべきものなり、されど此議鎌倉京の代に、いまだ其例をきかざる所なれば、たやすくは申がたきか、されど又我神祖の武家の官位を、堂上の外に定めおかれし神慮にはたがふべからず[30]

このようにして、「勲階」[31]という新たな武家の官位の制度を置くことによって、朝家と武家が位階の上で妨げにならない制度を創出しようというのが白石の主張である。これは、朝家の位階の上に、武家の規則性をもった官位制度が明文化されない形で組み込まれていたという前世の制度によりつつ、徳川幕府による「礼制」を復興し、制度化しようという白石の企図であると考えられる。朝家による位階制度では、「礼制」として武家を統制する効力がなくなってしまっていたことが、白石が政事を担った近世中期社会のなかでの欠陥であったに違いない。「勲階」というこの方法であったなら、前代からの遺制を制度化することによって、武家の新たな位階制度が創始されるのである。

この位階の制度をさらに具体化したのが装束の制度であった。位階を視覚的に表す装束の改正によって、より

「礼制」を具現化すると考えられたのであろう。(32)

小結

『経邦典例』や『武家官位装束考』は白石によって、江戸開幕百年を期に、壮大な時間感覚のなかで培われた「礼制」創出の試みであったと考えられる。白石の学問とは、まだ学派によって分断されていない状態の三代の先王の道であったが、その具体像が「礼楽」をはじめとした制度にあったことをはじめに確認した。その先王に端を発する制度の沿革を述べたものが『経邦典例』であり、朝廷の衰退とともに、政を担うこととなった武家の「礼制」の沿革を述べたものが『武家官位装束考』であった。これら前代の遺制をもととして、当時の経済成長によって引き起こっていた武家の貧困問題に対応しようというのが、白石の試みであった。そこには、「礼制」をはじめとした制度というものが、白石にとっては、三代の先王の「仁」をいかに今の代に継承するかという問題として認識されており、その先王の徳が具現化されてきた前代までの遺制を考究することにより、新たに制度を創始しようと考えていたのである。これは、五代将軍綱吉の薨去後、半年の歳月を費やして起草された武家諸法度にも表れている。

二で確認したように、白石は朝家と武家の勢力の浮き沈みが交わったその時に朝家から武家の天下に転換した様を見ながら、「典章経制」は前代によるところが大きいものとして、段階的な考証作業を進めようとしていたのであった。歴史が朝家から武家へと転換したとしても、現在の制度をささえている前代の制度は、今の制度の下に積み重なっていたと考えていたのである。そしてこの積み重なりの上に当世の制度が形成されると考えた。

では、このような成り立ちをもつ制度はどのようにして定立することが可能なのだろうか。ここで「礼制」が前代からの積み重なりから成っているという本節での視点をもちながら、次節ではこの「礼制」を含めた制度と「祖」の観念がどのように組み合わされるのかという視点から、白石の制度観を考察していきたい。

第二節　白石の「祖」の意識

一　批判される始皇帝と孝徳天皇

白石の書には秦の始皇帝がよく出てくる。そして白石はいつも始皇帝を批判する。これはなぜだろうか。「本朝」においてこの秦の始皇帝に比定されるのが孝徳天皇である。そこには前にみた制度観と、「祖」の問題が密接に関わっていると思われる。白石の秦の始皇帝と孝徳天皇批判にはいくつかのパターンが存在するが、本節で注目したいのは、①前朝の制度を壊したこと、②諸侯の祭りを絶やしたこと、③「財」を自らに収斂させたこと、この三つである。[33]「孝徳改新令」[34]には、「本朝」においての田制と孝徳天皇の改革、その背後にある宗法の問題が取り扱われている。田制というと、第一節の二で取り扱った『経邦典例』に「田制考」があった。その序のなかには皇綱の不振とともに班田制が廃れていったと書かれていたが、その班田制の前史として、この宗法の問題がある。白石の議論を極めて簡略化すると、①神武天皇から安閑天皇の前ごろまでが成務期に国造制ができるという点から封建制の形成期から円熟期とされ、②国造制での封建制的要素の上に、安閑期に官司を屯倉に置いたという点から安閑天皇から皇極天皇までを封建郡県制とし、③純粋な郡県制へと導いたのが孝徳天皇の御世とされている。では、ここで主題とされている孝徳天皇の改革とはどのようなものだったのだろうか。

至レ於二孝徳創レ制立一レ法、国郡県邑、廃二其君長一、始置二百官一、制二其禄俸一、使二天下之命、独制一レ於二一人一、攷二諸祖宗之世一、亦猶二更レ姓改一レ物也、若下其罷二名代入部一詔上、責レ之以三山川官族、名二其所一レ諱也、夫以レ諱事レ神周道也、我之前世、未レ有レ所レ諱、猶二夏殷之世一也、夏人尚レ忠、殷人尚レ質、周人尚レ文、[35]

つまり新たな法制を定め、国郡県邑の君長を廃し、百官を置き、天下の命をただ天皇一人によって制するようにされたという。このことにあたって諸々の祖宗の世を考証し、姓を改め、制度を改変したと白石は述べている。また、名代入部をやめさせる詔のように、地方豪族が諱を付けることを責めた。また、これに準ずるものとして、以下のように述べられる。

夫自二太古一以来、有土之主、皆神明之後、其他亦皆社稷功臣、帝室懿親、世有二令徳一、以襲二其封一、一尺之土、一民之衆、祖宗不三以賞二私徳一、君長不二敢弐一レ于レ已、亦何私レ已之有、帝疾二其兼併一、而欲下以二天下一奉中於二一人一、則其為二兼併一、孰大焉、昔秦併二天下一、以為二郡県一、帝亦併二天下一、以為二郡県一、其事雖レ同、其義大異、秦滅二六国一、諸侯猶其敵国也、廃二三代制度一、猶其異姓也、帝之所レ滅者、社稷世臣也、其所レ廃者、祖宗旧制也、秦之創レ制、天下皆知二其悪一矣、帝之変レ法、天下皆称二其善一焉、何則後之長二国家一、而務二財用一者、以二其利一為二自利一レ之也、故其流之弊、以伝レ乎二万世一、天下亦皆不レ能レ知レ之也、（中略）帝変レ法之後、如二其神明之後一、雖レ承二世官一、其所食レ世禄、月給二官庫一而已、非レ若三前代有二食邑采地圭田之制一也、況其衰門旧族、散往二四方一者、歳時欲レ祭二其先一、則其祠且不レ知二何在一、又安有二行レ礼之地一哉、[36]

太古以来、有土の主は皆神明の後であり、その他は皆社稷の功臣か、帝室の懿親であった。そこには令徳があり、その領土を受け継いできた者が、宗法を重んじ、祖を尊び、宗を敬うことによって、一尺の土も、一民の衆をも私徳とはできなかった。つまり宗法を重んじることによって、当初君臣の間でされた領土の契約が、代替わりごとに更新されていったのである。しかし、孝徳天皇が法を変えた後、その神明の後が、世官を承るといっても、その食するところの世禄を毎月官庫に賜るのみであり、前代の食邑采地圭田[37]の制とは全く変わってしまった。また、その衰門旧族が四方に散じて毎年の四季にその祖先を祀ろうとしても、その祠がどこにあるかということもわからなくなってしまった。これでどうして「礼」を行うことができるだろうか、と白石は憤慨する。しかも天皇が滅ぼしたのは社稷の世臣であり、廃したのは祖宗の旧制であった。秦の始皇帝も同様に、六国を滅ぼしたが、それらは敵国であったので、秦がその制を創ったことに対して天下の人は皆それが「悪」であることを知っていたが、孝徳天皇が法を変えたことについて人々は皆「善」と称したという。ここで白石はまた憤慨する。どうして後の国家を長じ、財用を務めるものが、その利をもって自らの利となすのであろうか、と。しかし、その流弊は万世に伝わるものの、天下の人は皆これを知ることができないというのである。

つまり白石は「孝徳改新令」を諸侯の祭を絶やし、天皇が一人で天下を私のものとする制度であったと考えている。では、なぜこのような改革が可能であったのか。白石はこの理由を二つ考える。一つは「本朝」に大廟の制がなかったことにあるという。つまり、「帝始廃㆓陵邑㆒、似矣、雖㆑然大廟之制、未㆓之有㆒㆑聞、則曷若㆘仍㆓其旧貫㆒、而愛敬之意、猶有㆑所㆑存焉、[38]」とあるが、これは、孝徳天皇が前代の「陵邑」を廃したことが始皇帝と似ているものの、本朝には大廟の制度がなかったため旧貫（祖から継承する旧例）に対する愛敬の意がそもそもあったのかどうかわからないとされている。「本朝」はもともと「祖」から発する制度を継承する土壌がなかったことが指摘されている。二つ目には仏教の介在がみられている。この点については「排仏論[39]」において詳しい。これは副題に「中大兄皇子誅蘇我父子」とあるように、中大兄皇子が蘇我父子を殺害した一連の事件を評したものであるが、ここでは中大兄皇子のクーデターに賛同者が少なかった要因を仏教の興隆にみたものである。この時、仏教の教えによって「忍辱」と「柔和」[40]が尊重される反面、聖人の道の要である「綱常の倫理」が見失われることになった。白石は中大兄皇子が「周孔」の教えによっていたものの、それが仏教の興隆のなかで人々に理解されなかったと考えた。つまり「仏教の教えによって、諸侯は主の辱めを忍び、そのことによって子孫に自らのその祖への辱めを忍ばせた」のだという。[41]つまり仏教によって、諸侯は君主の辱めを許容し、祖先祭祀がないがしろにされたというのである。

白石は「本朝」に封建制があったとみるものの、それを制度として崩壊させたのが孝徳天皇であると考える。なぜなら、「本朝」には「祖」の創った法を継承する心情を起こさせる大廟の制がなく、君の辱めを許容する性質をもつ仏教が興隆するなかで、社稷の功臣の祭を断ったからであるという。つまり、神明のあとである社稷功臣との間で封建の契約を結んだ天子の子孫が、諸侯の「祖」の祭りを絶ったことによって、彼らを媒介とした公的な知行制度を崩したとされるのである。このように白石は、各々が自らの「祖」を尊ぶことによって、政事を私のものとすることがない制度を確立することができると考えていた。その思想のもとでは、まず君主が自らの「祖」を奉じることが根本とされているのである。

二　「祖」から発する制度

千年以上前の大化の改新がなぜ白石にとって議論となるのか。ここで白石が、注目している諸侯の祭とは、すなわち、宗法、祖先を尊重することにより、祖先の意志を受け継ぐものである。そして諸侯の祖は社稷の功臣であった。白石の考える制度とは君臣の「令徳」というものを起源として考えられており、それを継承していくということが制度としての普遍性につながっていたのである。しかし、「本朝」では、仏教の信奉と孝徳改新令を画期として、この「祖」を基礎とした制度は失われ、祖から継承されるはずの「令徳」は衰えざるをえなかったというのである。白石が徳川の世において、制度を規定する足がかりとしたのが、この「祖」の遺志を受け継ぐ心性である。『鬼神論』[42]において「人の祖考の精神既につきぬるに似たれども、（中略）また子孫の精神おのづから祖考の精神なれば、子孫その誠敬をつくして我よりある處の精神あつまれば、祖考の精神来り格る理あるに似たり。[43]」と述べられている。ここでは子孫が誠敬をつくしたなら、祖考の精神を感じることができるとされる。では、その精神とはどのようなものなのだろうか。

世の人、常のことばに、積善の家に余慶あり、積不善の家に余殃ありとは侍れど、よしとみし人の福にあふは希にて、よからぬと聞く人の禍をうくるは多かりけれ。佛のをしえに、三世の事を説き給へるこそ、ことにすぐれたれ。よき人の不幸なるは前世の悪報なり。此理をつぐなひてんには、後世はかならず善報をうくべきものなり。あしき人も、前世の修善によりてこそ、かく今の世にも幸はおほけれ。かの善報のすでに尽なん後は、後世かならず悪趣に堕すべきもの也とぞいふなる。これ小きなるをしりて大なるをわすれたる説なるべき。福善禍淫の事はこれ天の、おのづからなる理なれば、これと云ひかれといふ。〈これは聖人かれは仏也。〉只そのいふ處の異なるに、かれは我にしてこれは真なるぞ異なる。其理はおなじきに似たり。されば易にも善不善ともに積むとはみえたり。家とは、上は父祖より下は子孫に至りて、中はおのが身、旁は伯叔兄弟ともに通じていへる名なるべき。しからば、かれがいふ所は三世といふ。其まことは、たゞおのが身一人なり。聖人の宣ふところは上中下に通じて、千百世といふとも、たゞひとつ家にてぞある。いにしへより家をも国をも興せし人、その先多くは忠信の人なり。またよき人の子孫衰ふることいまだ聞かず。世の人、知小しきに、慮近くて我百年のほど見る、うちの事のみをもつて、かの天命を疑るこそうたてけれ。積むとのたまへる事、ふかきこゝろえあるべしや。たとへば、おのれわづかに一二の大善をなさむに、その善いかに大なりとも、積ことなからんには、福をいたすに及ぶべからず。善小なるを以てせざる事なかれと侍れば、たゞ善をつむこそ、我徳をもなしつべく、天福をもいたしぬべけれ。己が身より上つかたはかのいはゆる前世にて、下つかたはいはゆる後世なり。おのが身いかに善ありとも、祖先の世に悪を積なむには、その余波なほおよぶべき。人多きときは天にかつ、天定まりて人にかつとも侍る。（中略）いはゆる百年にして公議さだまりては、つひに人を欺くべからず。（中略）ましてやそのよからぬ人の子孫さかゆくこと、いつの世にはありし。(44)

少し長い引用であるが、白石はこの一文で聖人の道が縦横への広がりをもつが、特に縦へ伸びていく「家」の思想によって成り立っていると考えていることがわかる。仏教では善良な人が不幸に遭うことを前世の報いであると考えられており、とても優れた説であるものの、しかしそれは大きな理を忘れた小さな理であるという。聖人の道においては、善不善を積むということを千百世と続く「家」の問題として考え、三世をただ己一人の問題として考える仏教とは異なるとする。どんな人間も家や国を興した「祖」をもつはずであり、その「祖」とは忠信の人物であったはずである。白石は、自らのよって立つところを「祖」の徳へと還元させ、そのかわり個人的な行いが特に自らに返ってくるわけではなく、子孫へと継承されるものであるとする。自らは家や国を興した「祖」からの莫大な徳によってあらしめられているのだという、その感覚が白石の制度の基礎となっていた。なぜなら、制度とは、創業や中興の「祖」の徳の積み重なりによってできた「家」に擬されるものであり、それを自らがいる現在に継承しているからである。個人的な事跡がそこでは重要とされず、「祖」から継承する制度のもつ普遍性こそが重視されているのである。その制度は普遍的であるものの、不変なものではなく、その都度応じた形に改変されるものである。しかし、その起源は「祖」にあり、「祖」の徳にかえることによって子孫へと継承されるものである。(45)

おわりに

本章では新井白石の礼制構想がどのようなものであったのかということを考察してきた。第一節では、白石の「礼制」というものが、先王からの「礼楽」に類するものとして、白石の学問の根本となっていたということ、その「礼制」が当代の俗の成長による人々の貧困を打開するために、上からの「仁政」として白石が企図していたことを確認した。また、白石が考える「礼制」を含めた「礼楽」制度は、先王の政事を起源として、種々の沿革を経てとらえられるものであった。よって、当代に「礼制」を創始するためには、制度の創始から沿革を明らかにしていかなければならないと考えられた。『経邦典例』序では先王から日本の古代が、『武家官位装束考』では、新たに政事を担うことになった武家政権がその対象となっていた。

第二節では、白石がなぜ制度を稽古するのか、制度を規定しているものが何かということを明らかにするために、孝徳天皇批判と、『鬼神論』にみえる、「祖」の観念を考察した。孝徳天皇批判では、孝徳天皇が政事を私のものとしたと考え、そこに、諸侯の祭を途絶えさせるという方法をとっていたことに注視していた。そこには、「祖」を継承するといったことに価値を置く白石独特の政治観があった。『鬼神論』では、家や国を興した「祖」に莫大な創業の徳があると考え、そのもとに個々人があり、またその子孫があると考えていた。その「祖」の徳を継承することとは、個々人を超えたところにある制度を創始し、社会を改変する力を生むと考えられたのである。

白石の『鬼神論』には、朱子の言葉として次のように引用している。

明にしては礼楽あり、幽にしては鬼神ありとも侍り。まことはそのことはりひとつにこそかよふらめ。これによく通ぜば、かれにもまた通じぬべき。(46)

「礼制」を創始した「祖」の徳にかえること、それが新しい「礼制」を定立するのである。

白石は家康を「権現」としてではなく、「神祖」として祀ることを家宣に建言している。(47) 彼のなかでは仏と習合した権現としての神ではなく、将軍家の「祖」としての神が求められていた。また、白石によって『藩翰譜』という書が著されているが、そこには、万石以上の大名の家系が集められている。この書によって、後世大名の「祖」への意識化がなされたという。(48) 自らの血統への意識化が行われ、将軍の「祖」である家康との結びつきによって領地を得た自らの「祖」を信奉する。この「祖」への感覚を藩政改革での政治手法とすることが、十八世紀中ごろから顕著になっていくが、(49) これについては第四章において詳述していきたい。

【注】

(1) 白石の礼楽思想の先行研究は、武家制度の改善という視点から栗田元次『新井白石の文治政治』（石崎書店、一九五二年）、国家構想という視点から大川真「新井白石の国家構想―国王復号・武家勲階制の検討を通じて―」（『日本思想史学』第三四号、二〇〇二年）、経世的観点から播磨定生「新井白石の経世思想」（『中央学院大学論叢、一般教育関係』第五号-二、一九七〇年）、歴史観の視点から中田喜万「新井白石における「史学」・「武家」・「礼楽」」（『国家学会雑誌』第一一〇号一一・一二、一九九七年）、幕府側の合理化という視点から本郷隆盛「新井白石の政治思想と世界像―日本的習俗への挑戦―」（『宮城教育大学紀要』第三一号-一、一九九六年）等の諸研究がある。近年これら先行研究を整理し、将軍権威の向上という目的以外の礼楽の意義を検討、研究の薄かった「楽」を含み合わせたものに、松野敏之「新井白石の礼楽構想」

（『国文学論輯』第四三号、二〇二二年）がある。また、白石の『鬼神論』関係の研究としては大川真「新井白石の鬼神論再考」（『日本歴史』第六七四号、二〇〇四年）、高橋章則「新井白石の鬼神論と「大化改新」論」（『日本思想史研究』第一七号、一九八五年）、松野敏之「新井白石『鬼神論』考」（『言語・文化・社会』第一四号、二〇一六年）等の諸研究がある。本章では礼楽思想と鬼神観の構造的把握を目的としている。

（2）播磨前掲論文。

（3）また同時に「生類あはれみ」の令を停止した（『折りたく柴の記』岩波文庫、一九九九年、一三一頁）。

（4）他に「大小の諸役人諸番の頭人等権勢に依りて人を凌ぎ公儀を仮ちて私を営むべからす云々」（第六条）、「貨賂を納れて権勢の力を仮り秘計を廻らして内縁の助を求む皆邪路を開きて正道を害す政事のよりて傷る、所也云々」（第七条）が新しく創定された条目である（『御触書寛保集成』）。

（5）ケイト・w・ナカイ『新井白石の政治戦略』（東京大学出版会、二〇〇一年）に詳しい。

（6）『新井白石全集』第六巻、国書刊行会、一九〇七年、六二八頁（以下、『全集』と略す）。

（7）その状態は「皆々学にあらずと云不可候へども、但々古の聖人の学の一端をのみ学び得し言にして…」「是を天下に推し、後世に及ぼし候に置て、所謂る小道の見つべきも遠きを致して泥むの事なるべく候。」という（『全集』六、六二八頁）。

（8）同右、六二〇頁。

（9）『武家官位装束考』（『全集』六、四八〇頁）。

（10）「佐久間洞巌宛手簡」（『新井白石全集』五、国書刊行会、一九〇六年、五三一頁）。

（11）『白石先生著述書目』（『全集』六、七一〇頁）。

（12）宮崎道生『新井白石の研究』増訂版、吉川弘文館、一九六九年、七五六～七五七頁。ここには『経邦典例』が十五か三十一とある。三十一は二十一の誤りか。

（13）近藤重蔵（一七七一～一八二九）、江戸時代後期の幕臣。北方探検家。諱は守重、字は子厚、正斎・昇天真人と号した。明和八年、江戸駒込に生まれる。十七歳、同志と白山義塾を開いた。寛政二年（一七九〇）、父が隠居し、御先手与力となる。この間『経邦典例』の序を書いたか。同十年三月の蝦夷地巡察に始まり、十一年、享和元年（一八〇一）、同二年、文化四年（一八〇七）と蝦夷地に赴き、樺太から千島列島の情勢を探索。のち、書物奉行、大坂弓奉行などを務める。金沢文庫再興を企図し、滝川文庫を創設。著書は『辺要分解図考』『金銀図録』『右文故事』『憲教類典』『金沢文庫考』『宝貨通考』『外蕃通考』『外蕃通書』など。交友関係が広く、松崎慊堂の『慊堂日暦』にもしばしばその記事が見られる。『近藤正斎全集』全三巻（国書刊行会、一九〇五～一九〇六年）がある。

(14)『経邦典例序』（『全集』六、一五二頁）。返り点は筆者による。『経邦典例序』については以下同様。

(15) 中国の政書。杜佑（七五二～八一二）撰。二百巻。杜佑は盛唐の宰相であり、史学家。この通典は初期典章制度の源流（中国大百科全書、歴史Ⅰ）。

(16) 中国の政書。馬端臨（一二五四～一三二三）撰。至治二年（一三二二）刊。杜佑の「通典」に倣い、その不備を補いつつ古代から南宋寧宗の嘉定十七年（一二二四）までの典章制度についての資料を集成、詳述。馬氏三十歳から始まり、二十年の歳月をかけて完成された。田賦、銭幣、戸口、職官、征権（各種税制）、市糴（市場統制）、土貢（各地特産）、国用（物資輸送）、選挙、学校、郊社（国家祭祀）、宗廟（祖先祭祀）、王礼、楽、兵、刑、経籍（古典書籍）、帝系（皇帝系譜）、封建、象緯（天文観測）、物異（怪奇現象）、輿地（国内地理）、四裔（外国地理）の二十三門から成っている。そのなかの、経籍、帝系、封建、象緯、物異の五門は作者の新たに創ったものである。宋代の典章制度の記述が詳細であり、宋代を研究する際の基本書となっている。清代、浙江書局が刊本を世に伝えた（中国大百科全書、歴史Ⅲ）。

(17)『経邦典例序』（『全集』六、一五二頁）。

(18) 同右、一五二～一五三頁。

(19)『白石先生遺文拾遺巻上、序、田制考序』（『全集』五、四四頁）。返り点は全集本文に付されていたもの。

(20) 同右、四五頁。

(21) ここでいうところの時代区分は、上世は神武から安閑の手前まで、中世は安閑以降のこととされる（または大化の改新が区切りか。史論の「孝徳改新令」には、安閑から大化の改新前までは封建郡県制とする記述がある）。田制においての上世は、神武から成務天皇の手前まで、中世は国造制を置いたことが周に比定された成務天皇から大化の改新までと考えられる。

(22) 今でいうところの古代については、「孝徳改新令」(『全集』五、二〇～二三頁) に田制の沿革があり、中世については当時有職故実に詳しかった近衛家に聞き取りを行った際の『新近問答』(『全集』六、五五六～五五八頁) に荘園についての記述があることを確認した。他、「冠服考」のみ一部本文が残っているが、推古朝より始まり天武朝あたりまでの冠と服の規定の沿革を述べている。この序には、「凡三巻」との記述があり、残存部分はほんのわずかであると考えられる。

(23) 「職官考」においては、「これ我東方においては、中葉以降、皇室の政衰えるもととし、この由、また以て弁えざるべからず。」(筆者読下し) とある (『白石先生遺文拾遺巻上、序、職官考序』『全集』五、五一頁)。

(24) 『読史余論』岩波文庫、一九三六年。詳しい考察は第三章参照。

(25) 宮崎道生によるとこの書名は、全集を編纂した国書刊行会が仮に命名したものであるという (宮崎前掲書、七七〇頁)。

(26) 『武家官位装束考』(『全集』六、四六五頁)。

(27) 同右、四六七頁。

(28) 同右、四六八頁。

(29) 同右、四六九頁。

(30) 同右、四七二～四七三頁。

(31) 「殊に勲位といふこと、昔より武人の為に設けおかれし所なれば、武家より申請れんこと尤も御理運の御望みなり、其上又勲位望申させ玉ふへばとて、公家の人々に相妨げることあらざれば、すこしもかたぶけ申す人あるべからず」(同右)。

(32) 白石の著作のなかに『本朝軍器考』というものがあるが、これは旗幟類、弓矢類、火器類、刀剣類、甲冑類など、武器の沿革を綴ったものである。この書も前項で見たように、古の制を考え、先王の礼を徴すということが目的とされたと考えられる。『新井白石全集』第六巻所収。

(33) 先に学問について引いた『学訓』、『孝徳改新令』、『祭祀考』等にも同じような記述がなされる。

(34)『白石遺文』(『全集』五、二一〇～二一一頁)。
(35) 同右、二二一頁。返り点は全集本文に付されていたもの。
(36) 同右、二二一～二二三頁。
(37) 天子から卿大夫に授けた田地。そこからの収穫を祭事と生活の費用に供した。
(38)『白石遺文』(『全集』五、二二一頁)。
(39)『白石先生遺文拾遺巻下　雑著』(『全集』五、五五～五六頁)。
(40) 忍辱は「他を怨んだとしても、仕返しをしないということ。許すこと。」であり、柔和は「心が憤ることがなく、他のことに悩まないこと。」とされている(同右)。これは聖人の道「礼儀廉恥」からすると「間違いを正さない」という意になると白石は考えている。
(41)「使三之處二上宮之地一、元悪大憝、獲レ免二天誅一、乱靡レ有レ定、亦何至レ此、主憂則臣辱、主辱則臣死、上宮獨自信レ佛、忍二其主辱一、而使二子孫亦忍一レ辱二其宗一、悲哉、或曰、上宮何可レ当也、当二是之時一、外戚之権、猶二水之方盛、火之方熾一、帝子皇孫、莫レ非二其親一也、卿士大夫、莫レ非二其党一也、人衆者勝レ天、天定亦能勝レ人、積悪之殃、罪亦貫盈、中大兄撥レ乱反レ正、亦如二摧レ枯拉一レ朽耳、」(同右、五五頁)。
(42)『鬼神論』は成立年は不明であるが、白石著作の署名を検討し、致仕以前の正徳年間(一七一一～一七一六)に成立したと推定される(浅間三平『鬼神論・鬼神新論』笠間書院、二〇一二年)。
(43)『鬼神論』(『日本思想闘諍史料』Ⅲ、名著刊行会、一九六九年、一三頁)。
(44) 同右、三七～三九頁(傍線は筆者による)。
(45) 松野前掲「新井白石『鬼神論』考」において、「白石は仏教批判を通して、利益心に基づく祭祀を批判し、人と天地・父母とのつながりを強くし、先祖からのつらなりのもと家の一員として生きていることの自覚を促す。天地とのつながりのみならず、家のつらなりを強く意識した議論になっているのも、江戸初期の儒者である特長かもしれない。」と白石の『鬼神論』の特色を簡潔にまとめている。そして、それはすなわち、鬼神の実在を強調することによって、祖先・父母に感謝し、自分の行為が子孫にも影響を与えることを理解させ、日常の生活において家族を大切にし、社会的な良い働きをする自覚を促していけると評しているが、本書においては、仏教とは異なる「家」を基調とした倫理のもとに社会を組み替え、擬制的に国家を形成するための論理であると理解する。

(46) 同右。

(47) ケイト・w・ナカイ前掲書、二〇三頁。また、実現はしなかったが、家康の儒教式の廟を建てるように家宣にしきりに勧めていた（室鳩巣『兼山秘策』『日本経済大典』第六巻、二五四頁）。

(48) 根岸茂夫「近世における『藩翰譜』の影響と長州藩」（『季刊日本思想史』第四六号、一九九五年）。

(49) 岸本覚によると長州藩での藩政改革のなかで、藩祖顕彰、遠祖顕彰がその精神をささえていた（岸本覚「長州藩の藩祖顕彰と藩政改革」『日本史研究』第四六四号、二〇〇一年）。

第二章　新井白石の貨幣論
――中期幕藩制における貨幣危機と「国家」構想――

はじめに

近世中期において「国家」とはどのように観念されたのだろうか。また、近世中期において権力の正統性とはどのように得られるものだったのだろうか。一九七〇年代から一九八〇年代に朝尾直弘は幕藩領主制の特質を探る際に、「公儀」の概念を手がかりにした。[1] 朝尾は織田信長の特質として、「成立しつつある「公儀」領主制の「天下」規模での結集・統制が構想されていた」点を指摘し、信長が「国」の「公儀」である大名領主をも統合し統制しうる「天下」の「公儀」としての画期となっていたことに注目している。[2] 右のような信長に端を発する「国」を越える「天下」概念をもとにした公儀領主制結集・統制は、その後豊臣秀吉においては公儀領主制に基づく領地の確定としての太閤検地、徳川幕府においては公役にあたる武士を統制するための法としての武家諸法度へと継承されていった。このように中世から近世への転換に際してできあがった「天下」の「公儀」という概念は、その後の近世幕藩制を規定し、幕府に対して諸藩とは異なった「公」性を担わせていったと考えられる。

本章ではこういった視点に学びながらも、中期幕藩制において貨幣危機に直面した一儒学者の視点から「国家」の観念を考察しようとする。[3]

十七世後半から幕政において財政難という問題がたちはだかったが、幕府はそれに対しいくつかの手を打った。

その一つが貨幣改鋳である。第一章に引き続き、本章で取り扱う新井白石はこの元禄以降の改鋳に対して異を唱え、独自の視点から新たな貨幣システムを構想した。辻達也は『享保の改革の研究』[4]において、白石が中心となった正徳改鋳について次のように述べている。

（正徳期の―筆者注）幕府の財政政策が一般経済を圧迫することをつとめて避けようとした当局の態度は、儒教的な仁政思想を背景としたものである。当局が常に為政者としての道徳的反省の上に立ち、施策に際しては説得的であり、民衆の利益擁護に注意するというような態度をとったことは、通貨政策に限らぬ正徳期の特徴であり、この時期が文治主義であったといわれる所以である。しかしそれは必ずしも新井白石ら首脳部の儒教的理想主義からだけでは説明不十分であろう。つまり権力者として、財政難・通貨混乱等その支配体制の矛盾を示す現象に当面しながら、これらを解決するためにその政策を強制してゆく十分の力をもっていなかったからではあるまいか。前に述べたように正徳期の幕府は社会的条件の変化に対応してその支配体制を固めてゆく政治形態が未完成であった。（中略）彼らの仁政思想や道徳的反省論は客観的には幕府の政治力の弱さから出ているものと考えるべきであろう。

筆者はこの評価には再考されるべき点があると考える。確かに正徳貨幣改鋳はその実行にあたっては政治力の弱さがあり、その点において様々な論者からの批判が存する[5]。しかし、それは正徳期の理念と直結されるべきものではない。正徳期の貨幣政策が当局者によってどのような点が問題とされ、どのように解決されるべきものとして構想されたのか、その思想的把握を経ずして、理念の特質を政治力の指標としうるのだろうか。

本章では、当局者の一人であった新井白石の論点をとらえなおすことによって、これまで儒教的理想主義とされた正徳期の政治思想の特徴が幕府の政治力の弱さの表れなのか、それともむしろ儒教的な仁政思想と表現された面に、幕政と「国家」のあり方、権力の正統性に対する一学者の葛藤が含まれていないのか、という視点から考察していきたい。しかも、この点は、はじめに見た中世から近世への転換とともに生れた「天下」の「公儀」概念とつながる思想的系譜をもつのではないかと考えている。

白石の建言を理解するために、本章では第一節において、正徳の改貨事業までの時代背景をまず確認し、第二節以降で白石の貨幣論にうかがえる「国家」構想がどのようなものだったのかということを白石の言説から復元していきたい。

第一節　御触書からみる「貨幣危機」

一　近世の三貨制

では、白石の貨幣論に入る前に江戸時代の貨幣制度について簡単に概観してみよう。足利期の末期以来、すでに極印灰吹銀が関西に流通していたことが確認されるが、金銀の流通が広範にわたったのは戦国時代からである。覇権をめざして争っていた大名は、領国を安定的に支配するため、鉱山を開発、直轄地とし、独自の貨幣を鋳造するなどの政策をとり、領国内の貨幣統一をはかった[6]。そのなかでも、織田信長は永禄十二年（一五六九）三月、「精銭追加条々」により金・銀・銭、三貨の比価を定め、糸・薬・緞子・茶道具など輸入品の取引に金銀を用いるべきことなどを令した。これは江戸時代の三貨制と幕府の公定比価決定の先蹤であるといわれる[7]。信長は、東アジア貿易をポルトガル商人の仲介により行ったが、金銀はその普遍性をもとに決裁とされた[8]。流通貨幣としての金銀貨の全国的統一を進めたのは徳川家康である。近世移行期の貨幣鋳造は産地により品位が相違し、また同じ産地のものでも極印のいかんによって品位がまちまちであるという状況であり、より広範での商取引を妨げていたといえる。[9]家康は、慶長六年（一六〇一）に慶長金銀（小判、一分金、大判、丁銀、豆板銀）を制定し、小判・一分金は金座、丁銀・豆板銀は銀座において鋳造発行するようにした。[10]金座・銀座ともにその名が表すように「座」であり、家康から特許された町人の一団であり、幕府御用達町人の代表であった。[11]金座・銀座において、極印により一定の基準をもっていることが証明された金銀貨が鋳造されたのである。東アジアとの交易が進んでいた西日本においては銀が使用される一方、京都から離れ江戸を本拠地とした幕府を中心とした東日本では金が使用される傾向をもった。

ここでは、戦国期から幕藩制初期の金銀貨が、東アジア貿易のなかで国際的な価値をもつとともに、国内での遠隔地を結びつける力をもっていたことに留意しておきたい。統一権力は金銀を掌握、統制し、国内での「安定」的な体制を整備した。同時に、これは金銀の素材がもつ普遍的価値が統一的な近世社会を創り出したともいえるだろう。

一方、銭はどうであろうか。前記した永禄十二年の「精銭追加条々」は、銭の使用を小額取引に限定し、銭を金銀にリンクさせた点においても中世からの画期であったといわれる。[12]慶長十三年（一六〇八）にはそれまで流通していた永楽銭と鐚銭の比価が一対四と設定された上で、東国を中心に流通していた永楽銭の通行が禁止され、翌年には「金銀銭之相場」が令された。これにより、金一両＝銀五〇匁＝銭四〇〇〇貫文の公定比価が幕府により決定された。[13]そして寛永十三年（一六三六）から大量鋳造された寛永通宝は鐚銭のレートで発行された。[14]金銀と併置されることにより、銭が明確に小額性をもち、さらに鐚銭がその価値基準とされ、全ての銭が一枚一文として数量的に流通する条件が整えられたといえる。金銀がその普遍的な価値によっていたのに対し、銭はより小額にされることにより、その素材的価値というよりも、単なる数量によって価値が表されることになったのである。

このように三貨制度は近世の成り立ちとともにあった。それぞれが発行主体である幕府設定の公定比価によってゆるく結ばれ、本章の当該期以前には金銀銭の一種のヒエラルヒーが構築されていたといえるだろう。

二　元禄の改鋳

この金銀銭の関係が、質の面から変質をきたしてくるのが元禄期（一六八八〜一七〇四）から宝永期（一七〇四〜一七一一）である。江戸幕府開幕以来初の改鋳である元禄の改鋳が、元禄八年（一六九五）八月から行われた。慶長六年以降、幕府から発行された慶長金銀は、この元禄八年の改鋳まで一度も品位を変えることなく発行されてきた。金銀の改鋳とは、金銀貨をそれまでの品位とは異なった質の金銀貨へと鋳なおす事業であるが、この開幕以来の改鋳はどのような問題意識のもとになされたのだろうか。

幕府の御触書からそれを確認すると、①慶長以来の金銀が磨耗、極印が潰れてきたものが多いため、改めて吹きなおすこと、②金銀鉱山からの産出量減少、通用の金銀貨幣数量も減少してきたため、改鋳により流通数量の増加をはかること、主にこの二点が目的であったことが読み取れる。[15] 特に明記はされていないが、実際は品位の低下した改鋳であり、すでに指摘されているように、この改鋳は金銀の数量を増加し改鋳益金をあげ、幕府財政の補塡をはかることに主な目的があった。[16] 宝永七年（一七一〇）まで、金千三百九十三万両（金の含有分六割）、宝永三年（一七〇六）まで銀四〇万貫（銀の含有分六割四分）が鋳造された。元禄の改鋳とは金銀の品位を落とし、その益金によって幕府財政を潤すとともに、市場流通数量の増加をもはかろうとしたものであったと評価することができる。

そして、この元禄の改鋳のもう一つの大きな目的と考えられているのが、領国貨幣の鋳造と通用の禁止である。[17]銀座は、幕府直轄銀山産出の灰吹銀からの銀貨鋳造（御用達方式）の他に、諸国灰吹銀（領国貨幣）を買い上げ、そこから品位の一定した銀貨を鋳造し、これを世上に差し出すこと（自家営業方式）も許可されていた。この過程において利潤をあげながら、これを反復継続することによって、幕府貨幣が諸国灰吹銀（領国貨幣）に代わって流通することをめざしていた。しかし、領国貨幣は諸藩内で自由に鋳造発行され、領内の基本通貨として通用していたため、領国貨幣が消滅することはなかった。慶長金銀の発行と同時に、貨幣の統一は進められたが、基本的には幕府の直接支配する上方都市およびその周辺での転換という一定の限界性をもっていたといえる。それがこの元禄八年に始まる幕府の金銀改鋳を期に、領国貨幣の鋳造と通用の禁止が全国的かつ最終的に実施され、領国貨幣は姿を消していったのである。

最終的な幕府貨幣への統一をなした点において、幕藩制の新しい転換点として評価できる元禄の貨幣改鋳であるが、しかしその引換の方法、流通において新たな問題を発生させることになった。御触書には、流通において新金銀と古金銀を同等に扱うこと、また金座・銀座において古金銀から新金銀に引き替える際は員数を増加させることが明記されている。[18]しかし、グレシャムの法則が働き、金銀の含有率が低い新金銀が流通し、含有率の高い古金銀が退蔵される傾向となり、古金銀の回収が進まなくなった。[19]それをより促進させた原因として、新金銀は金銀の含有率が低下されたにもかかわらず、増金銀が少なく設定され、人々が古金銀の回収を嫌厭したことが指摘される。[20]元禄十年の段階では一年後に金銀の引替を終え、古金銀の通用も終わらそうとしていたが、[21]その後約八年間新古金銀が混在した状態となる。

三　相場の統制

改鋳から五年後、元禄十三年（一七〇〇）十一月に出された御触書は金一両につき銀六〇匁替、銭四貫文替を御定めとする旨であった[22]。これは、銀相場が改鋳前は一両につき六一匁であったのが、元禄十二年には五五〜四九匁[23]に上がったことに対して出された。銀高、銭高を法によって統制しようとするが江戸・上方ともに銀、銭の高値は改まらず、銀子と銭が払底の状態が続いた。

そこで、宝永三年（一七〇六）六月、宝永銀[24]が発行される。これは、元禄の改鋳以降の銀高を解消し金銀の相場を安定させるため、銀の質を低下させたと考えられるが、一方でこれも改鋳益金が見込まれたと考えられている[25]。五代将軍綱吉が死去し、六代将軍家宣の代となると良貨への志向がみられるようになる。宝永七年（一七一〇）四月に、小ぶりであるが慶長金と同品位の乾字金が発行される。「金之位悪敷、折損しも出来、通用不自由之事候、依之今度古金之位ニ吹直被仰付候、[26]」とあり、通用が不自由となっていた金貨の改良がはかられた。しかし金の産出が少ないので、これまでの金貨の大きさの半分となる。よって「大小のかまひなく通用可仕候、尤両替ノ義ハ只今迄之金子可為同前事、」と、大小の大きさの違いにかかわらず通用させることが触れられるも、正徳二年（一七一二）三月の覚には「一頃日新金古金之訳を立、致両替候由相聞、不届候、先達て相觸候通、新金古金ともに同し様に切賃取之、無滞様に可致通用候、若相背もの有之候ハヽ、急度可申付候間、町中不残可相觸候以上、」とあり、両替商らは法に従わず金の大小で「訳」を立て両替していたことがうかがわれる。

一方、銀においては、さらなる改悪がなされ続けた。宝永七年（一七一〇）三月の永中銀（銀分四割、五千八百三十六貫）、同年四月の三宝銀（銀分三割五分、正徳二年まで三十七万四百八十七貫）、正徳二年の四宝銀（銀分二割、四十万千二百四十貫）である。これにより、元禄銀・宝字銀・永中銀・三宝銀・四宝銀と五種の銀が市場に並び立つこととなった[27]。度重なる銀の鋳造によって金相場が高騰し、一時は元禄金一両につき通用銀（三宝・四宝銀）八〇匁余替の相場となったとされる[28]。

このように、元禄から宝永の相次ぐ改鋳事業は、金銀の相場の乱高下を招くとともに、様々な種の金銀を併置させ、金銀の市場での相対的価値を著しく低下させた。そして、金銀の価値の変動が、相対的に銭に対する人々の信用を深めることとなり、銭の払底を招いていたといえる。

では、この元禄から宝永の幕府による改鋳政策を、新井白石はどのように受け止め、どの点を問題とし、どのように改善すべきであると考えていたのか。次の節から考察していくこととしよう。

第二節　新井白石の「国家」構想

前述した通り、宝永六年（一七〇九）正月、五代将軍徳川綱吉の薨去により、甲府藩の綱豊が六代将軍家宣となった。新井白石は甲府藩時代からの家宣の侍講であり、彼の自伝『折たく柴の記』によると、宝永六年二月、つまり綱吉死後一ヶ月後から、幕府財政に対する諮問を側用人の間部詮房からうけていた[29]。この諮問は、近年の財政難の上に、大喪の儀、将軍宣下の儀、本丸移住の儀などのさらなる出費が重なることにより、勘定奉行荻原重秀が歳入案として貨幣改鋳を申し入れたことに対してなされた。白石は荻原重秀の財政報告をあらいなおし、本丸の新殿の造営を延期、歳出に部分的に年賦を導入するなどの対案を出した。それにより、将軍家宣の改鋳反対の意向もあり、重秀の改鋳案は退けられたのだった[30]。『折たく柴の記』に「これ天下の大議をもて、其に下し問はれし御事の始めなりけり」とあるように、白石にとって、この諮問は「天下の大議」をはじめて与ったという点において特別なものだった。

このように白石と荻原重秀の幕府財政と改鋳をめぐっての対立は、白石の幕政参画当初からのものであったが、前述のように、この後も荻原重秀主導による銀改鋳が続いていった。白石はその間、のちに自らがもう一つの大業と評する朝鮮使節応対の準備にあたっており、再び財政面からの建策をするのは正徳二年（一七一二）の三月からであった。白石は三月の建策によって、荻原重秀を弾劾するも聞き届けられず[31]、七月、二回目の建策により、勘定吟味役が復活されることになった[32]。しかし、八月将軍の内々の仰として、重秀の独断により、銀分二割の四宝字銀改鋳が断行された。そこで、九月十一日、白石によって第三回目の激越な重秀弾劾書が提出されることとなり、ついに荻原重秀は罷免されたのだった。これは、十月十四日の六代将軍家宣の薨去を目前にしていた時期のことであった。

本節で主に考察の対象とする『改貨議[33]』は正徳三年（一七一三）六月に著わされる。家宣はその死にあたり四つの遺言を遺したが、その一つが金銀改鋳に関するものだった[34]。家宣の死後、良貨への改鋳計画は頓挫するも、白石が家宣の遺言を頼りに、『改貨議』を提出することにより、改鋳着手へと舵が取られたのだった。この『改貨議』には、元禄改鋳から正徳に至るまでの、社会の問題と、解決策が凝縮された形で表されている。それは、結論を先に述べてしまうなら、幕藩制のなかに、幕府本位ではなく「国家」を対象とした貨幣統制の仕組みをいかに構築するかということであった。しかし、これまでの研究では、白石のこの改鋳の本意が見過ごされてきた。「白石の通貨論は必ずしも単純ではないが、一定の経済発展には、一定の通貨量を必要とするという基本的命題を無視して、もっぱら貨幣を、それ自身がもつ質の問題としてのみとらえるなど、妥当性を欠くところが多い[35]。」といった評に代表されるように、現代経済学の視点から現象面の批判に終始し、当該期の幣制を背景とした思想的吟味がなされてこなかったのが現状である。(36) 本節では、白石の視点から彼が構築すべきと考えていた「国家」構想を復元してみたい。

一　物価高の原因

①貨幣数量説

では、白石は貨幣改鋳にあたって何を一番の問題と考えていたのだろうか。それは、元禄改鋳以後の物価高の問題である。

近世以来天下の財用通じ行はれ難く万物の価年々に高くなり来り公私の難儀に及び候事、世の人論じ申す所皆〳〵金銀の品下り候故により候由申沙汰し候、近世に及び金銀の法頬に変じ候事にゐては古今の間いまだ承及び候はぬ大変に候へば、世の人申沙汰候所異論有べからざる事には候、(37)

世間の人々は、所持している財が通用しにくくなり物価高になった原因は金銀の品が下ったことにあると考えているが、それは白石にいわせると「ただ一つの理を知って、二つの理を知らない」状態であるという。つまり、白石によると物価高の原因は、天下の商賈が金銀の品が下ったことを理由にしてその利を競い物価を上げたという点もあるが、真実は世に通用する金銀の数が倍々になって多くなったからであるという。数が多くなると価値は低くなり、数が少なくなると価値は高くなる。この数量に対する価値の変動を金銀にもあてはめ、通じ行われる金銀の数の増加は、金銀の価値の低下を招き、物価を上昇させたのだと説いているのである。これは貨幣数量説であるが、この貨幣と物価の因果関係、すなわち理を解して貨幣によって物価を調節すべきであるとして次のように説く。

古の善く国を治め候人は物の貴賤と貨の軽重を観候事候て其政を施し行はれ候き。凡そ物の価重く候事は貨の価軽きにより候て貨の価軽くなり候事は其数多きが故に候へば、法を以て其貨を収めて其数を減じ、又物の価軽く候事は貨の価重きにより候て、貨の価重くなり候事は其数少きが故に候へば法を以て其貨を出して其数を増し、貨と物とに軽重なきごとくに其価を平かにし候時は天下の財用ゆたかに通じ行われ候由相見え候、[38]

つまり、白石は元禄の改鋳によって金銀の質が落とされたことが物価上昇の主因と考えているのではなく、年々増鋳されて金銀の総数が増やされてきたことが原因と考えている。よって、金銀の数量を変化させることによって、物価を操作できるとも考えているのである。また別のところでは、「凡そ天下の物、貴きものは必ず其数少なくして其価も重く、賤しきものは其数多くして其価も軽く候事は、古今の間定りたる理に候へば、銀の数多く候て其価も重かるべき事は、たとひ聖人世に出候とも、其政を施し行はれ候事はかなふべからず候、[39]」と述べられ、宝永以来の銀の改鋳のように大量の銀貨が鋳造されれば、聖人といえどもその銀貨の価値を高めることはできないと指摘する。白石は決して、一面的に元禄以降に貨幣数量が増やされたことに対し批判しているのではなく、「乞食非人等のもの、見え来たらず事は申すに及ばず、奉公に出し男女も数少なく候て、金銀の善悪にかゝわらず、ただ其数の多くなり候事、世のためにその利益なきにもあらず。其證すでに分明候歟。[40]」と述べているように、金銀の数量の増加によって益された面も評価している。つまり、白石は貨幣と物価の因果関係、物価を乱さない貨幣数量の調節を重視していたのである。

②貨幣数量説では説明できないもの

これに加えて、物価の騰貴の原因の一つと考えているのが品に対する「人々の認識」である。白石によると、元禄改鋳よりのち天下の人々が新金新銀を見る際に、銀は金よりもまだ価値が落ちていないと心得たところ、金銀の価がはじめて平らではなくなったという。元禄八年の改鋳の時の御定も慶長の御定のように金一両を以て銀六〇匁に替べしとあったが、「元禄十二年のころには金一両をもって銀四十七匁に替候ほどの事に至り候き。これすなはち金銀の相場くるひ出候事の始めに候て諸物の価も高くなり来り候始にて候。[41]」とし、幕府がいくら相場を定めても、人々は金銀の品によって相場を形成するようになった点を指摘している。そして、その点において、金銀のなかに品を乱立させた改鋳を批判するのである。

天地の間に金銀銅を生じ出し候より此かた、その生じ出候所の地方によりて三つの物の中各其品の美悪候事は其自然の性にて候。古の聖人此三つの物をとり用ひられ候て、金をいては上幣とし、銀をいて中幣とし、銅をいては下幣とせられ候て、其品を三つに相わかたれ候より此かた当時のごとくに金には銀を雑へ候て、其品の上下をわかち、銀には銅を雑へ候て、其多少によりて其品を種々にわかたれ候て宝貨となされ候事は本朝異朝つゐに其例を承及ばず候。[42]

金銀それぞれのなかで品の上下を作り、価値の異なる金銀を同質の「金」「銀」（宝貨）とすることに対して批判しているのである。つまり、金銀が改鋳により相場が狂わされ、金銀それぞれに品が乱立、取引が滞るようになったのであり、白石はそれによって金銀の相対的価値が下がり、物価が高くなりはじめた原因と考えている。

ここで以上を整理すると、白石は物価の上昇を次の二点に見ていたということができる。①貨幣改鋳により金銀の総数が増やされ、金銀の価値が下がり物価が高まった。②金銀のなかに数種の品が並び立ち、定法に反して金銀の価値が変動し物価が高まった。この二点である。つまり、元禄以降の改鋳によって、通用をゆたかにするために金銀の数量が増やされたものの、物価高、品の乱立を招いたため、金銀が通用しなくなったのである。そしてその状況を改善すべきであると考えていたのである。

二　幕府財政と貨幣

①幕府財政と物価の上昇

では、なぜ元禄改鋳が行われたのか。この点についての白石の認識は次のようである。

元禄以来金銀の法を変じ候事を申し行ひ候事、当時上の御財用其入り候所を以て其出候所をはかり候に、其入り候所其出候所の半には及ばず候、故に慶長以来の金銀の法を改め、金をば銀を雑造り、銀をば銅を増加候て、天下通行の金銀の数を増され候由を申沙汰し候得ども、真実は慶長以来造出され候ほどの金銀の数其半を奪ふべきための術にて候き。[43]

つまり、白石によると元禄改鋳の主目的は改鋳による出目の供出であるとされ、それにより貨幣数量が増やされるも、その出目が幕府財政にあてられたため、総量としての金銀は半減されたという。先述したように荻原重秀は、幕府の財政補填策として度重なる改鋳を行った。しかし、物価の上昇、元禄地震（一六九八年）、富士山噴火（一七〇七年）の災害により「初収め奪はれ候所の金銀[44]」はことごとく使われてしまった。財政にあてるために貨幣改鋳したものの、貨幣数量の増加による金銀価値の暴落によって、供出した出目も使われてしまったのである。物価の上昇によって、人々を苦しめるのみならず、国家の財用もつまずいてしまったとされる。荻原重秀の策では、財源としてさらなる改鋳への欲求が生まれ、それがさらに物価の上昇を招き、財源がなくなれば新たな改鋳の欲求が生まれるだけであり、堂々巡りであるとされる。このサイクルのなかで、金銀の総数はどんどん増えるものの、物価はますます上がり、金銀はただの屑となる。白石は、「これらは死法のみ守って世に活法というものがあるのを知らない。」と批判するのである。

②大数としての貨幣論

白石は荻原重秀を痛烈に批判したが、その真意はここにあると考えられる。

凡そ天下の物には其数なき物もなく、天下の事にはその法なき事はあらず候。然れども其下数の小数をのみ測識候て其大数ある事を知らず候えば、必ずその数の差出来り其死法をのみ執守候て、其活法ある事を知らず候へば、必らず其法の弊出来る事よのつねの事にて候。小数大数死法活法と申す事をよく〳〵聞召わかるべき御事に候。近世以来金銀の法をあやまり候は此の義の明らかならざる故にて候。小数とは見数にて算盤の上にあらはれ候てかぞへ知るべき数に候て、大数とはいまだ算盤の上には見え来たらず候へども、天地の間にその大算数のあることにて候。此故に小数におゐては算術に精しきものはかぞへつくすべく候へども、大数に至ては理に明らかなる人にあらずしてはわきまへ知る事も難く、又其説を承候人もよく信じ用ゆる事も難かるべき事に候。たとへば暦数の学の事、近世に及び其学精しくなり候は毫釐もたがへ候ぬほどになり候へども、必ず久しからずして其たがひ出来る事にて候。其故は算術には限りある事にて天地の大数におゐては算術を以てはかりしられぬ所候故の由申伝候。算術にてしられ候べきは小数にて候、算術にてはかりしられぬはすなはち大数にて候。又死法と申す事は死したるもの、ごとくにそのはたらきなき法にて候。活法と申す事はいきたるもの、ごとくにその機に応じ候てはたらきある法を申候。たとへば前の本文に見え候ごとくに、貨の数多くしてその価軽くなり物の値重くなり候へば、其貨を減じ、貨の数すくなくして其値重くなり物の値軽くなり候へば、その貨の数を増し候ごとくなるは、すなはち活法と申すものに候。(45)

白石によると世の中には、算盤によって計算のできる「小数」と、算盤の上にはみえてこないけれども、確かに天地の間にある「大数」があるという。「小数」が算盤に長けている人が数えつくすことができるものであるとしたら、「大数」は理に長けた人でなければ、知ることも難しく、それについて説明されたとしても信じることも難しいものだという。貨幣や物価のことはまさにこの大数の範疇であり、算盤で計算した数のみで、法を定めたなら、必ずその法は死法となってしまう。「大数」を把握して、機に応じてそれを運用するのが活法であるというのである。白石にとって、荻原重秀は幕府財政のために死法にとらわれ、改鋳益金を搾り出すことにのみ専心し、本来は運用することによって世の中をゆたかに治めることのできる「大数」である貨幣からその効力をなくしてしまったと考えられた。

幕府財政を補うための改鋳は繰り返されることによって物価の上昇を招いた。また、相次ぐ災害の影響もあり、改鋳益金はことごとく使われてしまった。白石にとって幕府財政を改鋳益金に頼らせることは、幕府財政の根本的な解決にはなりえないと考えられたのである。幕府財政の再建は、むしろ勘定吟味役を復興し、当時二割八分まで下がっていた御料からの年貢収納率を上げることによって可能であると考えたのだった。貨幣は天下の機に応じて運用することが求められ、幕府が私的な事情により手を加えるべきものとは考えられていなかった。

三　改鋳への道(46)

では、実際にどのようにして莫大な金銀を必要とする良貨への改鋳が可能と考えていたのだろうか。まずは、六種の品が並び立っていた銀の改鋳が急務と考えられたが、これまでの改鋳では改鋳期間に異なる品質の貨幣が市場に通用されたため、金銀の相場が混乱し流通を疎外し物価の騰貴を招いていた。その点を改善するために白石は「鈔」という紙幣を流通させる方法を考えた。つまり以下のようである。

①銀六十六万貫目に引き換える銀鈔を造る。銀鈔六〇匁＝金一両＝銭四貫文で通行する法を立てる。二十年をかけて上銀を改鋳する。その間、金・銀鈔・銭で流通させる。銀鈔の濫発は禁止する。

②江戸・上方で新銭を鋳出する。十万貫目分の銀鈔と引き換え、その分の銀鈔は焼き捨てる。つまり、引き換える銀鈔を減らし、その分を銭で補う。通行する貨幣数量を減らさないことが原則とされる。

③灰吹銀を得るために新たな金銀銅山の開削。長崎表から海外への抜荷による銀流出を取り締まる。

④銀鈔に引き換えた銀から灰吹と銅に吹き分ける。

⑤江戸・京都で上銀を造り、年々できる上銀を江戸と大坂の蔵に納めておく。

⑥世に通行するほどの上銀ができたら兌換を開始する。第二度目の銀鈔を造る（一回目の銀鈔と新しくできた上銀を兌換する。今回の上銀では交換できない銀鈔は新銀鈔と交換し、古銀鈔を悉く焼却する。さらに新しい上銀を造り引き換えるまでは金銀銭、新銀鈔の四つで通用する）。

⑦上銀と銀鈔の兌換が始まると同時に金鈔を造り、それを元禄金、乾字金と引き換える。その方法は先に新銀をとりおさめたようにして、その間慶長の法のように上金に改造する。

⑧借金借銀の法を定める。

⑨世に通行するほどの上金ができたら金鈔と兌換。その後第二、第三の金鈔発行。銀の方法と同様。

⑩上銀と銀鈔の交換は最低で五度あるかもしれない。二～五度目も最初の法と同じようにする。二十年間法を変えてはいけない。

簡単に要約するとこのような方法を考えていたのであるが、ここで留意しておきたいのは、Ⅰ、「鈔」を取り入れることにより、金銀の品の乱立からくる相場の混乱を招かないように考えられている点、Ⅱ、金銀の数量が減らされるも、銀のなかでも額面の小さい豆銀の割合、銭の数量が増やされる点が特筆されており、財用（流通量）を減らさないことがはかられている点[47]、Ⅲ、元禄の改鋳後、その品質の良さから貯蔵され市場に流通しなくなった慶長金銀が市場に登場することを見越している点[48]、Ⅳ、鈔の流通には、幕府がその価値を担保することが必要であり、これまでは金銀の数量や価値によって両替商が相場を決定していたのが、これ以後は、法によって金一（両）＝銀鈔六〇（匁）＝銭四〇〇〇（文）の相場が確立することとなり、両替商が相場の決定に関与できないように構想されている点である。

前に述べたように白石は、物価上昇の原因を①貨幣総数が増えたことにより金銀が本来もっていた「貴さ」が失われたことと、②様々な品の金銀の並列により、金銀の相場が変わってしまったことにあると考えていた。よって、物価を下げるためには、まずは品が乱立した不均等で相場の狂いやすい現状の金銀から、均一で安定した人々からの信用を得られるような金銀へと造りなおし、同時に金銀の数量を減らすことが対策になると考えた。これによって、改鋳前は商品に対し銭が大量に必要であり、この状態が物価高といわれていたのが、改鋳後は金銀の数が減らされることにより金銀の価値が高まり、法定で金一両＝銀六〇匁＝銭四〇〇〇文とされていることにより、金銀とともに銭の価値も上がり、少ない銭で商品を買えるようになり、物価が下がるのである[49]。金銀は減らされるも、少額貨幣である豆銀・銭は増やされるため、流通には支障をきたさないように考えられている。しかし、金銀の数量調節の際の品の乱立はどうしても避けられない。それを防ぐために考えられたのが「鈔」を媒介とした方法であり、「鈔」を媒介とすることによって、金銀の数量の操作により物価の調節が可能な仕組みができると考えたのであった。品の乱立を防ぐには、白石案のように金銀を担保とした紙幣を流通させるのが最も合理的であっただろう。

第三節　「国家」のかたち

これまで見てきたように、白石は、元禄の貨幣改鋳以来行われた改鋳益金を幕府財政にあてる方法ではなく、物価自体を下げて、幕府の例年の出費、旗本・御家人への御切米などの相対的な出費を減らし、同時に物価高に苦しんだ人々を救済する目的をもっていた。しかし、前節でみたように金銀には物価を抑える機能があると認識するその一方で、以下のように金銀が海外へ流出することも危険視していた。

当家代をしろしめされて海船互市の事始しより、此かた、凡ソ百余年の間、我国之宝貨、外国に流入りし所、すでに大半を失ひぬ。（中略）これより後、百年を出ず、我国の財用ことごとく竭なむ事は智者を待たずして其事明らかなり。（中略）たとひ我国の中にてうりかふ所の物の価は増し倍さむにも、我国万世の貨を傾竭して外国に渡されむよりは其憂は猶少しきにこそあれ。(50)

金銀が海外に流出することは物価上昇同様、いやそれ以上に問題視されるというのである。では、それはなぜだろうか。

かの国（中国—筆者注）代々の人の論ぜし所は凡そ金銀の天地に生ずる事これを人にたとふれば骨のごとし。其余の宝貨は皆々血肉皮毛のごとくなり。血肉皮毛は傷れきずつけども又々生ずるもの也。米穀布帛をはじめてもろもろの器物等皆しか也。骨のごときは一たび折れ損じてぬけ出でぬれば二たび生ずるといふ事なし。金銀は天地の骨也。五行のうち木火土水は血肉皮毛也金は骨なり。これを採りし後には二たび生ずるの理なし。こゝを以て上古より漢代に至るまでこれを採得し後中国の金銀ふたゝび生ずるの理なしといへり。[51]

金銀は米穀布帛のように、人によって再生産できるものとは異なり、人が造り出せないという点において「天地の骨」とされる。この点において金銀は金銀であり「宝」と考えられている。そしてこの金銀が「我国」で多量に生じたのが初代将軍徳川家康のころである。

これらの論によりて我国の事を考るに此国ひらけ始りしよりのち千余年が間は金銀銅出る事もなくそれらの代にも世はゆたかにおさまれりき。そのゝちこれらの宝貨我国に出しかど其数は殊にすくなかりし事又千年に及べり。我　神祖の起り給ふに至りて天地も其功をたすけさせ給ひしと見えて我国の金銀銅の出し事我国の事はさてをきぬ万国の中にかゝるためしをきかず。しかりとはいへども我国土の骨一たび出てぬればふたゝび生ずべからざる理也。（中略）さらば聖子神孫十世二十世の御後には我国にて用ひ給ふべき金銀銅とぼしき事かの異朝の事のごとくなるべし。我国のむかし金銀銅のなかりし事千余年がほど世もゆたかにおさまりしといへどもその代々は時代ことの外に上りて人の心も俗もすなほなりしが故也。今より百年千年の後次第に時代も下りて人の心もうすくなりゆかむには世はいかなるべき事にや。すべて異国の物の中薬物は人の命すくふべき物なれば一日もなくてはかなふべからず。これより外無用の衣服翫器の類の者に我国開け始りしより此かた神祖の御代に始て多く出たりし国の宝をうしなはむ事返す〴〵も惜むべきの事也。我国万代迄の後の代迄の事を思しめされ　神祖の御心をもて御心となされんには今の時に及びてその御心得あるべき事ありがたき御めぐみなるべし。さらばをのづから　神祖の後は天地と共に長く久しくおはしましてその世々も民ゆたかに国おさまりぬべき事掌を見るがごとくなるべし。[52]

ここで白石は、時代が下り人の心が薄くなるであろう（奢侈に傾くであろう）後世においては「民がゆたかにおさまる」には金銀が国内に留められていなければならないと考えている。つまり、金銀と幕府の統治を重ね合わせているのである。神祖（家康）の御代にはじめて多く出た「国の宝」を「無用の衣服翫器の類」によって失われてはならず、その点に留意することが、我国の万代の後の代のことまでを考えることだと述べられている。そして、その金銀は荻原重秀のように幕府本位に扱えるものではなかった。

（始皇帝の驕気をいさめて―筆者注）驕気いさましく我が心を師とし古を不師、黔首を愚にし、刑罰を厳にし、武威を以て世を鎮られんとのみの事にて、しかも天下の財を府庫に聚斂め子孫の帝王万世の業と被為候故に身死して肉寒からぬ程に一代の功を空しくして左程に併せられ候天下を被失候[53]。

己の才気によって一代で秦を築いた始皇帝も、財を自らのものとしたことにより、天下を失った。天下の財はあずかるものであり、占有するものではないとされるのである。

新井白石の貨幣論とは、貨幣を「天下の宝」とし、「宝」が「宝」として次世代に継承されるよう、幕府は人々がその宝を共有するための管理者として務める存在だと考えられた。人々が宝を共有するということは、貨幣が滞りなく流通すること、富を共有するような対策――すなわち物価対策など――がとられることを意味していたのである。管理者という側面について付け加えるならば、白石筆の荻原重秀弾劾書には、「今日天下の御富貴を保たれ候御事、一事として　神祖の御恩徳にあらずといふ事なく、天下の御政事を行はれ候事、一事として　神祖の御志を継がれ　神祖の御事を述べられ候御事にあらざるはこれなく候処に、かほどに大切なる天下の御事に候ものを奸邪小人一人のためにみだれさせ給ふ御事、いかで御不孝の御心有之候て如此には可有之候はんや、これ天命のしからしむる所に候歟[54]」と述べられている。ここでは、天下が初代将軍である神祖家康からのあずかりものとして観念されていることがわかる。このように、天下を治めた先祖を設定し回帰することによって、天下を占有しないようにとの「現在」への規制となり、天下を子孫へと受け継がせていく論理をもっていることがわかる。

このように、新井白石の貨幣論とは、幕府が天下の代行者として機に応じて貨幣を運用し、世の流通を維持するように企図されていた。白石は貨幣論によって元禄以後の社会に対して、新たな「国家」構想を提示しえたのだと考えられるのである。(55)

おわりに

全国貨幣への統一という意味において、画期的な転換点であった元禄改鋳であったが、改鋳の動機の一つであった幕府財政の補塡という側面が先鋭化してくると、著しい社会混乱を招いたといえる。この混迷の度合いは当時の幕政の要ともいえる側用人、間部詮房の言葉にも現れている。「近江守（荻原重秀―筆者注）が申す所も、其いはれあるに似たれども、はじめ金銀の製を改造らる丶ごときの事なからむには、天地の災も並び至る事なからむもしるべからず。もしこれより後おもはざる外の事ども出来らん時、其変に処すべき謀窮りなむには、我身にありて、神祖の大統たえ給ふべき時至れる也。いかむぞ、我また天下人民の怨苦をば致すべき。たゞいかにも他事を以てはからひ申すべし。(56)」と将軍家宣が認識していたというのである。つまり、財用の滞り、物価の上昇が引き起こされているにもかかわらず、さらなる改鋳を続け、その上また社会にとっての不安要素が現れたならば、神祖家康が築いた幕藩制が途絶えることになるかもしれないという切迫した危機感をもっていたのである。

この正徳期の幕僚がもっていた危機感は、享保以降の吉宗政権にも受け継がれていく。吉宗は正徳期の儀礼的な改正を覆し、もとのような武家様へと戻した。その点が家宣政権からの転換ととらえられることもあるが、一方、財政・経済的な面では正徳期の改革をそのまま引き継いだ。そして吉宗もまた家康を顕彰したと言われている。享保六年（一七二一）、黒書院に譜代大名を集めて行った訓辞において、「世上静謐者、誠に権現様御神徳ニ而安全ニ而、某天下を知事者、全幸にても無之、御神徳故ニ候、譜代之面々先祖之武功ニ而安泰候、幸にて只今体に罷成候ニ而無之、先祖之功故ニ候」と述べたという。[57]世上が静謐で自らが天下を治めることができているのは、先祖である権現の神徳のおかげであるという吉宗の認識は、まさに当時の幕政の危機感のなかで、権現（神祖）が徳をもって治めた天下を有難く思い、それを次代へと継承させていくための観念であったと考えられる。

これまで、正徳期・享保期の家康顕彰は、将軍自身の権威を高め「将軍独裁専制体制」を実現させたと評価されてきた。[58]また、その将軍独裁体制は、「神祖以後百年経過して漸く緩み始めた幕藩体制を制度的に強化」するために構築されたと考えられてきた。[59]しかし、本章で考察したように、正徳・享保期の危機感のなかで生まれてきた家康顕彰は、将軍をはじめとする幕臣に、幕府を超えた「天下」「国家」を想起させるとともに、幕府本位ではない「天下」「国家」に対する政策を行うことによって、幕藩制の正統性を保ちうると判断させていたのではないだろうか。本章で考察の対象とした貨幣は、元禄期に全国統一がなされたという意味においても、「天下」「国家」が対象となる、つまり万人に影響を与えうる媒体であった。貨幣をどう扱うかによって、直接的に幕府の姿勢、立場が表され、そのことが貨幣を通して日々の生活のなかで万人に実感されるようになったのである。そう考えた時、正徳期に特徴とされる儒教的性格が貨幣政策に表されていくことは当然ともいえるであろう。[60]そして、この貨幣を安定的に管理するということが中期以降の幕藩制において、幕府の正統性原理とされていくのではないだろうか。新井白石の「国家」構想とは、その新しい正統性原理を内包させたという点において、「我国万代の後の代迄[61]」の事を視野に構想された政策であったと評価することができるだろう。これまで将軍専制＝独裁の強化とされてきた正徳・享保期の裏側に権力側からの新しい形の「公」性の萌芽が見出せるのである。[62]

【注】

（1）朝尾直弘「「公儀」と幕藩領主制」（『講座日本歴史五、近世一』東京大学出版会、一九八五年）。

（2）①一五七九年、信長が自身の意向に反した二男信雄に対して「「国」を越える「天下」の存在を示し、「天下」のために働くことが信長父子・信雄本人の現在未来を保証する」ということを提示したこと、②臣下に対して、所領経営・主従制のあり方にまで踏みこんで追及したこと、③戦国大名がその「国」内では処理することのできない、権門の所領や裁判権を「天下」の名のもとに統合をはかったこと、この三点は一五七九年から信長が「公儀」と呼ばれるようになったことと無関係ではないと指摘されている（同右）。

（3）本章において「国家」という概念を使用するのは、①幕府を超えた概念であるということ②新井白石が貨幣を「国家の至宝」と表現している箇所があること（『白石建議五』『新井白石全集』第六巻、国書刊行会、一九〇七年（以下略）二二四頁）、という二点の意義しかもたない。本章で扱った史料には、幕府を表す用語として「公儀」、幕府が関与する領域・総体として「天下」「国体」「国家」という語が用いられていた。本章ではそれらの用語のなかでも「国家」という概念によりそれらを代表させているが、それは白石の構想を全体としてとらえた時、それを「国家」概念として観念することが筆者には最も適していると考えられたからである。

（4）辻達也『享保の改革の研究』創文社、一九六三年、一九一頁。

（5）滝本誠一『日本経済史』国文堂書店、一九二〇年、本庄栄治郎『日本経済思想史研究』有斐閣、一九四八年、他。

（6）滝康子「近世包封金銀考」（『日本史研究』第三六二号、一九九二年）。

（7）朝尾直弘「鎖国制の成立」（『講座日本史、第四巻幕藩制社会』東京大学出版会、一九七〇年、六七頁）。当時の東アジアにおける主要な貿易品目であった銀と生糸の貿易に、統一権力が直接に介入し、中間利潤を独占しようとしたことと無関係ではないとされる。
(8) 中世からの銭貨主流時代から、戦国期の金銀高額貨幣流通への移行は直線的に行われたのではなく、その中間である十六世紀後半に相当広く、米が使用されたことが浦長瀬隆によって指摘されている(「十六世紀後半西日本における貨幣流通―支払手段として―」『ヒストリア』第一〇六号、一九八五年)。近世に石高制がとられることと関連して、近世社会の成立に関わる重要な問題をはらんでいると考えられるが、本章では立ち入らない。
(9) 田谷博吉『近世銀座の研究』吉川弘文館、一九六三年、四頁。
(10) 慶長金(小判)は金含有率八割六分七厘九毛、慶長銀(丁銀・豆板銀)は銀含有率八割。
(11) 田谷前掲書、二頁。
(12) 安国良一はこれを「価値の不安定な銭の流通を一定枠内に押え込み、それを公定価によって金銀にリンクさせることによって、全体的な貨幣制度の構築と安定化を図ったものと解したい」と評している(「近世社会と貨幣に関する断章」『新しい歴史学のために』第二〇〇号、一九八八年)。
(13) しかし、慶長・元和両通宝は大量には公鋳されなかったため、それまでの各種の銭貨が使用されたと推測され、元和二年(一六一六)・同四年・寛永二年(一六二五)に繰り返し撰銭の禁令が出されている(藤本隆士「徳川期における少額貨幣―銭貨と藩札を中心に―」『社会経済史学』第五七号―二、一九九一年)。
(14) 足立啓二によると「幕府はこれまで東国を中心に選好され、特殊に価値尺度性を持ってきた永楽銭・若くは永楽銭による尺度を否定し、特別扱いされない他の一般の銭を、やがて寛永通宝も加えて、撰銭することなく行使させることにより、銭体系の安定的再出発を図ったのである。」とされる(「中国から見た日本貨幣史の二・三の問題」『新しい歴史学のために』第二〇三号、一九九一年)。中世末の撰銭行為とは、銭の区別立であり、銭のなかでもそれぞれに価値が異なり、その偏向が広範な商取引の妨げとなっていたと考えられるが、近世には三貨の幕府発行(金銀座での発行)により、統一的な貨幣制度が整ったと考えられる。
(15) 『御触書寛保集成』金銀之部、八九二頁。

(16)金銀あわせて八十五パーセントの増鋳であり、出目は元禄十六年までの八年間で四百五十二万両といわれる（栗田元次『新井白石の文治政治』石崎書店、一九五二年、三二六頁）。また、延宝・天和年間（一六七三～一六八四）には、元来家康が豊臣氏の故智に倣い、非常の軍用に供するために蓄えた金銀分銅が、平時における財政補填のために供されはじめた。田谷によると、元禄八年からの改鋳は、その奥御金蔵を使い果たし、金銀分銅の過半を吹き潰した幕府が、次いで採用した金銀獲得手段であったという（田谷前掲書、一五三頁）。

(17)渡辺信夫「元禄の貨幣改鋳と領国貨幣の消滅」（豊田武教授還暦記念会『日本近世史の地方的展開』吉川弘文館、一九七五年）。

(18)『御触書寛保集成』金銀之部、八九二頁。

(19)『白石建議四』（『全集』六）にも、この良貨（慶長金銀）退蔵についての言及があり、中村孝也（『元禄及享保時代における経済思想の研究』国民文化研究会、一九二七年）、本庄栄治郎（本庄前掲書）によって注目されている。

(20)古金から新金への交換増金が百両につき一両（のち三両。価値が四分の三となったはずなので、本当は二十五両の増金で同等）。古銀から新銀への交換増銀が十貫目につき百目（のち百五十目。本当は二貫五百目の増銀で同等）。

(21)『御触書寛保集成』金銀之部、八九三頁。

(22)同右、八九五頁。

(23)田谷前掲書。

(24)銀含有分五割、宝永七年まで約二十八万貫（栗田前掲書）。

(25)栗田前掲書、三二六頁。

(26)『御触書寛保集成』金銀之部、八九九頁。

(27)「商取引には元禄銀での支払い、宝字銀、三宝字銀と予め指定しておかなければ代償は決められず、甚だしいのは四宝字銀で支払ってよいのならば、代価はどれほど高くてもよいなどいう者さえおり、又このようであったので、支払いの銀貨がどれであるということを決めずに取引をした後で、売人と買人との間に大紛議を生じることも多かった。」（滝本誠一

『日本経済思想史』日本評論社、一九二九年、一五三頁）。
（28）小葉田淳「正徳・享保の新銀鋳造と銀銅吹分け」（『泉屋叢考』第二十二輯、一九九二年、六頁）。
（29）『折たく柴の記』岩波文庫、一四二～一五一頁。
（30）改鋳はなされなかったものの、結局重秀の意見により本丸の御座所の造営が行われたという（同右）。
（31）尾崎憲三『新井白石』青梧堂、一九四二年。
（32）白石によると、綱吉の代から御料の乃貢は年々減じ、二割八分九厘にまでなっていた。これは代官所の手代が私していたことが原因であったという。荻原重秀が勘定奉行になって以降設置されなくなっていた勘定吟味役を復活することによって正規の幕府歳入を増やすとともに、領民の安堵をはかったという（『折たく柴の記』二五三頁）。
（33）『白石建議四、五、六』（『全集』六、一九一頁～）。
（34）その他は①大名に対しての遺言、②役人に対する遺言、③老中に対する遺言であり、主に幼童将軍を補佐してほしい旨が記される。この金銀改鋳に関する遺言は、白石の意見が多分に含まれており、世間では白石が作成したのだといわれた。白石の家の門には「金銀御遺言所」と記した紙片が貼られたという（尾崎前掲書）。
（35）大石慎三郎『元禄時代』岩波新書、一九七〇年。大石の批判には貨幣の前提として、「歴史的にみて素材価値を離れ象徴化するもの」という認識があり、一面で質を重視する白石の貨幣論を批判している（『江戸転換期の群像』東京新聞出版局、一九八二年）。
（36）白石は経済理論的には貨幣数量説をとっていたが、思想的には正名思想に基づいて貨幣の品位の回復、すなわち、金銀貨の品位を慶長期のそれに復帰させることを重視、儒学者としての教養をもって、政治家として貨幣論について考察したとする寺出道雄「「改貨議」における新井白石の正名思想」（『三田学会雑誌』第一一〇号（二）、二〇一七年）もあるが、本章では、白石の貨幣論を正名思想への準拠とは考えていない。
（37）『白石建議四』（『全集』六、一九一頁）。
（38）同右。

(39) 同右、二〇二頁。
(40) 『白石建議二』（『全集』六、一六〇頁）。
(41) 『白石建議四』（『全集』六、一九三頁）。
(42) 同右、一九一頁。
(43) 同右、一九二頁。
(44) 同右。
(45) 同右。
(46) 以下は、『白石建議五』（『全集』六、二〇三～二三五頁）。
(47) 『白石建議五』（『全集』六、二一二頁）。
(48) 同右。
(49) 法定　金一両：銀六〇匁：銭四〇〇〇文

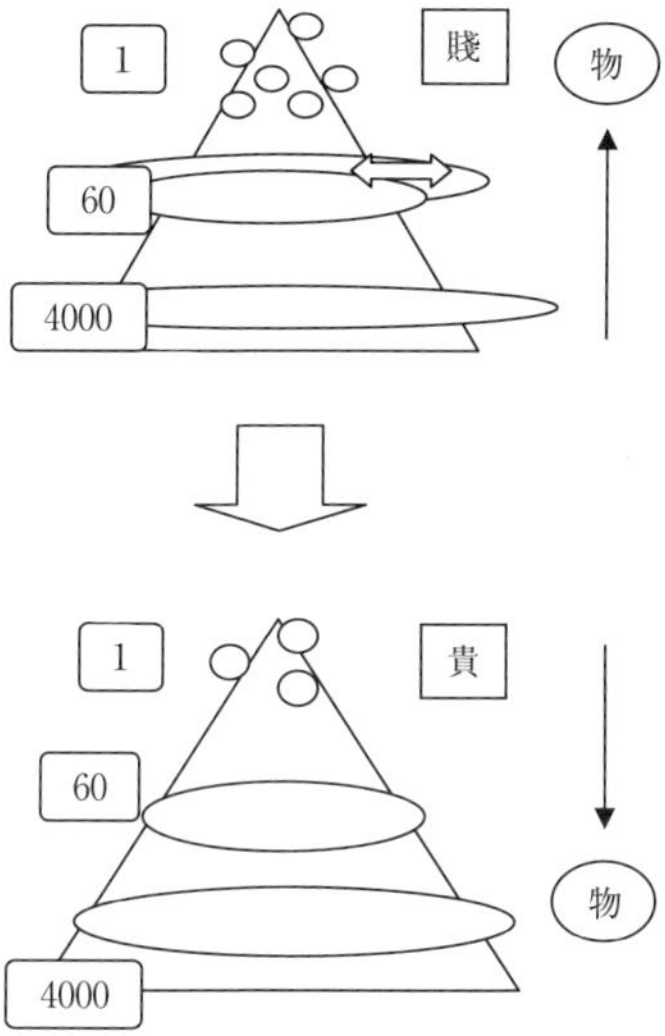

(50) 『折たく柴の記』二八一～二八三頁。

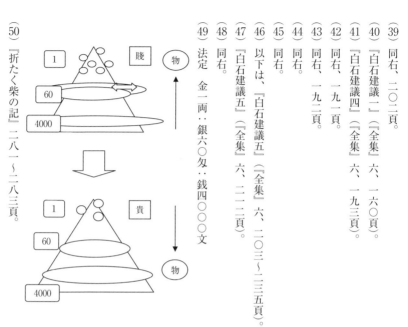

(51)『白石建議六』(『全集』六、二四二頁)。
(52)同右。
(53)『白石先生学訓』(『全集』六、六三一頁)。
(54)ケイト・w・ナカイ、中井義幸「新井白石自筆「荻原重秀弾劾書」草稿」(『日本史研究』第三六二号、一九九二年)。
(55)結果として、正徳の改鋳では、品の乱立を防ぐ「鈔」(紙幣)の発行はなされず、白石の予想通り流通が滞った(土屋喬雄、山口和雄監修、日本銀行調査局編集『図録　日本の貨幣三』東洋経済新報社、一九七六年)。『折たく柴の記』には、改鋳案として白石案以外に谷長右衛門という呉服商人が考えた案があったことが記されている。「和泉の国堺の商人にて、谷といふもの窃に此事を議してしるせるものを、京に住むものの我許に贈れるあり。「其議せし所は、我さきに議せし所と同じからねど、当時には行はれやすかりぬべき事也。かゝる事は其道を業とするものの申す所こそよき事もならめ」と思ひしかば」(『折たく柴の記』三四六頁)とある。谷案が主に銀の改鋳に主眼を置いたものとするならば、白石案は金銀の比価を主眼とした金銀改鋳であった。老中による長詮議の結果、「「其申す所のごときはあらぬ事共也。谷が議シ申せし所にしたがふにしくべからず」とは議定してげり。」(同、三五二頁)と、結局谷案がとられたことがわかる。正徳四年五月十五日に出された金銀復古令の草稿は白石によったが、内容は当初の『改貨議』における鈔を媒介とした白石の構想とは異なり、谷案に沿って白石が草稿を担当したと考えられる。
(56)『折たく柴の記』一四六〜一四七頁。
(57)『享保通鑑』巻五、『未刊随筆百種第十七』(臨川書店、一九二八年)収録。
(58)辻前掲書、一一二〜一一五頁。石毛忠「江戸時代中期における天の思想—新井白石の天観をめぐって—」(『日本思想史研究』第三号、一九六九年、七九頁)。
(59)同右、石毛論文。
(60)辻も前掲書の注において「正徳の場合、権力者の態度としてかなり人民に説得的であることと、また幕府自身の致富政策をさけているところが著しい特徴である。」(一九六頁)と指摘しているが、「はじめに」で述べたように、それを政治力の弱さと解釈されている点が本章との相違である。

（61）前掲注51。

（62）朝尾直弘は「将軍政治の権力構造」（『朝尾直弘著作集三』岩波書店、二〇〇四年、二八五頁、初出『岩波講座日本歴史』第一〇号（近世二）一九七五年）において、綱吉政権の「文治政治」が、「徳川氏による「公儀」の家産制的支配への動きのための合理化のための政治思想の再編であり、右のようなイデオロギー（忠孝以下の徳目―筆者注）による政治の遂行であったといえる」と指摘しており、綱吉政権は天領統治に最も明確に表されているように、「公儀」のものを将軍家のものとして支配しようとしたところに特徴があり、そこに忠孝などの儒教イデオロギーが政治思想として働いていた点について言及している。本章では、その綱吉政権での家産制的支配から起因した貨幣危機に際し、儒学者新井白石が根源的に「公儀」の正統性を問いなおし、「国家」構想のなかに、「公儀」を位置づけなおした様子を考察した。元禄期における家産制的支配をささえた絶対的な上意への服従とされる「忠孝」イデオロギーと、正徳期新井白石によって「国家」構想のなかに設定された、「先祖からの功徳によってもたらされた天下を変わらず子孫へと引き継いでいく」といった「孝」の概念は、儒教という共通の思想背景をもつとされるものの、全く異なる構想であると考えている。

第三章　新井白石の政治論――『読史余論』を中心に――

はじめに

本章では、改めて白石が「礼」を歴史的にどのようにとらえていたのか、という点を白石の史論『読史余論』からみていく。

将軍の侍講であった白石は、『資治通鑑綱目』をテキストに、為政者の「徳」とは何か、「徳」を実現した政治とはどのようなものかを説き続けた。[1]『読史余論』は正徳二年（一七一二）当時五十六歳であった白石が近侍した将軍徳川家宣のために講義した草案である。[2]そして、「本朝」の歴史のなかで、為政者と「徳」の関係を説いた政治論でもあるといえる。そもそも「史」とは何のために書かれるのか。

抑孔子春秋を作り給ひしより後代の儒者其筆をつぎて史鑑の書を作れることは前世の事を以て後代の戒となすべきがためにあらずといふ事なしさればいにしへを知るといへども今をしらざれば所謂春秋の学にあらず凡史鑑を進講せんものはすべからくいにしへを採て今を論ずべししかりといへども後世にいたりて古を是とし今を非とすといふを以て其罪を得るもの多きがゆへに世の講官多くはいにしへをのみ論じて其詞今に及ばずつゐに仲尼の春秋を作るの志を失しぬ[3]

「史」とは、今を論じるための鑑であるという。『読史余論』において「徳」がその毀誉褒貶の指標とされているのは全て、今の政治に「徳」を実現するための鑑とするためであったといえる。ではそこで論じられている「徳」とは何か。「本朝」の制度を考究するために著わされた『経邦典例』には、「時以作レ事、事以厚レ生、生民之道、於レ是乎在」「徳惟善レ政、政在レ養レ民」[4]とある。白石にとって、「徳」とは、政治を通じて民の生を厚くすることであると考えられていた[5]。そして、本章で明らかにしていくが、『読史余論』においてはそれを実現するために「名号」を立てること、すなわち「礼」の整備がめざされていたといえる。

本章では、白石が今の世を論じるための鑑として構想した『読史余論』において、「名号」を立てることがなぜ民の生を厚くするといった「徳」を実現していくものと考えられたのか、またそれを同時代にいかに構想しようとしていたのか、『読史余論』という論考の組み立てを確認しながら考察していきたい[6]。

第一節　武威――武功によって生まれる権力の源泉――

『読史余論』の組立は、冒頭の総論で明確にされている。周知のように「本朝天子の大勢、九変して武家の代となり、武家の代また五変して、当代におよぶ」歴史として描かれるのである。そして、その変化の指標の一つとされているのが武威の担い手の変化である。

白石によると、上古は史料の制約があり、遺漏があるかもしれないとしつつも、神武東征、創業以来「皇化の被ふ所がおのづからおだやか」[7]であり、第十世の崇神天皇まで征伐が行われた様子がないとしている。そして、第十世の崇神天皇、第十二代の景行天皇、第十四代の仲哀天皇、神功皇后、第三十八代の斉明天皇の例をあげたあと、次のように評している。

初神武東征し給ひしより此かた、代は三十八代、年は千二百廿五年が程は、国中に皇化に随ひまゐらせぬものある時は、天子みづからこれを征し、或いは皇子して是を討しめらる。（中略）戎旅は国の大事なれば、古には是を重くし慎み給ひし御事と見えし。後代のごとくに、坐ながら将帥に命じて、これを討しめられし事のごとくにはあらず。(8)

神武創業以来の征伐の担い手が天子や皇子であったことが指摘されているのであるが、その理由として戎旅（つまり征伐）が国の大事であり、これが重んじられていたためであったと考えられている。

このように重んじられていた征伐の位置づけに変化がみられるのが、第四十五代聖武天皇のころに起こった藤原広嗣の乱とされる。その担い手が臣下へと下ったとされるのである。この乱は崇神朝以来の「干戈を邦内に動かされし事」であったが、大野東人を大将、紀飯麿を副将とし平定されたものであった。東人はこの勲功により、二階を越えて従三位に叙されたが、これは、将帥を命じて、功を賞する事のはじめであったという。第五十二代嵯峨天皇においてもこの手法は踏襲された。しかし、まだこの段階では征伐を行う主体が卿相の位に連ねられており、武威はまだ重んじられていたと考えられている。

さらなる変化がみられるのが、朱雀朝の承平天慶の乱以降である。将師の命を受けたわけではない武家が征伐を担っていったからである。しかも、武功に対する位階が相対的に低く設定されることとなった。

経基、将門・純友が乱れ東西の軍事に労し、頼信の代に年を経て平かざりし忠恒を日あらずして攻降し、頼義十二年がほど東事にしたがひ、白頭にして遂に其功を奏し、義家又十年を経て武衡・家衡を平ぐ。しかるに此人々その位四品にすぎず。わづかに昇殿をゆるさるゝを以て、其面目とせり。常に摂関の家に伺候して、其家僕に肩をならぶ。(9)

ここでは、軍事に従事した源氏について述べられているが、経基、頼信、頼義、義家と共通して、長年軍事に労したにもかかわらず、位階は四位に過ぎなかったことが見てとられている。わずかに昇殿を許されるのをもって面目とされ、常に摂関の家に伺候してその家僕に肩を並べるという、この扱いの低さに白石は注目している。そもそも経基は清和二世の王であり、その子孫は王家を出て間もなく、たとえ卿相の列に加わったとしても他家と比べようがないはずであった(10)。それにもかかわらず、この位階を受けていることを考慮すると、その軍功に対する評価の低さがさらに際立つだろうというのである。これに加えて、源氏の武功に対する朝廷の評価が低かった事例として、源義家が清原武衡・家衡の追討の官符を望んだ際の動向があげられている。

義家、武衡・家衡を平げし時、官符を賜るべきよしを望みしに、私の敵たるよし聞ゆとてゆるされず、此事さらに心得ぬ事に非ずや。私の戦闘に任国を凋弊せしむる事十年におよばゝ、などその罪刑をさだめられざる。すでに其罪にあらずんば、これ其功などなかるべき。是等の事につきて義家の寃をふかく含まれし事、其故なしといふべからず(11)。

義家が清原武衡・家衡の追討の官符を望んだ際、朝廷は、この戦闘を「私」の戦闘と判断し、官符を下さなかった。白石の考えでは、「私」の戦闘で任国を十年間衰えさせているのだから、まずその点に対して、朝廷は義家に対して罪刑を定めるべきであった。それをしなかったのだから、義家には罪こそなく、任国の戦闘を治めたという功があったはずだというのである。それなのに、朝廷は義家の武功に対して報いなかった。白石は、武功にみあった評価をしない朝廷に対して、義家が恨みを深くしたことは、もっともであると考える。それを機縁に、その後、義家が「我七代の孫にうまれかわって天下を取るべし(12)」と遺言したように、「果して三世のゝち頼朝其権を分つことを得て、足利殿ふたゝび天下の君と仰がれ、三たび今代をしろしめさる(13)。」こととなる。「其遺言空しからずとやいふべき。」[14]といわれるように、武家の天下となる正当性がこの事例に発していると考えられている。[15]

では、武家に「天下を取るべし」として、自らを赴かせた原因とは何だろうか。ここで問題とされるべきなのは、位階と職掌の関係性であろう。位階は政事のなかにおいて、本来その職掌の軽重を示す指標であったはずである。ここで、武威の担い手である武家の位階が相対的に低く設定されていることは、その職掌と位階の乖離を招いていると考えられるのではないだろうか。上古からの朝廷の歴史から確認されているように、武威は政事において、本来重んじられており、それにみあった位階が授けられていたのである。この変化はなぜ起こったのか。これまで確認した歴史は、実は中巻から語られ出す武家の時間軸のなかでの「変」であったのであるが、白石は上巻の朝家の「九変」を扱うなかで、この武威の位置づけの低下を起因させた制度面での変化に対して独自の考察を試みている。

第二節では、この位階と職掌の乖離を引き起こした原因と考えられている「親」を基調とした権力の発生について考察していきたい。

第二節　「親」を基調とする「威」――もう一つの権力のあり方――

一　「親」とは

政事を与える主体に「威」を備えさせていた武威であったが、朝家においてはそれが軽視されるとともに、当初朝家に存していた政事性も失われていったと白石は考えた。その起因となっていたものが、「世官世族」（世襲する官職、代々禄を受ける家柄）の体制、つまり、摂関家がその職を天皇と「親」（親しさ）を媒介に私のものとしたことが考えられている。これは『読史余論』に考察されているもう一つの「威」の発生原理である。

白石が『読史余論』の本朝の一変として、筆を起こしているのは、幼主清和天皇が、外戚である藤原良房によって立てられた時点、つまり「一変本朝幼主并摂政始。附藤氏建家一等事。[16]」である。清和の父、文徳の即位時には、四人の皇子がいた。紀名虎の女を母にもつ長子惟高と次子惟條、滋野貞王の女を母にもつ三子惟彦、右大臣藤原良房の女を母にもつ四子惟仁である。『江談抄』によると、文徳は当初当時七歳の長子惟高に譲るつもりだったが、良房に憚って果たさなかったという。結局、生まれたばかりの惟仁が太子に立てられることとなる。天安二年（八五八）八月、文徳天皇の崩御により、九歳の惟仁が践祚し、外祖良房が摂政となる。このように、この時から皇子の長幼を基準として太子が決定されるのではなく、皇子の母方の親が誰かといった基準から太子が決定されることとなった。母方の親は、太子が即位した後、天皇の外祖であるということから権力を得ることができる。つまり、主権者との親しさから権力を得ることができる仕組みであるといえる。本章では、この権力の形を「親」を基調とした権力と呼ぶことにする。[17]

良房の子基経の代になると、自らが摂政をつとめる陽成天皇（当時十四歳、母は藤原長良の女）を廃し、諸皇子のなかから光孝天皇（仁明第三の子、当時五十五歳）を立てるといったように、外戚が天皇の廃立に対しても強い権限をもち始めた。また、幼主の補佐代行としての摂政のみならず、元服後の天皇の補佐として関白となるようになったのもこのころからであった。これが「二変関白并廃立始の事[18]」である。

宇多・醍醐・村上朝は、摂関が置かれなかったが、宇多朝では、基経が「典職」がない名誉職ともいえる阿衡の任に対して反発し、「天下之務壅滞ス」といった阿衡の紛議が起こり[19]、醍醐朝では、宇多上皇の勅により藤原時平と菅原道真が「相並で行レ政」っていたのが、藤原氏一族の「讒」により道真が左遷されるといった[20]一連の騒動が起こった。基経の女を母にもつ朱雀朝においては、道真の祟りに悩まされ、承平天慶の乱が起こるなど、「謹按、朱雀の初東南乱るゝ事。延喜の政衰へし上、外戚の権を専にせしによれる歟。[21]」という、外戚の権の肥大化による政事の衰えがみられている。摂関が置かれなかった宇多・醍醐・村上朝でさえも、藤原氏が強権をもつことからくる、政事の不安定さが看取されているといえよう。

そして、白石が、北畠親房の『神皇正統記』と同様に制度上の大きな画期ととらえているのが、次の「三変冷泉已後八代の間、摂家の人々権を専らにせられし事。附天子院号始の事。」における変革、「天子院号」である。

> これより（冷泉―筆者注）以後、天子皆院号にて謚なし。正統記に、此帝より天皇の号を申さず。又宇多より後謚を奉らず。遺詔ありて国忌・山陵を置かれざる事は君父の賢道なれど、尊号をとゞめらるゝ事は臣子の義にあらず。神武以来の御号も皆後代の定なり。持統・元明より此方遜位或出家の君も謚を奉り、天皇とのみこそ申すめれ。中古先賢の義なれども心を得ぬ事にて侍る也[22]。
>
> 按ずるに、冷泉以後天子院号たり。今兼家薨じて院号を称する、尤以て僭上といひつべし[23]。

国忌・山陵を置かないように次代へと言い渡すことは、君父の賢道として評価できるが、天皇が前代の天皇に対して尊号を贈ることをやめることは、臣子の義ではない。天子の称号を院号とし、後々には臣下である藤原氏も院号を称するというのは、上下の位階を無にする行為であると白石はとらえている。

ここで、天皇号の本来もっていた役割とそれがなくされた意味を、推論も含めて考察してみると、現天皇である子が前代の天皇である父に対して尊号を贈るという行為は、決して親子の親しみから起因する行為ではなく、自らから遠い尊い存在として父を遠ざける機能があるのではないだろうかと思われる。家族という意味において、親しいはずの父子の間に、尊さを導入することは、父子関係のなかから親密さを除外し、私情から遠ざけるという作用があるだろう。儒教でいうところの孝道は「情」というよりも「理」に属するものであり、そういった徳目は全て私「情」（個人を親しむ心情）を廃したところにある。天皇という位は、誰も及ぶことのできない尊号が現天皇である子から父へ贈られることによって、権力が親密さによって一個人へと帰さない仕組みとなっていたと考えられないだろうか。

それに対して、臣下が権力を握りうる「親」を基調とした権力とは、天皇号を停止することによって天皇の父方だけにあった至尊性をなくし、天子と姻戚関係を結ぶという親しさから母方の親である自らも権力を振るうといった、君臣の上下の位階を無化した政治手法をとっていたといえる。また、この親しさは、君臣の上下のみならず、父子、兄弟、夫婦など全ての上下の区別も同時になくしていく。本来、父子、兄弟、夫婦といった「名」の区別は、個人の資質や属性に対する「情」を越えたところにある、位の尊さを家族関係のなかに導入することに意義があったと考えられるが、この位の尊卑によって、個人の個別的な能力や属性を尊ぶところから発生する権力争いを防ぐことができたと考えられる。しかし、藤原氏との個人的結びつきがあるという「属性」をもった皇子が、優先して皇位につけられるといった、「親」を基調とする権力の作り方は、「父父たらず子子たらず、兄兄たらず弟弟たらず、夫夫たらず婦婦たらず、君君たらず臣臣たらず。」といった「名教のやぶれ」を招き、それが乱へとつながっていった[24]。

全ては外戚との親しさを根拠に幼主が天皇という尊位につけられるというところから、その位を軽んじる「変」が始まっていたと白石は考える。この「親」を基調とした権力の作り方が、後々の保元の乱、ひいては「六変鎌倉殿分二掌天下之権一事。」を招いていったというのが、白石の構想である[25]。

また、「変」が進むにつれて、この「親」を基調とした権力にみられるもう一つの特徴を白石は注視していく。それは、その権力が「国の重任」を勧め、権力を通して荘園を集積し、その収益を寺社の造営にあてるといったいわゆる「国の費」によって維持されていく点である。「四変後三条の院摂家の権を抑給ひし事。」では、藤原氏一族の出仕拒否によって成功しなかったが、摂家の権を抑える象徴として、帝が藤原頼通の興福寺南円堂造営の際の「重任」を糾弾した一件をあげており[26]、また「五変上皇御政務之事。」では、上皇が藤原氏の権を抑え、院中で政務を執るようになるが、「此帝白河に法勝寺をたて、九重塔など昔の御願寺にこえ、〈永保三年〉此後代々に打つゞき御願寺建られ、造寺熾盛の謗あり。造作のため諸国重任などいふ事多くなり、受領の功課も正しからず、封戸荘園多く寄られて、国の費となる[27]」。つまり、藤原氏と同様に「重任」によって荘園を集積し、造寺にあてるといった「国の費」を通して、権力を維持していく方法をとっていたことが指摘されている。このように「親」を基調とする権力は、政治を行う根本である官職を自らの「費」の一手段に化してまで、その基盤を確かなものとしていたといえよう。

もともと藤原氏が確立したこの手法は、以上のような特徴をもちながら、第一節でみた武威を低位に位置づける原因となった「世官世族」の体制を起因させる[28]。では、次にこの「世官世族」の体制がどのように形成されていったのかということについて詳しく見ていきたい。

二 「世官世族」

「世官世族」とは、位階や職掌が朝廷のために機能するのではなく、各家に世襲される「物」となり、各家のために機能していく体制である。このことを象徴しているのが、鳥羽院の御代に諸国の武士に対して源平の家に属するのをとどめようという制符が度々あったにもかかわらず、それが機能しなかった事例である。[29]

そもそも、源平が武をとったのは天慶の乱に始まり、東国の武士が源氏に心を寄せたのは、二十余年にわたる奥州の戦を経て、そこで戦功を重ねた多くの武士が自らを源氏の従類と思うようになったからであるとされる。頼朝が天下の権を分けたのも、この基盤があったからであるという。[30] では、このように武士が武家に属する根本の機縁とは何だったのだろうか。

その事のよしを考るに、ひとつに天慶のみだれによれり。此乱のよりて来れる所は、執柄の人人朝家の権を奪て、皇威日日に薄く、是に加るに武備も又ゆるみしが故也。はじめ将門・純友が相謀りしに、皇統なれば将門は帝位をしり、藤氏の裔なれば純友は執柄たるべしなど相約せしと聞えしこと、其尤に傚ひしものにあらずや。是一つ。外戚の権を専らにせしより。執柄の職をもて我家の物となして、自ら是を子弟に譲るに至れり。されば朝廷にあらゆる卿相、皆々その門葉にあらずといふ事なし。こと〲く皆この譜第をもて、其官、其職をしりしかば、かの将帥の職も又、その譜第をもて任ぜしほどに、遂にいはゆる世官世族となる。[31]

武家を生んだ原因は、二つあるという。一つ目は、執柄の人々が権を奪って、武備が弛み、その機に乗じて、将門・純友が摂関家の権力の簒奪に倣い、朝廷を簒奪しようとしたことであり、二つ目は、藤原氏が外戚の権を専らにしてから、執柄の職を「我家の物」として、それを子弟に譲るまでに至り、朝廷のあらゆる卿相[32]がその門葉に占められ、「譜第」をもって官職を担うようになったからであるという。これと同時に将帥の職もまた「譜第」をもって任ずるようになった。これがつまり、官職が家に継承されていく体制、いわゆる「世官世族」である。

されば又それに属せし兵も、又譜第の属兵となりしかば、鳥羽の此ほひ源平に属すべからずとしきりに制符を下されし也。源平両氏の兵権を解むとおもひ給はゞ、これを解べき道豈なからざらむや。（中略）其よりて来る所をきはめずして、たゞにこれを制せられしは、両氏憤を卿の媒にあらずや。是二つ。あはせてこれを論ずるに、天下終に武家の世となれる事は、其よるところ、藤氏外戚の権を専にせしによれりとぞみえたる。(33)

源平の兵権を解こうといくら朝廷が制符を出しても、そのころには武職は「譜第」の武家に担われていた。鳥羽院において、諸国の武士に対し源平に属すべからずといくら令したとしても、武職は朝廷の職掌ではなく、武家それぞれの「我家の物」となっていたのである。しかし、そもそもその根本には、職を「譜第」に継承させる「世官世族」の体制があったのであるから、一方的に武家にだけ制符が出されることに対し、武家が憤りを感じるのは当然であったろうというのが白石の考えである。そして、この憤りが武家に天下を担わせる機縁となっていったと考えられている。

前にみた「親」から生まれる権力のあり方は、朝家だけでなく、次いで権力を担ってゆく武家においても踏襲されていく。「鎌倉殿天下の権を分たれし事は、平ノ清盛武功によりて身を起し、遂に外祖の親をもて権勢を専にせしによれり。清盛かくありし事も、上は上皇の政みだれ、下は藤氏累代権を恣にせしに倣ひしによれる也。(34)」といわれるように、清盛はまさにこの手法から権力を得、鎌倉幕府においても、北条氏は将軍との「親」しさから権力を得たのであった。(35)『読史余論』に述べられている権力は、臣下との親しさに下支えされる権力が大半であるのだが、その一方で、経営力のある臣下によって簒奪されえる権力でもあった。前述の将門・純友の約にも看取されるが、鎌倉幕府・室町幕府においても、臣下同士の権力争いは深刻なものがあった。室町幕府においては、この権力のあり方が応仁の乱を招く原因ともなっていく。(36)これら現象の根本に、「親」によって分掌（分散）されていく権力の姿があると白石は考えているのである。

では、白石はこの「譜第」に依存する権力のあり方をどのようにとらえていたのだろうか。白石の視点を明確にするために、『読史余論』のなかで、人材登用と功田について述べられている部分をとりあげて、以下考察してみたい。

三　人材登用と功田

以下は、北畠親房の『神皇正統記』をもとに、白石が人材登用について述べている部分である。

正統記に、人を撰み用ひられし日は、まづ徳行を尽す。徳行同じければ労効あるをとる。又格條には、朝に断養たれども、夕に公卿に至るといふことの侍るも、徳行才用によりて、不次に用ひらるべき心也。寛弘よりあなたは、〈一条の年号。〉まことに才賢なれば、種姓に拘らず将相に至る人もあり。寛弘以来は譜第を先として、その中にも才ありて職にかなひぬべき人を撰ばれける。世の末にみだりがはしかるべき事をいましめらるゝにやありけむ。七個国の受領を経て合格して、公文といふこと勘ぬれば、参議に任ずと申ならはしたり。〈是摂家自家をいとなむ謀也。よきにはあらじ。〉あまり譜第をのみとられても、賢才の出こぬ端なれば、上古に及がたき事を恨る族もあれど、昔のまゝにてはいよくみだれぬべければ、譜第をおもくせられけるも理也。〈此論いかゞ。〉但シ才も賢く徳もあらはにして、登用せられんに、人の識あるまじきほどの器ならば、今とても必ず譜第によるまじき事とぞ覚え侍る。(37)

そもそも一条帝のころまでは、賢才を以て、種姓にかかわらず将相に至る人もいたが、それ以降は、「譜第」のなかからその職に適った才がある人物を選んだ。北畠は、末世に人事がみだりになるのを戒められたためではないかと推測しているが、白石は、これを摂家が自家を営むための謀であったとして、「よきにはあらじ」と述べている。また、賢才が登用されず、政事が上古に及ばないことを恨む立場に対して、北畠は、上古のままではますます乱れるので、「譜第」を重くするのは理であると述べている。しかし、白石はこれに対し、「此論いかゞ」として、むしろ前者の意見に与している。ここから、白石は、人材登用は種姓（譜第）にかかわらず、人の賢才によって行うべきであると考えているのがわかる。

同様に、人の働きに対する恩賞がどうあるべきと白石は考えていたのだろうか。

> 次に功田といふは、昔は功の品に随て大上中下の四つの功を立て、田を分ち給ひき。其数皆定れり。大功は世世にたえず、其下つかたは或は三世に伝へ、孫子につたへ、身に止まるもあり。天下を治るといふ事は、国郡を専にせずして、其事となく不輸の地を立らるゝ事のなかりしにこそ。国に守あり。郡に領あり。一国のうち皆国命の下にて治めし故に、民にそむく民なくして、国司の行跡を考て賞罰ありしかば、天下の事掌をさして行ひやすかりき。（中略）但大功あるものは、今の荘などゝ伝ふるごとく、国司にいろはれずして伝へける。中古となりて荘園多く立られ、不輸の所出来しより、乱国とはなれり。後三条ノ院の御世に、此弊を聞せ給ひて、記録所を置れて、国国の荘公の文書をめして、多く停廃せられしかど、白河・鳥羽の御時より、新立の地彌々多くなりて、国国の知る所、百が一になりぬ。後ざまには国司任に赴く事さへなくて、其人にはあらぬ目代を差て、国を治めしかば、いかでか乱国とならざらむ。況や文治の始、国に守護職を補し、荘園・郷保に地頭を置れしより此かたは、更に古のすがたといふこともなく、政道を行はるゝ道こと〴〵く絶はてにき[38]。

人の功に対する賞として与えられる田について、白石は否定的である。なぜなら、天下を治めるということは、国郡を専らとせず、不輸の地を立てないことがその原則であり、その管轄にあたる国司の行跡に対し賞罰を与えることで、天下を治めることができると考えているからである。功田は「譜第」の家に受け継がれていくが、国司の管轄外であり、それが中古以来、荘園として多く立てられていき、不輸の田が多くできたため、乱国となってしまったと考えられている。ここで、白石は、人の功に対して、土地を与えることによってその賞とすることが、その国郡を「譜第」の専ら（我家の物）とし、国郡が朝廷から分離していく、その仕組みを見ている。

本来、官職や土地は個人の賢才を賞するためのものであったのが、「家の物」として帰属することによって、朝廷の手から離れていく。土地の各「家」への帰属が進むことによって、朝廷はより大きな「家」、つまり「譜第」に付帯することによってしか成立しえなくなる。白石はこの各家への帰属を促す「譜第」の制度を、乱国の端緒として考えていたといえる。

第三節　礼——「親」からの解放——

一　武家の「礼」

中世よりこのかた、喪乱之際、節に臨み義を思ひ、力を竭し死を致すは、たゞ武人のみなり。世すこしも穏になりぬれば、尊位厚禄に居て、武人をば奴隷雑人の如くに思ひなし、世乱れし時には、捧首鼠竄して一人も身を挺て、忠を致す者なきは、公家と僧徒のみ也。誠に国の蠹害とは此輩をぞいふべき。されば天道は、天に代りて功を立る人にむくい給ふ理なれば、其後武家世を知り給ふ事、其故ある事とぞ覚え侍る。[39]

源頼朝によって権力は朝廷と分掌され、足利尊氏に至って、「朝家はたゞ虚器を擁せられしまゝにて」天下は全く武家の代となった。[40] 乱にあたって、「義」を思い、力を尽す武家に権力は帰したが、その武家においても、第二節でみた「親」を基調とする権力のあり方が自然であった。しかし、白石の構想するあるべき権力の姿は、「譜第」の「家」の経営に従属するような権力ではなく、主権者の至尊性のもとに、「忠を致す者」を職掌の軽重によって位階づける「礼」が設定される権力であったと考えられる。

その設定が望まれたのが、室町幕府、特にそのなかでも「家の盛」とされた足利義満のころである。義満は①武威により南北を一統し、②太政大臣に昇り、死後太政天皇の尊号をうけ、③大明の帝から日本国王と封崇され、④武家の礼式を定め、永く幕府の例となり、⑤三職七頭を定め、功ある者に国々を多く割き与えた、という五点において、徳川将軍家のめでたい例として世に称されていたという。[41] しかし、白石は、①に関しては、持明院統と大覚寺統がかわるがわる皇位につくという盟約は守られず、ただ一旦の詐欺であって、これがこの後の乱のもととなったとし、また、②に関しては、義満の勲功によって官加階したのではなく、権勢によって公家領を押えたため、勅許が引き出されただけであり、④に関しては、前代の武家の礼式をそのまま援用しただけで議するにも及ばず、⑤の三職七頭を定めたのに至っては、最も弊政であり、功ある者に国を多く割き与えることは、足利家を滅ぼす起因であったと、評している。[42]「礼」の設定という観点からは②④⑤が重要だが、特に②に関して以下のように詳述されている。

孔子曰、名不レバ㆑正カラ。則言不㆑順ハ。言不レバ㆑順ハ。則事不㆑成ラと。（中略）夫所㆑謂大臣とは、人臣にして君に仕ふるの官なり。其官ある時は、必職掌あり。是を名㆑之ヲ可㆑言フ言㆑之ヲ可㆑行フとは申す也。王朝既に衰へ、武家天下をしろしめして、天子を立て世の共手となされしより、其名人臣なりといへども其実のある所は、其名に反せり。我既に王官を受て王事に従はずして、我に事ふる者には、我事に従ふべしと令せんに、下たる者、豈其心に服せんや。且我受る所は王官也、我臣の受る所も王官たり。君臣ともに王官を受る時は、其実は君臣たりといへども、其名は共に王臣たり。其臣豈我を尊ぶの実あらんや。義満の世、叛臣常に絶えざりしは、其不徳の致す所と雖、且は又其君を敬ふの実なきによれり。其上身既ニ人臣たり。然るに王朝の臣を召仕て、是を名付て昵近とし、御家礼とすといへ共、僣窃の罪、豈万代の譏をのがれんや。世態既に変じぬれば、其変によりて、一代の礼を制すべし。是即変に通ずるの義なるべし。もし此人をして不学無術のならざらましかば、此時、漢家本朝古今ノ事制を講究して、其名号をたて、天子に下る事一等にして、王朝の公卿大夫士の外は、六十余州の人民、悉く其臣下たるべきの制あらば、今代に至る共、遵用に便有べし。(43)

孔子が言うには、名、言葉、事は即応しており、名が正しくないと事はならないという。大臣というからには、人臣であり、君に仕える官である。その官であるからには必ず職掌があるはずである。王朝が衰えて、武家が天下をしろしめした今、いくら当人に君主としての実があったとしても、朝廷から王官を受けているならば、王事に従うという職掌があるはずである。自らが王事に反しているにもかかわらず、臣下に我事に従うべしと命令してもどうして心服するだろうか、と白石は指摘しているのである。まして、君臣ともに王官を受けているのだから、その臣下が君を尊ぶはずもない。義満の世に、反逆する臣が常に絶えなかったのは、この臣下が尊ぶべき君主の名が義満になかったからである。世態がすでに変わったのだから、その変化に応じ、天子に下ること一等にして、「王朝の公卿大夫士の外は」、六十余州の人民悉く臣下である「名号」があったなら、今に至っても遵用に便があっただろうというのである。(44)

ここで問題とされているのは、朝廷にかわり天下を治めるようになった、この室町幕府において、至尊性を備えた君を頂点に、政事を分掌する臣を組織編制した「礼」をいかに設定するかということである。ここで白石の出した答えはつまり、天皇を上位者に設定し、自らはそこから下ること一等の存在となり、「王朝の公卿大夫士」とは別の官位の体系を自らの下に創り出すというものだった。

白石は『読史余論』を通して、統一した政事が実現されえなくなった朝廷の姿と、そこから台頭した武家の正当性をみ、しかしながらも、徳川の代となっても実現されえているとは思えない政事システムの確立を、時の将軍家宣に進講を通して求めていたといえる。

では、政事を遂行する官僚制を創出するための「礼」を、徳川中期において、どのように確立しようとしていたのだろうか、次に考察していきたい。

二　職掌と勲階――本朝古今の事制の上において――

白石は『武家官位装束考』において、徳川の礼を定める前提として、鎌倉と室町を置いている。そのなかでも、注視されているのが、①頼朝の職掌を重んじた任官と、②家康の武家の任官を堂上の外としたことである。この二つを当代の礼の制定にあたって遵用されるべき骨子としたといえる。

まず①について見ていくと、

> 謹按鎌倉ノ始頼朝当国ヲ居所トナサレ、先六十余州惣追捕使并諸国ノ守護地頭ノ職ノコトヲ申請玉ヒ、征夷大将軍ノ後正二位大納言ノ大将ニ止リ玉ヒシ事ドモ、イハレアルコトト見エタリ、（中略）シカルニ其官モ位モ、カクノミニテ、オハシマセシハ、朝家ノ官階ヲ重ゼズ、武家ノ職掌ヲ重ンゼシメントノ御事ニテ、又御家人ノ如キモ諸国受領ノ外ハ、四府検非違使ヲ専ラニ望ミ申サレシ事モ、家人等モトヨリ武人ナリ、文事ハ既ニ家業ニアラズ、サラバ文官ノ如キハ望ム所ニアラズ、武職ノ如キハ任ジ玉ハラバ、給

ルベシトノ御事ナリ、サラバ武家ニテ専ラ貴ミ思フハ武職ナリ、朝家ノ官階ノ如キハ、アナガチニ貴シトシ玉フベキニハ非ズ、カヘス〴〵モ此心得武家ニハ必ズ思食忘ルマジキ御事歟、(45)

ここで、注目されているのは、頼朝が征夷大将軍の後、望めば大臣ともなることができたが、正二位大納言の大将にとどまったことである。頼朝の、この官階よりも武家の職掌を重んじた方針は、御家人の任官にも適用された。諸国受領と四府検非違使という武職を貴しとしたというのである。

第二節でみたように藤原氏が政事を担うこととなってから、位階と職掌の乖離が生まれていた。藤原氏が、天皇との親しさの度合いとしての位階を尊重した一方で、頼朝は武家の職掌を重んじていた。これは、同じ武家でも、平家と豊臣秀吉が位階を重んじたのとは対照的であるという。

羽柴殿ノコトハ、一向ニ武家ノ例ニ准ズベカラズ、平相国清盛入道ナドノコトニ似タルコトモアル歟、但シ此人卑賤ヨリ身ヲ起シ玉ヒタレバ、天下ノ大名、我下風ニ立ン事、アリガタシトオモヒハカリテ、頓テ朝命ヲカリテ其志ヲ得ベキガ為ニ、摂家ノ例ニヨリテ関白ニオシナリテ、世ノ事ヲトラレタリ、又平氏ノ盛ナル時、朝廷ノ顕官、多クハ其一門ノタメニフサゲタリキ、羽柴殿ノ時ニハ天下ノ大名、皆々卿相雲客ノ列ニイタレリ、事ガラカハレル如クナレドモ、当時ノ大名多クハ秀吉ノ猶子トシテ豊臣ノ姓ヲ冒シタレバ、コレ又平氏一門ノ事ニ似タル所ナキニハアラズ、(46)

ここから、平家と秀吉の官位は、白石の考える武家官位にあてはまらないと考えていることが看取できる。平家や秀吉は、藤原氏同様、天皇との親しさをもとに権力を構成したといえるだろう。しかし、頼朝は武家の職掌を自ら重んじることによって、御家人を職掌のなかでまとめあげようとする組織論のなかに自らを置いていたと白石はとらえた。

しかし、朝廷の官位に則る限り、職掌を組織として機能させることは難しい。そこで、武家のなかで組織を確立するために、白石は、②家康が武家の任官を堂上の外としたことに注目するのである。

当家ニ至リテハ、武家ノ官位ハ堂上ノ外ニ定メオカレシハ、只自ラ古勲階ノ事ニ相同ジ、サラバ老中ヨリ以下ノ御家人、勲一等二等ヨリ次第ニ勲十二等ニ至リテ、公家ニハ官位ヲ以テ其貴賤ヲ論ジ玉ヒ、武家ニハソノ勲階ト職掌トヲ以テ、其高下ヲ論ゼンニハ、彼是相妨ル所モナクテ、武家ノ職掌モ自カラ貴キ所ヲ得テ、異朝ノ人ノキカン所モ、尤国体ヲ得ル所ニモアルベキナリ、サレド此議鎌倉京ノ代ニ、イマダ其例ヲキカザル所ナレバ、タヤスクハ申ガタキカ、サレド又我神祖ノ武家ノ官位ヲ、堂上ノ外ニ定メオカレシ神慮ニハタガフベカラズ[47]、

勲階をもってすれば、老中より以下の御家人が組織として整然と位階づけられる。しかも、その位階によって武家の職掌の尊さも確保されるというのである。そして、この位階と職掌を即応させた組織を編成することが、第二節で確認した「譜第」の「家」の経営に従属するような権力とは異なった、「忠を致す者」を職掌の軽重によって位階づける権力への試みであったと考えられる。

三　上位者の設定

では、なぜその組織の上位に天皇が置かれる必要があったのか。白石にとって天皇は「礼楽」によって位階づけられた、創業から変わらぬ上位者であったとされる。

我国ノヒラケハジマレルヨリ、百王ノ今ニ至ラセ玉フ迄、皇統ノカクウゴキナクオハシマス事、ナニニヨリテカ上下ノ分定マリテ君臣ノ別アル御事ニヤト、其イハレヲヨクヨク思惟アラムニハ、先王天下国家ヲ治メ

ラレシニ必ズ礼楽ニヨリ玉ヒシハ、果シテコレ迂遠ノ御コトニアラザルベシ(48)、

創業とともに「礼楽」が設定されたことが皇統を不動のものとしたというこの白石の認識は、「我国」における「礼楽」を創始した天皇「家」の不動性を肯定した文言ともいえるだろう。その文脈には、制度を創始した「祖」の余慶のもとに現在の人があるという、『鬼神論』の論理が存在する。現天皇が実質として尊いのではない。「我国」に「礼楽」を創始したという行為そのものを子孫として体現している天皇に意味があるのである。

世の人、常のことばに、積善の家に余慶あり、積不善の家に余殃ありとは侍れど、よしとみし人の福にあふは希にて、よからぬと聞く人の禍をうくるは多かりけれ。佛のをしえに、三世の事を説き給へるこそ、ことにすぐれたれ。よき人の不幸なるは前世の悪報なり。此理をつぐなひてんには、後世はかならず善報をうくべきものなり。あしき人も、前世の修善によりてこそ、かく今の世にも幸はおほけれ。かの善報のすでに尽なん後は、後世かならず悪趣に堕すべきもの也とぞいふなる。これ小きなるをしりて大なるをわすれたる説なるべき。福善禍淫の事はこれ天の、おのづからなる理なれば、これと云ひかれといふ。〈これは聖人かれは仏也。〉只そのいふ処の異なるに、かれは我にしてこれは真なるぞ異なる。其理はおなじきに似たり。されば易にも善不善ともに積むとはみえたり。家とは、上は父祖より下は子孫に至りて、中はおのが身、旁は伯叔兄弟ともに通じていへる名なるべき。しからば、かれがいふ所は三世といふ。其まことは、たゞおのが身一人なり。聖人の宣ふところは上中下に通じて、千百世といふとも、たゞひとつ家にてぞある。いにしへより家をも国をも興せし人、その先多くは忠信の人なり。またよき人の子孫衰ふることいまだ聞かず。世の人、知小しきに、慮近くて我百年のほど見る、うちの事のみをもつて、かの天命を疑るこそうたてけれ。積むとのたまへる事、ふかきこゝろえあるべしや。たとへば、おのれわづかに一二の大善をなさむに、その善いか

に大なりとも、積ことなからんには、福をいたすに及ぶべからず。善小なるを以てせざる事なかれと侍れば、たゞ善をつむこそ、我徳をもなしつべく、天福をもいたしぬべけれ。己が身より上つかたはかのいはゆる前世にて、下つかたはいはゆる後世なり。おのが身いかに善ありとも、祖先の世に悪を積なむには、その余波なほおよぶべき。(49)

「礼楽」を創始した天皇家は、その創業の「善」によって、その後の治世がどうであれ現在まで不動のままである。ここでいわれる「家」に積まれる行為とは、子孫が自らの行為によらずして安楽にあることができる、特別な行為である。それは、世代を超えて継承される、「制度」（ここでは「礼楽」）であるといえる。そして、現在もその「礼楽」によって政事は実現されうる。「礼」とはそもそも位の上下を定めることであり、「楽」とはその位階によって分掌された組織を統合するものであるが、現に、天皇はその「礼楽」によってその尊さが保たれ続けている。そう考える時、「礼楽」を創始した天皇家を上位者に設定し、それを存続させていくことは、それまで自明ではなかった「礼楽」そのものを復元し、政治をそのなかに位置づけさせることになるだろう。つまり、将軍の上位に天皇を置くことは、第一項でみたような「世態」の変に応じて政事を担う将軍の上位に、「世態」の変を超えた天皇を置くことによって、その天皇家の創始した制度のもとで、現在の政事の組替（改革）を可能とするといった政治思想に基づいて構成されているのである。(50)

おわりに

以上、『読史余論』をもとに新井白石の政治論を抽出してきた。第一節では、白石が「本朝」の歴史の画期を武威の担い手の変化にみている点を指摘し、特に摂関期において、本来重んじられていた武威が下位に位置づけられていく様に注目していた点を明らかにした。つまり、そこでは位階と職掌の乖離が生まれていたと考えられた。

第二節ではこの位階と職掌の乖離の原因と考えられた「親」を基調とした権力のあり方について考察していった。藤原氏は天皇家との姻戚関係を結ぶことによって、自らの権力を得たが、それと同時に天皇が院号を称することとなった。のちに藤原氏も院号を称したが、これは君臣の区別を無化にする行為であり、そこで天皇に本来もたされていた尊位が奪われたと白石は考えた。この藤原氏の権力の簒奪とともに、「高位高官」を「家」に継承させる、いわゆる「世官世族」の体制がとられた。これが、第一節でみられた武職が下位に位置づけられた原因であった。白石は、この臣下の「家」に依存する政事から、高次の政事を作り出すことが、あるべき政事の姿であると考えた。なぜなら、高位高官を独占する臣下の「家」に、経営を従属させる「親」を基調とする権力においては、土地や職掌が「譜第」の「家」へと帰属していき、政事が分散していくからである。

そこで、第三節では、その「職掌」を分け合い統一した政事を作り出す機会として白石が期待した足利義満を事例として、その代に取り入れられるべきと考えられた「礼」について考察した。白石にとっての「礼」とは、まず君臣の「名号」を立てることから始まる。臣下から超越した君を置くことによって、その下に同じ命を共有しつつも職掌を分掌した政事組織が成立しうると考えた。義満の立てた「礼」ではそれが試みられたものの、将軍を位階の極みとするあまり、天皇への「僭越」を招き、それが逆に叛臣を生み出してしまう「礼」であったといえる。それを改善するため、白石は「武職」を扱う臣下を一元的に自らの下に位階づける「勲階」で以て「礼」を構想した。その一方で天皇をその将軍を頂点とする組織の上位者として設定した。「礼」という制度が、主権者の尊さを保持させるものである以上、その「礼」がその創始者である天皇「家」を存続させたといえるだろう。

「礼」を創始し、以来上位者であり続けた天皇をその組織の上位に設定すること自体が、忘れ去られた「礼」を生きた制度として機能させると考えられた。そして、そのように設定することによって、下位である将軍以下の組織改変が可能となるとされたと考えられる。また、頂点である一つの「家」に制度を帰属させる白石のこの構想では、統一した政事を分掌しあう官僚制の原型ができていたといえる。[51]

ここで、はじめに設定した「なぜ「名号」（礼）を立てることが民の生を厚くするといった「徳」を実現していくものと考えられたのか」という問いに立ち戻りたい。第一章第一節では、「礼制」が必要とされるのは、奢侈の風俗により、「財」を費やし、貧困に陥る武家に対する「仁政」として構想されたと考察した。『白石建議』一、二、三においてはその構想のもと、武家の役の「格式[52]」の解消が建議として試みられている。[53]また『折りたく柴の記』には同建議に関して次のように記述されている。

よのつねの事共、故なく其役重からむ事、もっともしかるべからず。（中略）我国の乱れし代々の事を見るに、其乱のよりて起れる事、天下の人民財つき力窮れるによらざるはなし。「これを富さむ。これを教へむ」とも見え、また「倉廩みちて礼節をしる[54]」とも見えたれば、いかなる善政おはしまさむにも、今のごとくして世に行はれん事かたかるべし。されば、当時の急務、いかにもして天下士民の肩を休められんにはしくべからず。[55]

まさに武家を統制する「礼制」とは、士民の肩を休めるものとされている。つまり、そこでは、役に付随する「俗」に介入しうる権力が必要とされるのである。[56]そこに、本章で考察した「名号」を立てることの意義があると考えられる。また、白石の構想した官僚制とは、その用度を一元的に統制することによって、民への負担を軽減する仕組みをもつものであったことがここからうかがえるであろう。

【注】

（1）元禄八年から宝永四年（一六九五〜一七〇七）までの十二年間、六二八講に及んだ（『新井白石日記』大日本古記録、岩波書店、一九五二-五三年）。

（2）新井白石著、村上典嗣校訂『読史余論』岩波文庫、一九三六年、五頁。以下、『読史余論』の出典は本書による。

（3）『進呈之案』（『新井白石全集』六、国書刊行会、一九〇七年（以下略）、二六三頁）。

（4）『経邦典例』田制考序、貨幣考序（『全集』五、国書刊行会、一九〇六年、四四〜四六頁）。

（5）『経邦典例』は経世済民の術である「食貨」を考証した「田制考」「貨幣考」、官僚を統制するための「礼楽」を考証した「車輿考」「冠服考」「楽舞考」「職官考」の六部から構成されている。現存するのはそれぞれの序と「冠服考」の一部のみであるが、その序からは白石の参照した経典と彼の構想した礼楽制度の概要がうかがえる。

（6）『読史余論』を扱った研究は近世後期以降、数多く積み重ねられてきた。戦後、朝廷と幕府の関係をどのように位置づけていたのかという関心から、宮崎道生「白石の史観と徳川幕府政権」（『新井白石の研究』増訂版、吉川弘文館、一九六九年）、尾藤正英「新井白石の歴史思想」（『新井白石』日本思想大系三五、岩波書店、一九七五年）、中田喜万「新井白石における「史学」・「武家」・「礼楽」」（『国家学会雑誌』第一一〇号一一・一二、一九九七年）、中世から近世の歴史書のなかでその位置づけを試みた玉懸博之「『読史余論』の歴史観」（『日本思想史研究』第三号、一九六九年）、個人的徳義の褒貶に終始していると評価した小沢栄一「『読史余論』における政治と道徳」（『近世史学思想史研究』吉川弘文館、一九七四年）、叙述面から考察した安川実「読史余論の成立—その叙事のあり方について」（『神道学』第九九号、一九七八年）、白石の南北朝期のとらえ方に注目した大川真「新井白石の南北朝論」（『奈良にまかれた言葉と思想』五、二〇二一年）等がある。

（7）『読史余論』一〇九頁。

（8）『読史余論』一一一頁。

（9）『読史余論』一二〇頁。

（10）同右。
（11）『読史余論』一二〇～一二一頁。
（12）「難太平記に、義家の御置文に、我七代の孫にうまれかはりて天下を取るべしとみえし由を載す。」（『読史余論』一一九頁）。
（13）『読史余論』一二一頁。
（14）同右。
（15）しかし、注意されなければならないのは、それは「朝家」を傾けようと企図されたものではなく、執柄の権を奪うという意味での天下の簒奪とされていることである。「又清和の皇統は陽成にて絶たりしに、頼朝より此方、武家世をしろしめされし人々皆是其皇胤也。天意のほどはかりがたき事にや。」とされるように、白石にとって、武家はあくまで皇胤のなかから、朝家をささえる存在として認識される（『読史余論』一二一頁）。
（16）『読史余論』一四頁。
（17）これは藤原氏と天皇との関係のみを指すのではなく、『読史余論』を通して看取される権力の描かれ方である。以下諸例をあげると、①院政期において、上皇、藤原氏、平氏がお互いの親しさから「権柄」を得ている事例（「按ずるに、清盛が妻平時子は、建春門院の女兄也。故に平氏ます〳〵勢を得し也。又建春門院の兄大納言平時忠は、主上にも院にも平家にも、皆親ありし故、権柄を執れり。」『読史余論』五九頁）。②鎌倉期において、北条氏が将軍の外戚であることから「権柄」を得た事例（「按ずるに本朝古今第一等の小人、義時にしくはなし。三帝二王子を流し、一帝を廃しまゐらせ、頼家并にその子二人、〈禅姉君、公暁。〉又頼朝の子一人、（中略）頼朝の弟一人、〈全成〉姪一人、〈河野冠者〉それが中、公暁をして実朝を殺させしありさま、その姦計おそるべし。（中略）されど義時が奸計を遂し事も、外戚の勢に倚りし故也。」『読史余論』一六一頁）。③足利氏において、伊勢氏が養父であるという親しさから権力を得た事例（「室町殿の代、伊勢が家司る所は、則本朝の蔵人、異朝の内侍の職也。貞親が代に至りて、威福の権彼が掌におちて、勢益驕横にて、彼明皇の世に高力士が、省㆓決シ章奏ヲ㆒進㆓退将相ヲ㆒せしが如くなりき。甚しくしては義政の御父母なりなど、自称するに至る事、かの唐末の、定策国老門生天子の禍に異らず。」（『読史余論』二六四頁）。

後節で言及することとなる「譜第」によって構成される権力のあり方を含めて、これら、主権者との親しさから権力をにぎりうる全ての関係性を包括する概念として、①にあげている史料上の表現である「皆親ありし故、権柄を執れり」という用例から、本章では「「親」を基調とする権力」と呼ぶことにしたい。

(18)『読史余論』一六〜一七頁。
(19)『読史余論』一八頁。
(20)「先師木恭靖いはく、菅公外戚の権を抑むとの志ありしかば、藤氏の子弟等これを譏しけるなるべし」（『読史余論』二二頁）。「木恭靖」とは木下順庵。
(21)『読史余論』二〇頁。
(22)『読史余論』二三〜二四頁。
(23)『読史余論』二七頁。
(24)保元の乱について『読史余論』では以下のように述べている。「按ずるに、白河その養女に私し、その妊めるをもて孫婦とし、その娩するを待てやがて天位を嗣しむ。鳥羽また聚麀して、多くの男女を生ましめたり。其子なにの罪かある。其母を寵して其子をにくみ、かつはまた艶妻に惑ひて幼子をたつ。崇徳また其仮父をうらみて、同母の弟をせめ、忠実大臣として故なく幼子を愛し、（藤原―筆者注）頼長長を凌がんとし、忠通又その弟と氏長者をあらそい、清盛其叔父・従兄弟を斬て、義朝が父と弟を斬らむことをはかり、義朝又朝命を辞し、かねて父と弟を斬る。後白河其兄とあらそひてこれを流し、その功臣等をして其父子兄弟をきらしむ。いひつべし、父父たらず子子たらず、兄兄たらず弟弟たらず、夫夫たらず婦婦たらず、君君たらず臣臣たらずと。北畠の准后いはゆる名教のやぶれ、一言を以て蔽へりといふべし。」（『読史余論』五一頁）。
(25)前掲注23参照。六変については後述。
(26)『読史余論』三五頁。

(27)『読史余論』三九～四〇頁。白河との対比として、後三条の評価が以下のように述べられる。「〈続よつぎを按ずるに、後三条は五檀御条法にも、国やそこなはれぬらんと仰られ、円宗寺をもこちたく作り給はず。〉」。
(28)「王綱紐をとき、柄臣権を専らにせられしより、将帥の任殊に軽く、卿相の官に至れる人なく、かつは文武の職、世官世族となりしかば、朝廷の威日日衰へ、功臣遂に兵馬の権を掌り、天下の大勢一たび変じて古にかへる事を得べからざる代にはなりし也。」（『読史余論』一一三頁）。
(29)『読史余論』一二一頁。
(30)『読史余論』一二一～一二二頁。
(31)『読史余論』一二二頁。
(32)摂政・関白・大臣・大納言・中納言・参議および三位以上の人（参議は四位以上）。公卿。
(33)『読史余論』一二二頁。
(34)『読史余論』一四頁。
(35)前掲注17参照。
(36)前掲注17③でも言及した、奏者伊勢貞親が義政の「御父母」などと称し威福を恣にし、畠山・斯波の家督争いとあいまって応仁の乱へと結実する（『読史余論』二六二～二六四頁）。
(37)『読史余論』二二六～二二七頁（傍線は筆者による）。
(38)『読史余論』二二七～二二八頁（傍線は筆者による）。
(39)『読史余論』二三五頁。
(40)『読史余論』一四頁。
(41)『読史余論』二二三～二二四頁。
(42)『読史余論』二二三～二二六頁。
(43)『読史余論』二二四～二二五頁。

（44）この足利義満論は「国王復号問題」と合わせ考えることによって、『読史余論』のなかでも、最も注目されつつ評価がわかれてきた箇所である。「国王復号問題」では、将軍を「大君」から「国王」と号すことを企図されたのであるが、問題となったのは、天皇との関係である。これまでの研究史においては大きく分けて以下の三つの立場からの考察があった。①主に対外的な「復号問題」の意義を考察し、天皇と将軍の身分的な上下関係すなわち「君臣の大義」が確保されたと評価した、栗田元治（『新井白石の文治政治』石崎書店、一九五二年）、宮崎道生（宮崎前掲書）。②天皇対将軍の名分を明別しながら、他方では将軍の権威を、天皇以外の一切の勢力に超越する君主として安定させたと評価する伊東多三郎（「殊号問題と将軍の権威」『日本歴史』第六七号、一九五三年）、同様に「礼楽」と「征伐」を一元的に「国王」である将軍が掌握しようと企図していたとする、尾藤正英（尾藤前掲論文）、ケイト・W・ナカイ（『新井白石の政治戦略—儒学と史論—』東京大学出版会、二〇〇一年）、本郷隆盛（「新井白石の政治思想と世界像—日本的習俗への挑戦」『宮城教育大学紀要』第三一号第一分冊、一九九六年）、③「礼楽」（文事）を担うのは天皇であるが、「礼楽」を除く全ての政治の実権（官職も含む）を将軍が掌握しようとしたと評価する大川真（「新井白石の国家構想—国王復号・武家勲階制の検討を通じて—」『日本思想史学』第三四号、二〇〇二年）である。本章は、白石が史論『読史余論』において、「礼」をどのようにとらえていたのかを考察するものであるが、足利義満が行った、「名号」を立てるという行為自体を、官僚制とも呼びうる組織を機能させるために行ったものと白石が考えていたと評価したい。

（45）『武家官位装束考』（『全集』六、四六九〜四七〇頁、傍線は筆者による）。

（46）『武家官位装束考』（『全集』六、四六六〜四六七頁）。

（47）『武家官位装束考』（『全集』六、四七二〜四七三頁）。

（48）『武家官位装束考』（『全集』六、四七〇頁）。

（49）『鬼神論』（『日本思想闘諍史料』Ⅲ、名著刊行会、一九六九年、三七〜三九頁）。

（50）これら『読史余論』『武家官位装束考』に先んじること、宝永六年（一七〇九）、代替わり間もない将軍家宣に、将軍の上位者である天皇家の存続をはかるための「皇子皇女の封事」が提出された。そこでは南北朝以来の皇統と武家の関係が次のように述べられている。「元亨・建武の間、皇統すでに南北にわかれ、南朝はいくほどなくて絶させ給ひぬ。北朝はもとこれ武家のためにたてられ給ひぬれば、武家の代の栄も衰をも、ともにせさせ給ふべき御事なるに、応仁の後、世のみだれ打続て、武家すでに衰給ひにし上は、朝家の御事は申すにも及ばず、当家の神祖天下の事をしろしめされしに及びてこそ、朝家にも絶たるをも継ぎ、廃れしをも興させ給ふ御事共はあるなれ。しかはあれど、儲君の外は、皇子皇女皆々御出家のことにおいては、今もなほおとろへし代のさまに、かはり給はず、（中略）これらの御沙汰なからむ事、上につかふまつらせ給ふ所を、つくされしとも申すべからず、（中略）この国天祖の御後のかくのみおはしまさむに、当家神祖の御末は、常磐堅磐に、栄えおはしまさむ事を望まむは、いかにやさぶらふべき、」（『折たく柴の記』岩波文庫、一九九九年、一三八頁）。

（51）しかし、閑院宮家の創設に代表されるような天皇家の復興は家宣在世中に実現されたものの、白石の構想した「礼」を通して将軍を超越的な存在とする「官僚制」を創出する試みは八代将軍吉宗によって廃された。吉宗はそれまでの側用人を廃し、「譜第」による合議を尊重する。本章第二節で確認したように、白石は側用人のような将軍との親しさから権力を得る政事のあり方、また「譜第」に頼るあり方、両者を廃するため、将軍の臣下からの超越をめざしていたと考えられる。この「譜第」との対立は『折たく柴の記』に散見するが、そのなかでも七代将軍家継の薨去前後を述べる『柴の記』末の記述が辛辣である。「前代御世をつがれて、老中の人々、日々に召問はせ給ふ御事ともありしかど、此人々はもとより世の諺にいふなる「大名の子」にて、古の道学びしなどいふ事も今の事をもよくしらず、年比仰事伝へしのみにて、前にしるせしごとく、天下国財の有無をだにしらぬほどの事なり。まして機務の事ども、其本末をしらるべきにもあらず。」（『折たく柴の記』四五四頁）とある。吉宗にとっての将軍権力の絶対化は、白石の考えた将軍権力の臣下からの超越とは異なり、この「譜第」との融和のもとに成立するものとして構想されたと考えられる。

（52）役の「格式」とは、法度によって決められているわけではないものの、そうすべきと認識され、士民を縛る「俗」のようなものである。

（53）『白石建議』一、二、三（『全集』六）。具体的には①在番衆、遠国御使を勤める衆中が召つれる人数、勤務中の道具、番頭、組頭衆などの振舞、②旗本衆中が江戸廻りで召しつれる供人の数、③衣服、④振舞の料理、⑤信物（進物）、⑥屋作について定められている。

(54) 松村明の校注によると、管子、牧民篇の語。

(55) 『折りたく柴の記』二三五〜二三八頁。

(56) 朝鮮聘礼使応接の儀礼改変の目的も、大名に与えている財政負担の軽減にあった。（ケイト・W・ナカイ前掲書、一〇八頁）。

第四章　松平定信の政治思想――『宇下人言』を中心に――

はじめに

　これまで正徳期（一七一一〜一七一六）の改革における新井白石の政治思想を考察してきた。次に取り扱うのは寛政期（一七八九〜一八〇一）の改革でその指導的な役割を担った松平定信である。彼においては「道徳」がその改革の中心に占めた。そもそも、政治のなかに「道徳」が内包される社会とは、どのような社会だろうか。松平定信のみならず、近世中後期の明君たちが進めた政治改革は、倹約令や財政改革、風俗改正といった性質をもつ一方で、藩校の設置に代表されるような文教政策もとられるという一面があった。(1)

　本章の目的は、儒学思想（特に朱子学を中心）を取り入れることによって、それまでとは異なった財政構造をもつ近世政体へと変貌を遂げようと志向した近世中後期幕藩制を考察することである。(2)朱子学といった為政者の修養を求め、それを周囲へと伝播していくことを根本とした学問が、なぜ財政改革と根源的に結びついていたのか。この問題を解くための素材として、朱子学への傾倒が頂点に達した寛政改革期を取り扱う。

　これまでの思想史研究において、朱子学は中国のような科挙制度がなかった近世日本においては特に重視されないか、(3)朱子学の一側面である道徳教化を主眼とした体制強化論として注視されることが多かった。(4)近世中後期の改革自体は財政改革であり、儒学思想が倹約や「礼」といった「財」を扱う要素をもつ思想である点は自明で(5)

あるものの、これまでは両者を関連づけての思想構造の考察がなされてきたとは言いがたい。そこで、本章では、寛政期の政策を自身の思想的観点から評価しつつ振り返っている『宇下人言』[6]を著わした松平定信の政治思想[7]を中心に、改革がどのような性質をもつものだったのか、それと儒学概念はどのように結びつけられていたのかという点を明らかにしていきたい[8]。

第一節　倹約と政事

一　倹約の意義

まず第一節では定信の政事の特色である倹約について、それがどのような性格をもつものだったのか、確認していきたい。

天明の飢饉（天明三年、一七八三）[9]の始まりと同時期に、二十六歳で家督を継ぎ白河藩の政を担うことになった定信[10]は、凶年を質素倹約の道を取り入れ「磐石のかため」をなす時期として次のように肯定的にとらえていた。

予家とくとりてその日、家老よびて「凶年はめづらしからぬ事にていままでなかりしぞ幸ともいふべし。おどろくべきにはあらず。凶には凶の備をなすぞよけれ。いでこの時に乗じて倹約質素の道を教へて磐石のかためなすべし。」といひつけぬ。翌日にか有りけん。俄に江都の家臣のこりなく書院へよびて「倹約質素はわれを手本にせよ。吾このことにたがひたらば人々みなそぶくべし」といひたり。〈この事所々にとゞめたればこゝに略したり。〉みな屈服したりとぞ。それより予が膳羞も減じて一汁一菜〈朝夕〉、一汁二菜〈昼〉とさだめ、みずから綿服を着て、さまぐ〳〵とをしへしかば、今のありさまとはなりぬ。家中へあたふ米よからぬときさしかば、何となく米とうすとりよせて、庭にてつかせてはからせたり。〈減じ多かりければ減ぜぬをとていひつけし。〉両役〈大目付・横目〉をよびて目代のつとめやうなど自筆にしていひつけぬ。〈此事かの役にあればこゝに略す。〉勘定頭をよびて又自筆をもて倹約の本をおしゆ。〈これもおなじ。〉国へも右の事又右衛門へいひつけてつかはしぬ。みなこれら政事録にかきける事をいたしたり。〈これ亦忠籌朝臣のかげともいふべし。〉[11]

豊作の歳もあれば、凶作の歳もある。これまで凶作がなかったことが幸いというべきで、驚くべきことではない。凶年には凶年の備えをしたらよい。こうとらえることで、家臣への凶年の心構えをつけさせる。また、為政者自らが①食事の量を減らし②綿服を着るといった身分制の礼を崩した非常体制をとり、「手本」となることによって、政の根源（予期できない危機に際して備える＝磐石のかため）を臣下と共有するといった意味をもっていた。[12]

ここで「忠籌朝臣のかげともいふべし」と述べられている本多弾正少弼忠籌[13]は、定信によって「英雄」と称され、天明初年ころから親交を結び、定信が藩政の運営を学んだ人物である。彼も倹約によって政を行ったが、それを定信は以下のように評する。

弾正の為ㇾ人は古にいふ英雄、かつ至て信実深く、義あつてよく物に感ず。すでに孝恭院殿[14]薨御のせつは、五十日酒肴をやめ、麻上下にして、朝より夜るまで端座してつゝしめる如きの人なり。天明六年の出水のせつの家中のとりまはし、物の行とゞきしさま、おどろくべきほどの事なり。家中手あて残る處なく、米金をちらして救ひなんどなせり。つねぐ〳〵のけんやくはこゝをせんとの為なりとてしかせり。また水に汚れしふすまなんどのつくろひはいさゝかせず、食物も昼のみ一菜にし、朝夕はめしのみくひたりとぞ。これは又倹約なりといふ倹約と、不時の入用とのわけをしるぞ、まことのけんやくとはいふべき。いま四十あまり六七つにもなりなんか、いままで百匹の金にてわがなぐさみのしなとゝのひたる事はなしとなん。かゝる質素なりければ、家中も本地にしてやり、何事のそなへ、火事軍事のそなへまで手厚なり。名誉の人なり(15)。

忠籌は出水の際、家中に対しても手当を支払い、困窮者にはお救い米やお救い金を与えたという。その際の資金は、日々の倹約によってプールされた「財」であった。つまり、君主の倹約によって捻出された「財」は出水などの不時の際に家中の手当てとして米や金銭になり振り分けられる。これが日ごろの倹約の意義であるという。このような倹約と不時の際の入用との因果関係を知っていることが、本当の倹約であるとされる。

君主は質素であることにより、「家中」も本来のように機能し、火事や軍事など不時の備えも手厚くなる。この図式が、家臣と共有されることで、藩自体の「磐石のかため」がなされると考えられている。これは定信が老中として幕政に与ってからも変わらない政治手法であった。

堤川除なんど之修理大かたならぬ御入用にて、〈已に午年には大身の諸侯多く御手伝被㆓仰付㆒し也。ことしの損所も午年にはおとらず。〉いかんともせんすべなし。忠籌朝臣もわれと共に御勝手の御用をはからひしが、せんかたなし、御手伝にも被㆓仰付㆒なんとの給ひし也。予のいふには、御節度御倹約はかゝる非常の御用之為なり。その御入用皆公義より被㆓仰付㆒なん。これ天下へ之御示しにて、かつてその十六年して御復古に至る御しらべ之故障になるべき事にてはなき也といひ初めしに、（中略）御故障にさへならずば御入用になすのよろしきが上はあらじとの給ふ。（中略）〈是まで年々御手伝普請ありたる故、こたびの大御用被㆓仰付㆒候ては猶更諸侯もつかるべきによつて也〉されども御入用に成りたればとて、川々之普請を略して、御入用を減じなんなど心得べからず、かへつて深き思召も浅くなり侍りぬ。力を尽して厚く御修理を加へても、また来

> 歳非常の洪水ありておし流さんは少しもくるしからず、只御入用を可レ減とてうすき修理くはふまじきと、くれ〴〵もその職々へいひ侍りたり。（中略）かうやうに御倹約てふものは非常の御用度給すべきをしらしめたるは、このうへ御倹約のたち行（く）為にして、いまいづる御財用倍蓰して御備となるべし。かつ御倹約てふ中にも御武備は欠くべからずとて、酉年よりしておほくの御武器〈これまで多く破損したり。〉を三ヶ年に修理をくはへ、又は御関船なんども久々破れてありしを、亥年に御修理をはからひたり。これまた本旨を示さるべき為にもありなん。[16]

これは寛政三年（一七九一）の関東の水害に対する定信の対策案である。堤や川除の費用が必要であるが、明和九年（一七七二）の火災以来、幕府も勝手向きが悪く、天明の飢饉によって備えがなくなってしまった。大名に手伝普請させるしかないという意見に対して、定信は公儀負担で普請すべきであると主張する。幕府が力を尽して厚く修理を加えることによって、倹約というものが非常の際の出費に対して備えるためになされているのだということを天下へ示すことができ、それにより、倹約がうまくいき、それが多大な備えとつながるというのである。

このように、定信は、為政者の倹約、すなわち欲の制御が、家中を巻き込んだ倹約へとつながり、それが不時の際の備えに直結するとし、そこから多大な備えを作り出していくという構造を考えていた。[17]

不時の事態に対応できるか否かは、政治を与る主体にとってその正当性を保持できるかといった重大な問題であると考えられる。飢饉や災害、戦時に対する備えを作り出す誘引となるといったレベルにおいて、為政者の欲の抑制、つまり朱子学でいう所の修身[18]が大きな意義をもってくる。

二　欲と修行

定信は『宇下人言』において田安家での幼少のころからの自身を次のように振り返っている。

そのころ田邸にゐしにも伝属の人多からず侍れば、物ごとにつきて事を欠きてのみくらしぬ。たばこをこのみても、十まり四五つにならねばゆるさず。そのほか兄弟多かりければ、三たびの食羞もわが心よりこのむ事はきびしき禁止にてぞ有ける。まゐて着るてふ衣・はかまの類、何をこのみ侍るなども禁止也。（中略）初にかいしるす如く、いとけなきときより、食も衣もゆあみするなんども、心のままにはならざりしぞかし。それになれになれたれば、いま倹約の道おこなふも、ゆめ心にたえしのびといふこともなく侍るぞかし。いま衣食住のおごりなき様になすをみて、人はさぞくるしからむときこゆれど、おさなき時になぞらふれば、まことに井の魚の海川に出でし心ちぞすれ。さればおさなきときは、いかにも事少なにして法度厳にそだつべし。すべて法よくその人をたゞすときは、わが如き鄙吝愚盲の性も罪戻にとをざかること多きものぞかし。(19)

定信は幼いころより、衣食住が「心のまま」にはならなかったので、今現在の倹約も耐え忍ぶというかんじではないという。幼少期のこの育ちのため、事が少ないということに対して不満に思う性質にならなかったという自己認識をもっている。ここで、定信が「心のまま」と表現しているものがすなわち欲であり、それを法によって正す、抑制することが倹約の基礎となっているのである。そうした認識をもつ一方で、成人に達してからも「修行」という形で、いかに欲から離れるかを模索した。

只々今日の處にて欲をはなれんとすれば、露も心にのこらず、かゞみにあとなきごとくならざれば自由とはいひがたし。予もとより浅はかなる修行なりしかども、憂喜につきても、人事によりても、独居のときにも、たゞ〳〵心にわすれず、皆心をつくせしゆへにや、このむとても心にそみてこのむこともなし。是ぞ鍾愛する調度といふものもなし。（中略）まして金銀の事、国家の用度はいかにもみにしみて大切なれども、わが手元の事には至ておろそかにて、わする丶事のみ也。（中略）かくのごときこといはゞ、修行せぬ心のうへにてはさしても思ふまじきが、われもしらずに欲に遠ざかりて、心のうち滞ることなくおぼゆる也。[20]

このように自らの欲に拘束されない自由な境涯こそ、為政者のあるべき明徳の状態であるとされる。それは手元の欲を忘れるほどに離れる一方で、国家の用にたつ金銀を大切に思うことと同義でもあると述べられている。「人欲を尽しなくして天理とて天より受けし心を其ま丶におくところが此大学の道なり」[21]として、白河藩の家督をとった二年後の二十八歳で『大学講義』を著述しているが、彼は月に二度自ら家臣にこれを講義したという。[22]そこでは、非常への備えを作り出すことを目的とした倹約の道を歩む下地として、個人の欲から離れる修身、すなわち朱子学の教えを家中と共有することが企図されていたと考えられる。[23]ここから、その後幕政を与り、寛政の改革を主導した定信が寛政二年にとった異学の禁の源流をうかがうことができるのである。[24]

三　「礼」

以上のように、個の欲を取り除き、倹約することが、不時の備えを作り出すことにつながっていた。これを制度として整備したものが礼である。『政語』の第七則「財用の道を論す」では礼について以下のように述べられている。

古聖人の国を治めたまふ礼より先なるはなし、礼は其国に生ずる所の財によりて万事の節を制し、財用は礼によりて其節を制す、故に礼によつて行へば財用自然に充足す、聖人なんぞ財用に於て智計を用ゐる所あらんや、其故は古人は納めいるゝ所の多少を計りて、出す所の節をなす、故にたらざる事なし、後世は出す所の用度をはかりて、おさめ入るゝの計をなすゆゑ、定りたる正税の外に民を収斂すれども遂に充足の時節なきは、納る所のものは限りありて、出す所の用度は限りなし、かぎりあるものを以てかぎりなき使用にそなふるゆゑ、いづれの日か足る事を得べきや、(25)

礼による財用の整え方は、生じた「財」に応じて万事節度ある状態にする方法であるという。近年は、用度（消費）にあわせて、「財」を調達しようとするので、正規の税以外にも民への収斂を増さざるをえなかった。それでも「財」が充足しないのは限りのある「財」を限りのない用度にあわせようとするからであるという。ここで、以下模範となる周の法について示されていく。

今試みに周の世の国用を制する法をのぶべし、其法三十年の租税を平均にして常格を定む、然れとも年に凶年あり豊年あり、一国の内又豊作の所あり凶作の所あり、それを年の終りに計りて都合の数を定め、現在の斛数を以て来年の国用を制するなり、たとひ豊年にて常格より斛数多くとも定りたる礼にすぎず、常格より少なければ其数に応して用度を減す、これを凶年の礼とす、たとへば一年に四万石の處なれば、これを四つにわけて一つ分の一万石を貯へとして別に残し置其外三万石を以て来年の支用とす、かくの如くすれば三年の間に三万石の儲積あり、これ一年を仕度すべし、三十年を積めば三十万石の儲積あり、然れども三十年に大略閏月十三年月あれは、是を一年分三万石除き、先つ三十年に九年の儲積ありこのたくはへを以て飢饉寒疾疫の年のそなへとし、これを入るをはかりて出す事をなすといふ、大抵かくの如く定格をたて設るときは、凶年にはみな凶年の礼ある事を知りて、事に当りて其たらざる所をおもんはかり、其智の及ばさる所をうれひて、許多の巧計を用ふるにいたらす、(26)

この法の骨子は作柄の豊凶（生じる「財」の規模）によって、用度を変化させることである。その一方で、生じる「財」の四分の一を飢饉や疫病などの非常の備えとして儲積していくことがその法に組み込まれている。この法の仕組みは、作柄の豊凶を越えて、「財」が安定的に蓄積されていくという仕組みをもつ一方で、それを実現するために冠婚葬祭などの吉凶の礼や衣服飲食器用の礼といった消費の規模を調整する礼の整備が必要とされている。これまでみてきた倹約はこの凶年の礼を行う際の個々人での修養であると考えることができ、それがめざすべきものは、安定的に儲積を創出していくことであることが推測できる。(27)そして、この儲積が不時の備えとして機能する仕組みとなっている。

凶年の礼を挙行するためには、それまでのライフスタイルを変えなければならず、そこには修身や修行といった個々人が欲から離れるといった行いに大きな意義がもたされていた。そこで、それらの要素が強い朱子学などの学問が、社会のなかで個々人を修養へと働きかける思想として意義をもたされていったと考えられる。また、その構想の下地には、豊凶を越えて安定的に儲積が創出され、それが不時の備えとして多大な財が蓄積されていく新たな財政構造が考えられていた。

次節では、財の蓄積とともに、深化していった祖先顕彰を考察していきたい。というのは、個々人の修養によって生まれた財が個々人の所有ではなく、共有物としてプールされるには、為政者自身が無私無欲の存在であることが求められたのであるが、その無私無欲性を職の観念として為政者自身が観念するとともに、他者へ象徴的に示されるものが、祖先顕彰であったと考えられるからである。

第二節　政事と「祖」

一　祖先の意義──「職」の観念──

田安家の三男として生をうけた定信であったが、十七歳の時に白河に領地をもつ松平家へ養子に入ることになった。その際、兄であり当主の田安治察が、父田安宗武の言葉を定信に伝える。それは生前の宗武が、定信と同じように他家へ養子にいくことになった次男定国へ送った言葉である。

（兄治察の言葉―筆者注）「忠孝仁恕のみちの仰ありてのち、定国へ仰られけるは、『汝のかしこの子となりしは、お鉄〈定国朝臣の室柔輭院といふ。〉あるが故也。さればこの後お鉄へ対しておろそかになすまじ。お鉄がはらに男子生れば幸の至りなり。妾腹の男子出来て、それにその家を伝ふれば、定勝の血脈はたゆるといふべし。いか計りかきのどくに思ひ侍るなり。人は孫を見たきといふは凡の情なれども、われは不肖の孫見むよりは、末家または血脈相当の家より養子して、汝があとはたえ侍る様になしたき』なんどくまぐの仰せなりき。」（中略）ことに先公の仰をのみかたり給ひて、いさゝか御私旨をのべ給はざる紹述篤実の御事、おそれ多き御事なれ。(28)

定勝というのは定国の養家の当主である。定国が養子に入り子ができたとしても、それが妾の子どもであるようなら、末家か血脈相当の家から養子を入れ、定国の跡は絶やすべきであるという。宗武としては孫を見たいという情があるのが凡情であるとしつつも、宗武や定国個人の情によって養家の血脈を絶やすべきではないと考えている。これは個人の情より祖先からの血脈が優先されるべきであるという独特の政治思想である。しかもこれを定信に伝える治察自身が、宗武の言葉のみを語り、いささかの私旨を述べないという徹底振りであった。

養家に入り家督をとった定信は、養家の祖先に対する敬いを表していった。

この比よりけふまで、あさ起ればはや政事の事おもひつゞけ、くしけづりなんどしてはや家老にあひ、用人・大目付・郡代・横目なんどにもあひて彼是といひ合、食のまもわすれず。ただ国安かれの外はなし。夜寝るにも或時は夜半までもいねずに、さま〴〵かうがへて心を尽すなり。もと不才なればせんなき事ぞ出くる。このとしおもひつくれば了照院殿[29]百回忌は来年なり。いま迄了照院殿の事うとかりしは如何なりとて、俄に位牌と、のひてあがめ侍りぬ[30]。

このように日々の政事への思索のなかにも祖先は想起され、松平家の家督を事実上とることもなかった祖先に対してさえも疎かにすることなく敬われていたという。

特に、重視されたのが藩祖である定綱である。天明三年（一七八三）に桑名にあるという定綱の像を探索させたり、刀を収集したりしている。そして、その翌年、白河の北小路の山に御霊社を建立した。定信自身家督をとって間もない、飢饉の真最中のことである。

こぞ旧記をみしに定綱公[31]の御像桑名の長寿院にありたりといふ。（中略）かの臣桑名へ至りて尋ぬればまさしくあり。この事きこてさらば明年白川へ行なば御宮をたてて白川へうつし奉らんとは庶幾し侍りぬ。このとしの春の比旧記をみしに、定綱公鳴神の御刀をひぞうし給ひて、何ぞ御心に応ぜざれば鳴神もきかぬとていかり給ひしとぞ。（中略）予好古のあまりこの刀を得てともにその御社へおさめたきと思ひて、（中略）いま宝蔵におさめて国家鎮護のたからとす[32]。

この背景には、祖先への恩礼の道（孝）によって、自らの奢りや欲を抑えるといった、儒学思想の基本構造があると考えられる。

（後漢の明帝―筆者注）代につき給ひて十八年の間、明堂を建て天地祖考を祭り、自から学校に臨みて三老五更を〈老人の徳あるものを三老五更とす〉養ひ、籍田に於てみづからたがへし給ふ、後漢の盛んなるは此明帝及ひ章帝の心を孝道に尽し給ふがゆゑなり、漢唐の末の君にいたりて、父子兄弟の間、親睦の誼おとろへて、恩礼の道うすし、ゆゑに百姓を恵みてやすんしなつくるの徳なく、みだりに重く賦税をさめ、刑罰をしけくして万物其よろしきを得ざる故、天災地変しきりに流行すれども、仁政を民にほどこす事を知らず、奢りをきはめ欲をたくましうして、国用乏しけれバ、ますく民の膏血を剥とりて、道路に餓莩の民あれども賑はす事を知らず、終には国を亡ぼし父祖をはづかしめ、身死するに至れども其あやまちをかへりみざるもの多し、故に天子より庶人にいたるまで、不幸にして能其身を保つものはすくなし[33]、

自らの生命をあらしめた天地や祖考への恩礼の道（孝）は、為政者に対して自らの奢りや欲を抑えさせ、仁政を民に施すことを知らしむると考えられている。この政治思想において、祖先は為政者に対して個人の情から遠ざけ、血統のなかでの役割「職」を認識させていると考えることができる。

定信が幕政に与ってからは、信仰の対象となる祖先が東照宮とされた。以下は、日常の東照宮に対する態度を示したものである。

予つねにはかまきて拝す。只天下泰平之事をいのり、予此重職を持して建議不₂御為₁ば予をころし給ふべし。予がなせし事　神慮に応ぜずとて災を下し給ふ事勿れ。予をころし給ふとも予が妻子をころし給ふともして、天下之災を止め給へと之事、一日に大概七度八度あるは十度ほどづゝ、

東照宮を念じ奉る也。されば外に心労する事もなし。いかなる大事有レ之とも、わが才力の及ぶほどは尽して、尤一々同列へも申談可レ然との上旨を伺（ひ）決するなり。あしければ死すべし。生てあらんかぎりは如レ此なるべければ、外にいたづらに労することもなきなり。[34]

このように、定信にとって幕政を担っている間の東照宮とは常に自らが「職」をまっとうできているかどうかを審判している存在として想起されている。[35] それは、天明八年（一七八八）定信が老中就任間もなく、将軍家斉の台命により草した「将軍御心得之箇条」にも如実に反映される。

一天下ハいつも平に御位ハいつも尊く被為渡候御儀ハ勿論之御事ニ御座候へ共其儀御安心被遊候得は御不安心之義可被為至義は当然之御事ニ御座候一日も御安心不被遊　東照宮之御艱難御歴代様之御苦心を被思召常々神慮ニ被為叶候様ニと可被思召之御事御先祖親氏公[36]より御代々御慈悲之御武備ニ而御国をおこさせられ候御事諸記録にも歴然ニ御座候御慈悲ハ則文道ニ而文武被為備候御事如斯ニ御徳を被為積天文十一年ニ至候而　東照宮降誕ましく〳〵候今此泰平を御保ち被遊候ニハ一朝一夕之御事ニ無之御代々之御余沢及ひ東照宮之神徳ニ而上も下も無事安泰ニくらし候事神恩片時も忘却仕ましき事ニ御座候殊ニ　東照宮にハ干戈之際に御生れ被遊御幼稚之節今川家等江被為渡御艱難被遊永禄二年御十八歳之節大高之城兵糧御詰被遊候より元和元年大阪落城まて五十七年の間一日も安き御心なく生ひのため御苦労被遊候御事思召合候御義ニ被可為在御事

一東照宮神慮ハ則天心ニ而被為在候神慮ニ被為違候得は水旱飢饉様々天災地妖並ひ至り人心も亦騒乱可仕候神慮之不被為照くまハ無之候人之不奉見不奉窺所ニ而も御慎之儀御忘れ不被遊候御事御職分ニ被為在候御事[37]

将軍という位は尊い位であるが御安心なさるべきではない。東照宮や歴代の先祖の苦心を思い、常に神慮に叶うようにとお思いになるべきである。初代親氏公から文武を備え、徳を積まれてきたが、東照宮がお生まれになって、当世のような太平を保ちなさったのは一朝一夕のことではない。代々の先祖の徳、さらに東照宮の神徳が積まれた上に、今現在上も下も無事安泰に暮らしている。この先祖や東照宮の神恩を片時もお忘れなさらないように。また、東照宮の神慮は天の心であり、東照宮の神慮に違うようなことがあったら、天災地妖が起こり、人心もまた騒乱になるだろう。神慮に照らされるように、人が見ていない所、聞いていない所でも御慎みになるのが将軍という御職分です。

天下を治める将軍といえども、その位は東照宮をはじめとする先祖の積善によって、その位があらしめられている。代々の先祖の功徳が人心を帰さしめたのであるから、現在の将軍もその功徳に報いるように、常に人心を思い慎むべきであるとする。この一連の論理は、将軍個人の奢りや欲を抑制させるとともに、先祖に対して報いようと努める無私の姿を現出させる。

そして、その想起の下地には以下のような定信の政治思想があったと考えられるのである。

衣食は国の本にて、一切の倹素もまた是を以て本とす、祖先を大切にし子孫の長久を願ひたまはん君ありて、倹素を行ひ給はゝ、群臣百姓心至るまて、福を享ること限りなかるべし、[38]

二　祖先への合祀

定信は祖先を祀るのみならず、自らをもそこへ合祀していった。定信の生祠は二ヶ所あった[39]。一つは、白河の旧城内の北小路御霊屋である。天明四年（一七八四）、前述のように襲封すぐ藩祖定綱の木像を納めた御霊屋を建立した。その後、寛政九年（一七九七）吉田家の允許をうけ「鎮国大明神」と号されるが、同年、そこに定信自身の木像を合祀するのである。この木像は定信が幕政にあたった天明七年（一七八七）に留守中の儀式[40]に使用するために下賜された自画像をもとに寛政元年（一七八九）に製作されたものである。[41]文政六年（一八二三）嫡子定永の時に桑名へ転封になるが、御霊屋は桑名城内本丸の地に遷され、天保四年（一八三三）定信の死後五年目に吉田家より「守国霊神」の神宣が下り、安政二年（一八五五）「守国大明神」と号された。明治以降は県社守国神社となった。もう一方は、文化九年（一八一二）の致仕後、築地の下屋敷（寛政四年下賜）内の浴恩園に築かれた感応殿である。そこには諸天諸神とともに自身の木像が祀られた。

自らをあらしめた祖先に対して恩を感得し、礼を尽すことによって「職」を想起し、個人の欲の抑制を促していた定信であるが、欲から解放され明徳の境地に至った自身は神となり、礼拝の対象となった。

我は惟、神祖〈家康公〉の仍孫、有徳公〈吉宗公〉の庶孫、田安宗武卿の庶子、十八歳にして此家に移り、つゐに此統を継。抑々我十二歳の頃より、生きては天下の為に忠を尽し、死ては忠義の鬼とならむことを思ひ立てより、年月に随ひ、志弥々堅し、只、凡智凡身にしては其功をとげがたきことをしり、廿歳余よりして神武の道を得、自ら発明して躬に修し行こと、今に至て猶不㆑怠。尤卅歳大政に預るといへども、十分の一もいまだ国家に報ぜず。みづから辞職して、永々国家を守護し奉り、長く藩翰の任を守らむことを心に誓ひ、つゐに其志をとぐ。我正を信ずるものは其諸願をしてとげしむべし。正に敵するものは誅㆑之伐㆑之せむ。改心して正に帰するものは是をゆるさむ。わが正は天地の正なり。凡人の輩うたがひをいだく事なかれ。[42]

定信の明徳への合一は日々の修行を通して、自身を「神」たらしめた。[43]彼が藩祖とともに国を守る守護神となったのは、常に社会に対する「備え」を考え、政事に心を尽した修養の結果とされるのであるが、それをまた、家中や社会へと共有させる試みでもあったと考えることができる(44)。

三　霊屋の機能

ここで、藩祖やのちに定信自らが祀られた御霊屋について、その機能を確認しておきたい。以下は、御霊屋が建てられた際を振り返った『宇下人言』の記述である。

扨北小路の山に御霊社を立んことをはかる。そのとめしうちにもあまたあればこゝに略しぬ。すべて政事は一ツ物のあらたまる所より人気の変じになり侍るぞかし。先祖を此地へ請じ侍りて、その古代旧家はそのほど〳〵献備のしなをさだめたり。その御霊社の入箇は、予が台處と小納戸の益金のみにてたてたりしかば、いよ〳〵奢をはぶくのおしへのひとつと成たりけり。のちに武備の祭と称し武芸のまつりとて二八月に行ふ。近辺一揆等にて、急に人数さし出し候ときは、すぐにその武備の祭の人数をそのまゝ出すなりけり。武器米金まで別にしておく事也(45)。

この御霊屋は定信の倹約による益金によって建てられた。祖先を祀るとともに、不時の備えがなされた施設であったことがわかる。ここでは、政事とは制度が改められるところから、人々の状態が変わっていくという仕組みをもつものであるという。よって、先祖をこの土地へ招いて、古代から仕えている旧家にはその分限に随って献備の品が定められた。のちに武備の祭として武芸の祭を年に二回行い、一揆の際にはすぐに対応できるようにし、不時の備えとして武器・米・金を別にして置いたという。

また、高澤憲治によると、天明四年（一七八四）十一月に御霊屋が竣工後、家中に金穀を奉納させたとされるが、寛政元年（一七八九）には、その神納金は役所の益金とともに家中への拝借金として機能したという(46)。

そこには、藩主自らが倹約によって財を作り出し、藩政をささえてきた祖先へと献上するとともに、家中も同様に藩祖へと金穀を奉納することが求められ、それがプールされ、不時の備えとして機能する仕組みが構想されていたと考えられる。このように、倹約と祖先が政治にとりこまれている一連の構造をここにみることができるのである[47]。

しかし、定信は為政者や家中の武士のみならず、全ての人々が備えに参画することをも考えていた。以下は、天明八年六月に江戸で年番名主を通して申し渡された通達である。

人ニより不慮之不仕合打続、無二是非一先当時之凌而已ニて、其日を送り候ものは、凶年之心懸も難レ成とも可レ存候得とも、此度之喰延し米之儀は、其一己之為ニ、金銀米銭を貯置候而已之事ニあらす。（中略）是は壱人之貯ニあらす天下之貯也。此貯を以凶年之時天下之人を救はんがためなり。（中略）天下に米穀払底成時ニ至り、壱人諸人に過たる貯有時はかならす害あり。去（天明七年―筆者注）夏中抔之時ニ打こわし、此害なり。天下之貯ニは徳有て害なく、然らは凶年こゝろがけ、差当りテハ難儀成る様ニあれとも喰延しに過たることハなく候間（中略）返々も、壱人之貯は天下之貯との道理、有徳成者共も能々可二相弁一事専要ニ候。壱人之貯も又無用といふニはあらす、分限相応之貯もなければならさる事ニ候得は、金銀米銭は融通を以第一とす。[48]

飢饉による米穀払底の際の金銀米銭の融通を第一とするには、個々人が食い延ばしのために「差当」りの難儀を受け入れ、倹約を通して貯えることを始め、その貯えを天下の貯えとし、共有することが重要であるとしてその必要性を唱えている。

前引用文は町入用削減による江戸の七分積金へとつながっていく論理であるが、京都・大坂でも社倉[49]は建設されていく。江戸の七分積金[50]は東京府の財源[51]とされ、大坂川崎の社倉跡地には造幣局が建てられる[52]など、これらは近代の政体を準備する「備え」ともなっていたことが推測される。[53]そして、その蓄積の根幹には、個々人に対して風俗の改変を求め、[54]天下の不時への備えを各人が担うといった意味での政治への参画を促す、新たな政体が構想されていたと考えることができる。

おわりに

本章では、寛政の改革を主導した松平定信の政治思想を、『宇下人言』を中心とした定信の言説から考察していった。

第一節では、彼の構想した政事が、為政者自らの倹約が誘引となって、不時の備えをする財を生み出す構造をもつものだったことを明らかにした。また、それ故に、為政者個人の欲の抑制を主眼とする修行がその教の中心となっている朱子学に意義がもたされていたことを明らかにした。

第二節では、財を生み出す核として機能するとされた修行を、為政者自身に行わせるために、「職」の観念が取り入れられていたことを明らかにした。その「職」の観念とは、政事に与る現在の自らの位を祖先から受け継いだものとして感得し、それを子孫へと継いでいくべきものと観念するといった祖先顕彰によって引き起こされるものとされた。その祖先顕彰が政事のなかに存することによって、為政者自身を個人的な欲から離し、政事へと向かわせることができるようになっていたと考えられる。またその一方で、為政者が祖先への敬いを表すその行為によって、為政者自身の政事に対する無私性が周囲へと伝播されるといった機能ももたされていたと考えられる。なぜなら、社会的な倹約によって集積された財を扱う象徴である為政者には、その財を運用するための無私性が表明される必要があるからである。そして、その政事を扱う主体である為政者はその政事性のために、自らをも神格化していった。その祖先・為政者を祀る霊屋は、為政者や家中の倹約によって蓄積された金銭や米が貯蔵される場所として機能していた。

この不時への備えは、為政者のみならず個々人に対しても求められていった。本章を通して考察した為政者を欲から離す様々な工夫と為政者自身の神格化は、この個々人の備えへの参画を促すために構想されたと考えられる。無私性を備えた無人格の為政者のもとであったならば「財」は集積されうると構想されたからである。

以上、本章の考察を通して、松平定信は、不時の備えとしての財を作り出すために、朱子学などの儒学思想を取り入れていたことを明らかにした。朱子学は異学の禁という形で触れられた体制教学ではあったが、そこでの道徳は旧態依然の体制強化というよりも、その道徳が欲の抑制へと機能することによって、「財」を社会で共有する新しい政体へと個々人へ働きかける役割を担っていたと考えられる。[55]

【注】

（1）近世中期の「明君」としては、細川重賢（一七二〇～一七八五）・上杉鷹山（一七五一～一八二二）が著名であるが、近年、両者の「明君」録が他藩の藩政改革に影響を与えた点について、小関悠一郎『〈明君〉の近世—学問・知識と藩政改革—』（吉川弘文館、二〇一二年）が明らかにした。「明君」の「仁政」イデオロギーについては、これまで、大名の「仁政」政策における支配強化の側面を分析した、宮崎誠一「幕藩制イデオロギーの成立と構造」（『歴史学研究』別冊、一九七三年）、こうした論点から脱却、大名の仁政・教諭や「明君録」を包括した近世の政治文化の面から分析した深谷克己「「明君」とは何か」（『歴史評論』五八一、一九九八年）、「明君」をめざした大名の自己形成過程として、池田光政ら「明君」の「仁政」に『太平記理尽鈔』の受容があったことを解明した若尾政希『「太平記読み」の時代—近世政治思想史の構想―』（平凡社、一九九九年）、「仁政」イデオロギーが時代とともに幕府レベルから藩、藩から村に下降してく様子を分析した小川和也『牧民の思想』（平凡社、二〇〇八年）がある。

（2）辻本雅史は『近世教育思想史の研究』（思文閣出版、一九九〇年）において、十八世紀後半は「儒学が、幕藩制社会の中でリアリティーをもって現実的なちからを獲得しはじめた」時代としている。

（3）尾藤正英『日本封建思想史研究』青木書店、一九六一年。同『江戸時代とはなにか』岩波書店、一九九二年。渡辺浩『近世日本社会と宋学』東京大学出版会、一九八五年。前田勉『兵学と朱子学・蘭学・国学―近世日本思想史の構図―』平凡社、二〇〇六年。

（4）丸山眞男（『日本政治思想史研究』東京大学出版会、一九五一年）以来の思想史研究の特徴の一つとして、思想を思想自体の近代性によって評価する手法がとられたなかで、体制的朱子学はふるいにかけられた一面があった。そのなかで、朱子学を社会的機能性の面から注視したのは、辻本雅史（「十八世紀後半期儒学の再検討―折衷学・正学派朱子学をめぐって」『思想』一九八八年）らの教育史の視点からといえる。また、道徳による体制強化と評価されてきた朱子学を「公共性」涵養という面から注視した上安祥子（『経世論の近世』青木書店、二〇〇五年、一二頁）のような研究もある。

（5）朱子学とは儒学のなかでも、為政者の道徳修養に焦点を絞った学問といえる。本章では、儒学思想と判断でき、朱子学と限定しにくい場合に限って、「儒学思想」と記載する。

（6）『宇下人言』は、松平定信が老中辞職後（寛政五年、一七九三）自身の生い立ちから幕政辞任までを振り返った書である。一八九一年に松平定信を模範的政治家として『白河楽翁公と徳川時代』を著わした三上参次（一八六五～一九三九）以来、その事績を追う著として、出版されてきた（一九二八年松平家、一九四二年岩波文庫）。戦後、竹内誠、高澤憲治らの研究によって、『宇下人言』の内容に不都合な事柄を歪曲するなどの作為性が存在することが指摘されている。財政改革を扱う定信の思想構造から、朱子学が社会内在性をもって必要視されていたということに注視する本章の視点からみると、定信の作為性がみられる『宇下人言』は、彼の思想構造を探る格好の史料となると考えている。

（7）竹川重男（「寛政改革期における松平定信の思想と徂徠学」『国史談話会雑誌』二二、一九八一年）は、松平定信においては経世済民の学としての徂徠学を政策決定者として取り入れつつ、封建家臣団の教育は朱子学によって行うといった両者を使い分けた思想構造をもっていたことを指摘した。後述するが、定信は朱子学を取り入れることによって経世済民を実現しようと構想していた。両者は使い分けられていたというより、結びついて構想されていたと考察するのが本章の立場である。

（8）寛政期の朱子学を扱った研究は、前掲注7以外では、田原嗣郎「寛政改革の一考察―異学の禁と官僚制化の問題から」（『歴史学研究』一七八、一九五四年）、衣笠安喜「折衷学派と教学統制」（『岩波講座日本歴史十二近世四』岩波書店、一九六三年）、同「儒学における化政―寛政学の禁との関連―」（林屋辰三郎編『化政文化の研究』岩波書店、一九七六年）、本山幸彦「寛政改革と異学の禁―松平定信ほか」（『近世儒者の思想挑戦』思文閣出版、二〇〇六年）等。

（9）天明の飢饉による流通への障害については、安藤優一郎『寛政改革の都市政策―江戸の米価安定と飯米確保』（校倉書房、二〇〇〇年）、菊池勇夫「享保・天明期の飢饉と政治改革―中央と地方、権力と市場経済」（藤田覚『幕藩制改革の展開』山川出版社、二〇〇一年）等参照。

（10）陸奥白河藩主。十一万石。宝暦八年（一七五八）～文政十二年（一八二九）。安永三年（一七七四）当時の執政のすすめにより、田安家から松平越中守定邦へ養子に入る。天明三年（一七八三）家督襲封後、同七年（一七八七）幕府の老中へ。寛政五年（一七九三）老中職解任。定信の白河藩政に関する研究は、竹内誠「松平定信」（『大名列伝』七幕閣篇〔下〕人物往来社、一九六七年）、野崎健二郎「白河藩の寛政改革」（『福島の研究』三近世篇、清文堂出版、一九八六年）、高澤憲治『松平定信政権と寛政改革』（清文堂出版、二〇〇八年）、等参照。他に、定信が担った幕政の全体像については藤田覚『松平定信』（中公新書、一九九三年）、等参照。

（11）『宇下人言』岩波文庫、一九四二年、五六頁（傍線は筆者による。以下同様）。

（12）倹約には、家中への引米も含まれ、それが実施されている間は、家中と藩主間の公式な献上と下賜も中止された（高澤前掲書、三八四頁）。

（13）陸奥泉藩主。一万五千石。元文四年（一七三九）～文化九年（一八一二）。定信より十九歳年長。天明七年（一七八七）

六月十九日に定信が老中に就任後、七月十七日に無職から若年寄に登用された上、勝手掛を担当。翌八年四月奥勤兼帯、五月側用人、寛政十一年（一七九九）致仕。

(14) 徳川家基。十代将軍家治の世子。安永八年（一七七九）二月二十四日薨去。

(15) 『宇下人言』六八頁。

(16) 『宇下人言』九八〜一〇〇頁。

(17) 宣芝秀「「御救」から「御備」へ―松平定信「寛政の改革」にみられる社会安定策―」（『日本思想史研究』第四四号、二〇一二年）では、幕府権力の正当性が飢饉における「御救」から「御備」といった各自の備蓄で解決する政策へとシフトしたことに着目、定信が著した『大学経文講義』では、徳に基づいて私的な費用を節約して「貯え」を設け、それによって「民」を生育することが、一つの役割モデルとして提示されていると指摘している。

(18) 朱子学が教の基礎とする四書の一つであり、第一に学ぶべきものとされる『大学』では、「明徳」「止至善」「新民」の三綱領と「格物」「致知」「誠意」「正心」「修身」「斉家」「治国」「平天下」の八条目によって体系づけられている。修身は斉家・治国・平天下の大前提とされている。

(19) 『宇下人言』二七〜三〇頁。

(20) 『修行録』岩波文庫、一九四二年、一八六〜一八八頁。文政五年（一八二二）十二月著される。

(21) 『大学講義』精華堂、一八九三年、一七頁。

(22) 『宇下人言』六五頁。

(23) 白河藩の家中への所信表明では、①定信への諫言の要求、②学問のすすめ（名利への欲を除き、人たる道＝仁義を小学四書近思録などから学ぶ）、③賄賂を誡め、人物の善悪により人材登用、④武備への心がけ、⑤武士の職分（利欲を求めるのではなく、義理を司ること）、が求められた。そのなかには義理について以下のように述べられている。

義理と申ものハ色もなく香もなく何れから買なす所もなく売所もなく彼三民に所作とは事替りて急度司とる人を定めすしても其分之様ニ候得共此義理の筋目なく邪か候而ハ人に廉恥の心なくなり互に相欺互ニ相掠おのつから畏憚の所

もなく終には子も親とせす家来も主を主とせす後ニハ大乱ニも及候夫故士と云者を四民の上に立て義理と云ものを専ニセ置候（「白川領主定信一家中江掟書写」東大阪市三ノ瀬・小倉家、東大阪市市史編纂室寄託）。また、定信と同様幕政に与った本多忠籌も、心学修行により自らを律したという（石川謙校訂「忠雄聞書―ある大名の家庭における心学修行の実録―」『こころ』第十巻二・三合併号、四・五合併号、一九六二年）。朱子学・心学は自らを律する「修行」がその教えの大部分を占めるため、諸学のなかから選択されたのであろう。

(24) 衣笠によると、異学の禁の評価は大きく二つにまとめることができる。①寛政の改革の一連の文化統制策（風俗粛清や出版禁止令）との関連を重視して、教学ないし思想統制の面で否定的に評価するもの。②異学の禁止よりも衰微していた「正学」それ自体の振興が諭達の意図するところであって、そうした幕府の文教政策の積極化をこそ評価すべきものとするもの。衣笠前掲「儒学における化政」三七三頁。

(25) 『政語』第七則「財用の道を論す」（『楽翁公遺書』上巻、三一～三二頁）。『政語』は天明八年四月に著された政治論である。

(26) 同右、三二～三三頁。

(27) 大規模な飢饉の後の凶年の礼（＝倹約）は、例えば五年単位で計画されるなど長期間のものであった（高澤前掲書、三八〇頁）。

(28) 『宇下人言』三〇～三一頁。

(29) 松平内膳定富。松平家第三代定重の第四子、立てて世子となるが、家督をとることなく、貞享三年（一六八六）十月十日卒、年十五で死去。

(30) 『宇下人言』五七頁。

(31) 藩祖越中守。

(32) 『宇下人言』六〇～六一頁。

(33) 『政語』第二則「孝は徳の本たることを論す」（『楽翁公伝遺書』上巻、七～八頁）。

(34)『宇下人言』一七〇頁。
(35)天明八年（一七八八）御所の造営の際に上京し交渉にあたった定信が、帰路久能山に参詣した際に以下のような回顧をしている。

一夜駿府にとまりて、あすは久能へ参詣すべきといふに、雨はふりにふりたり。その夜少しも寝ず、ただ天災地妖なく民やすく五穀豊穣之義、一心に　東照宮を念じ、もし此願かなひ候はば、あすは雨をはらし給へと観じてその夜も明ければ、いそぎて起出、久能へもうづるに、いとくもあつく中々晴べしともみえず。〈けふまで五日六日もふりつゞく也。〉御坂を上りしに雲霧あつく咫尺も見えわかず。それより御宮へもふでて拝して御階を下りしに、はじめこし道に見えざる塔や木だちを見る。よく心をとめてみれば暫時に雲きり晴わたりて、それより雨もやみたり。まことに歓喜骨髄に徹してかたじけなくおもふ。〈この序にかい付んも小量のほど可耻の至りなれど、職を蒙りてより已来、いささかの間も只　御神徳をいのることたえず。起臥反側之間も心に念ぜずといふことなし。神人より巫呪のことをさづかりしも、その念のこるところとやいわん。しかしかくいへば怪説をいふにあたればわざとくはしくはあらはさず。〉

（『宇下人言』八一頁）。

(36)三河国加茂郡松平から起こった松平家の初代親氏。九代家康に至り、徳川姓を称す。
(37)添川栗編・中野同子識『有所不為斎雑録』第三集、一九四二年、十二丁。
(38)『政語』第四則「人君の徳倹素を本とするを論す」（『楽翁公遺書』上巻、一六頁）。
(39)加藤玄智『本邦生祠の研究―生祠の史実と其心理分析―』中文館書店、一九四三年、八七頁。
(40)本来主君が在城すべき、正月元日、三日、十五日、七夕、玄猪の儀式に使用されている（高澤前掲書、三九五頁）。
(41)同右、三七五頁。
(42)『自書略伝』（渋沢栄一『楽翁公伝』岩波書店、一九三七年、四二六頁）。文化三年（一八〇六）に著わされる。
(43)このことは、定信が神人合一をその教えの到達点とする朱子学の実践者であったことを物語っている。
(44)定信の神化および神国思想については海防論の視点から、清水教好「対外危機と松平定信―その生成と展開についての覚書―」（『立命館大学人文科学研究紀要』五九、一九九三年）がある。しかし、前出の史料で引用するように、定信の神観念は対外意識を媒介とした国家意識というより、政事との関連から藩政初期より説き起こされていると考えるべきである。海防意識によって先鋭化した可能性はあるものの、そこにも定信の広い意味での政治思想が根幹にあると考えるのが本章の趣旨である。

(45)『宇下人言』六二～六三頁。

(46) 高澤前掲書、三六五～三七九頁。「羽林源公伝」（白河藩士広瀬蒙斎による伝記）七～九頁が典拠。また、天明四年の武備の祭は、武器はもたせず、具足ではなく麻上下着用であったという（「世々之姿」（天理大学付属天理図書館所蔵、白河藩家老服部半蔵の日記）天明四年十二月朔日条）。高澤によると、定信は藩祖定綱が桑名の寺内に東照宮を建立し、祭礼に武術を奉納しようとした遺志を継いだと主張したとするが、直接的には、彼同様養子である以下二名の影響を受けていたのではないかと言及している。①定信の姉の舅であり、宝暦年間（一七五一～一七六一）に城内へ藩祖元就を祀り、その神霊から藩主の地位を委ねられたとして改革を推進していた長州藩主毛利重就（岸本覚「長州藩藩祖廟の形成」『日本史研究』第四三八号、一九九九年、『寛政譜』十、二五〇頁）。②天明二年に藩祖忠勝を祀る社を設けて武術の奉納を開始していた播磨山崎藩主本多忠可（『山崎町史』一九七七年、三五六頁）。本章では考察の対象としなかったが、定信の思想形成を考察する上での時代性を認識する一つの手がかりとして引用させていただいた。

(47) 定信同様に、修行によって倹約を進めた本多忠籌であったが、彼も定信と同じく文化元年（一八〇四）生祠となった。その生祠は郷倉を伴い、毎年稗祭が行われた（黒田源六『本多忠籌侯伝』本多忠籌侯遺徳顕彰会、一九四二年）。また、田中静夫『原始保険之史的研究』（交通経済社出版部、一九三一年、二五七頁）には以下の記述がある。

松平定信老中として幕政を改革した時、藩主本多忠籌之を輔けて功あり。忠籌嘗て生祠を荷知夫に建て遺命して云はく、我を懐ふものは銃丸一顆と稗一嚢とを以て賽物とせよと。士民徳を慕ひ参詣絶えず。遂に社倉を建て、之を貯へ、明治廃藩の時百二十石に達したと云ふ。

忠籌は自らの生祠に志次第で銃丸・稗を奉納することを触れたという。為政者の徳と社倉の関係を示唆している事例と考えられる。

(48) 江戸で年番名主を通じて申し渡された通達（天明八年（一七八八）六月。『東京市史稿　産業篇』第三二、東京都、一九八八年、二〇九～二一〇頁）。

(49) 大坂については、詳しい経緯は『大阪市史』第二巻、一九一四年、六三～七〇頁。寛政元年（一七八九）、公儀入用によって川崎御蔵を建設。志次第で町中にも金銀米雑穀の納付を奨める。同三年、囲米を町々に奨める。同七年、町々囲米を正米から切手とする。享和二年（一八〇二）、町から願い、新仕法へ。大坂市中囲米五万石の半分を売り捌き、貸付、その利銀で新しい土蔵を造り、残り米切手高二万五千石で籾米を買替え土蔵へ詰め、管理を公儀に願った（『大阪市史』第四巻、一九一三年、三七九頁）。

(50) 吉田伸之「江戸町会所の性格と機能について」（『史学雑誌』第八二編第七・八号、一九七三年）、「江戸町会所金貸付について」（『史学雑誌』第八六編第一・二号、一九七七年）、のち両稿とも『近世巨大都市の社会構造』（東京大学出版会、一九九一年）によると、積金によって平時においては地主や下級武士への低利の貸付がなされ、飢饉や火災・出水などの不時の際には、日傭いや鰥寡孤独への賑恤がなされたという。

(51) 渋沢前掲書、三頁。東京市の道路・橋梁・墓地・瓦斯等の施設、養育院など公共事業に用いられた。

(52) 『大阪の地名』平凡社、一九八六年。

(53) 社倉の建設は江戸、京都、大坂、美濃、飛騨、長崎、山田などの天領に実施され、諸大名へも五ヶ年の囲米が触れられた。全国的な社倉の分布については、牧野洋一「近世におけるわが国の備荒貯蓄穀倉の分布」（『熊本学園三〇周年記念論文集』一九七一年）参照。

(54) 風俗の改変は、『宇下人言』においては華奢を退けること、賄賂を止めること、賭博の禁止などとして表現される。寛政の風俗統制については安丸良夫「「近代化」の思想と民俗」（『風土と文化―日本列島の位相』小学館、一九八六年、四五一頁）参照。

(55) 定信と同時代に改革を断行した米沢藩主上杉鷹山は、伝国の辞で次のように述べている。

一国家は祖先より子孫へ伝候国家に候ハ、我私すへき物にハ無之候
一人民は国家に属したる人民に候ハ、我私すへき物にハ無之候
一国家人民乃為に立たる君に候ハ、君の為に立たる国家人民には無之候
　右三条御遺念有間敷候事

山田武雄『米沢藩行革の恩人上杉鷹山公』上杉・松岬両神社社務所、上杉・松岬両神社信仰会、一九八五年。国家・人民を個我の私有されるべきものとせず、祖先から子孫へと伝えられるべきものとすることにより、政体が為政者個人の所有するものではなく、為政者・人民両者のものとなる構造となっている。この事例も、改革思想のなかでの儒学思想の役割を考える一つの素材となりうる。

第五章　後期水戸学の国体論

はじめに

後期水戸学とは何か。天保期以降、改革思想として多大な影響を与え、幕末の情勢のなかでは尊王攘夷を信奉する「志士」たちが狂信的に政治活動を行った[1]。また、近代に入ってからも明治政府によって神道国教化、教育勅語など、教化といわれる側面において、この水戸学を基礎として成立させた。十八世紀末から二十世紀において、人と政治のあり方を考えるにあたって、水戸学がいったい何を問題としていたのかと問うことは、近代という時代の一つの源流をみつめることでもある[2][3]。

本章では、後期水戸学がどういう問題のもとで成立し、その問題のなかで、天皇や祖先がどのような機能をもたされていたのかということを中心に考察を進めていきたい。そこには、それまで鎖国を維持してきた近世日本社会特有の問題意識があった。政治において教化という問題がこれほど意識された要因をどう理解するか。そのことを考察するために、まず後期水戸学を改革思想として明確に位置づけなおした藤田幽谷の思想から取り扱っていこう。

第一節　「国体」の原点――藤田幽谷――

一　委任の体系

十八世紀末の幕府が依拠した大政委任論のもととなったといわれる藤田幽谷の『正名論』であるが[4]、そこでは幕府の支配の正当性を「委任」という概念によって、位置づけなおしている。この「委任」は、幕府のみではなく、水戸学自体においても意義があった。水戸学は藩政を担う者が学ぶべき、改革論であったが、「委任」概念が政治改革にどのような意義がもたされていたのか、まずその点から考えていきたい。

『正名論』では、天子の上位に天、祖先を置くことの意義が次のように述べられている。

古の聖人、朝覲の礼を制するは、天下の人臣たる者を教ふる所以なり。而して天子は至尊にして、自ら屈するところなければ、すなはち郊祀の礼、以て上天に敬事し、宗廟の礼、以て皇尸に君事す。それ天子といへども、なほ命を受くるところあるを明らかにするなり。聖人、君臣の道において、その謹むことかくのごとし[5]。

ここでは、最高の上位者である天子でさえも、天や祖先といった存在から命を受けている、つまり統治を委任されているということを表すために、「郊祀の礼」「宗廟の礼」が定められているとされる。しかし、「天朝」においては、この委任のあり方とは異なってきた。すなわち、次のようであるとされる。

しかるを況んや天朝は、開闢以来、皇統一姓にして、これを無窮に伝へ、神器を擁し宝図を握り、礼楽旧章、率由して改めず。天皇の尊は宇内に二なければ、すなはち崇奉してこれに事ふること、固より夫の上天杳冥にして、皇尸、戯に近きがごときの比にあらずして、天下の君臣たる者をして則を取らしむる、これより近きはなし。[6]

つまり、天朝では、宇内に二つとない尊さをもった天皇が、一姓にして無窮に皇統を継承してきており、為政者はこの尊位をもった天皇につかえることによって、先ほど例にされた「郊祀の礼」「宗廟の礼」同様、上位者からの委任を天下に示すことができるとされているのである。「中葉以来、藤氏、権を専らにし、その幼主を輔くるや、号して摂政と曰ふ、然れどもただその政を摂するのみ、その位を摂するにあらざるなり。[7]」とも述べられているが、藤原氏においては、天皇から政治を「摂する」権利を委任されていただけであり、尊い位は変わることなく天皇に継承されていた。

ここから確認できるのは、天朝において、天皇は、為政者に統治権を委任するために尊い位を付され続けてきたと、幽谷が考えていたことであろう。では、この「委任」の観念は天皇と為政者に限定されたものだったのだろうか。前引用史料に続いて、幽谷は以下のように述べている。

この故に幕府、皇室を尊べば、すなはち諸侯幕府を崇び、諸侯、幕府を崇べば、すなはち卿・大夫、諸侯を敬す。夫れ然る後に上下相保ち、万邦協和す。甚しいかな、名分の正しく且つ厳ならざるべからずや。[8]

ここでは、尊い位をどのように創出するか、つまり、為政者の位をどのように安定させるのかということに焦点をあてて記述されており、これまでもそういった視点から幽谷の「名分論」はとらえられてきた。しかし、この背後に、上位者から下位者に政事が委任される構造が隠されているのではないだろうかと思われる。この幽谷の論理は、為政者の位を安定化させることと同時に、その下位者への政事への参画を可能にするものであると考えられるのである。そして、その委任された政事に関して、上位者は容易には発言しえない。そのことをうかがわせるのが『丁巳封事』の一文である。

閣下発言し、自から以て是となして、群臣敢へてその非を矯むるものなし。大夫発言し、自から以て是となして、士敢へてその非を矯むるものなし。（中略）しかも閣下、詳を好むの失は、委任を明かにして、以て成功を責める能はず。或は人君を以て下有司の職を侵すに至れば、すなはち群臣は罪を畏れ、過を救ひてこれ遑あらず。たれか敢へて四体を展布し、力をその職に竭す者あらんや。（中略）今、大臣より胥吏に至るまで、皆敢へて力をその職に専らにせず。職事に失あればすなはち曰く「これ我が罪にあらざるなり。我はこれを稟くるところあるなり」と。委任明かならざれば、黜陟施すなし。[9]

委任した政事に関して人君は、その職務に口出しすることはできない。ただその下位者の能否を判断するだけである。そうすることによって、下位者はその職に力を専念することができるというのである。位はその上下を設定するためにあるのであって、全ての上位者はその下位者に政事を委任する。その頂点に天皇が存在するのであって、そのことによって、統一した政事が可能となると考えられる。そして、その意味において、実際に天下を治めている幕府であってもただ「勢」だけ（＝天子の政を摂しているだけ）であるという認識に至る。

今夫れ幕府は天下国家を治むるものなり。上、天子を戴き、下諸侯を撫するは、覇主の業なり。その天下国家を治むるものは、天子の政を摂するなり。天子垂拱して、政を聴かざること久し。久しければすなはち変じ難きなり。幕府、天子の政を摂するも、またその勢のみ。異邦の人、言あり、「天皇は国事に与らず、ただ国王の供奉を受くるのみ」と。蓋しその実を指せるなり。然りといへども、天に二日なく、土に二王なし。皇朝自から真天子あれば、すなはち幕府はよろしく王を称すべからず。[10]

このように、変じがたく存続していくのは、天皇を起点とする政の委任体系であり、そういった意味において、その下位者は上位者の能否判断によって「勢」がなくなったら交替していくという体系が構想されていたといえるだろう。そして、天皇から委任された政事は最終的に卿・大夫へと託される。幽谷は、この下位者への権限の委譲をはかると同時に、上位者に言葉通りの「上位」を設定することによって権力を発生させた。そうすることで、下位に広がった権限を統一した政事とすることができると考えていたといえる。

では、このように、下位者である卿・大夫（志士）に権限を委譲することによって運営されうると考えられた政事とはいかなる性質をもつものだっただろうか。次に『丁巳封事』を中心に幽谷が藩主に求めた藩政改革の概要をうかがいたい。

二　幽谷の問題の所在

寛政九年（一七九七）に幽谷によって著わされた『丁巳封事』は、一介の書生が自らの「愚忠」をもって、処罰を恐れず、藩主に直接諫言するというものであった。

そこでは、藩主文公治保の聡明の資質にもかかわらず、「政治の大体」が損なわれていることが問題視されている[11]。すなわち、国用に年々窮し、士風が衰え、民力が日々衰えていっているという国政上の諸問題である。しかも、それが危機感となって、意識されるのは、寛政四年ラクスマンの国交要求以来の海防意識の高まりがきっかけとなっていた[12]。幽谷は現在の国政を、労咳を患っている状態にたとえ、もし「外邪」がこの機に乗じたならば、どんな良医であろうと施す術もなく、倒れるのを待つだけだろうという[13]。この危機に備えるためには、これまでのその場しのぎの政策（後述）ではなく、病原を取り除く抜本的な治療を施す必要があると述べられているが、その治療というのが、節用の政を講じ、富民の策を献じ、国家のために永世の利を建てること[14]、すなわち富国強兵の術であるとされている。

では、その「富国強兵」とはいかなるものか。幽谷は孫子の「その来らざるを恃むことなく、吾の以て備あるを恃む」という文言を引き[15]、以下のように述べる。

願はくは閣下、慨然として憤を発し、剛克の徳を用ひ、更張の政を施し、婦人の仁をなすことなく、匹夫の諒を事とすることなく、恵にして費さず、民と好悪を同じくし、群臣を激厲し、黜陟必ず行はば、すなはち国は富ましむべく、兵は強くすべくして、民の信は立つべし。（中略）夫れ師を興すこと十万なれば、日に千金を費す。石城湯池ありといへども、粟なければ得て守るべからざるなり。故に古の兵を強くせんと欲する者は、必ずまづその国を富ましむ。今の人、たれか国を富ましむるを欲せざらん[16]。

他からの支援を頼みとするのではなく、自らの備えを頼りとする。これを実現するために、君主は憤慨して、厳しく政治改革をしなければならない。それはすなわち生半可な情に絆されることなく、民と好悪を同じとし、能力のある群臣を登用するということである。そうしたなら国を富ませ、兵を強くすることができ、そのことによって民も信用するであろうという。

何よりも富国は強兵の土台となるとされた。ここで注目されるのは、幽谷が「富国強兵」という時、その視線の先には自らを頼りとする備えを創り出す政治改革があったということである。そして、その延長上に、書経の「民はこれ邦の本、本固ければ邦寧し」という認識からくる「民を養ふ」道の重要性が説かれる[17]。「民を養ふ」道とは「弱きを扶け強きを抑へ、老を養ひ幼を慈しみ、兼并を禁じ游惰を戒め、簡節疎目、信賞必罰するに在るのみ。」というのが、その要とされるが、この道が行われないと、「小利に汲々として、貢を変じて税となし、以て歳入の多きを貪りて、民力の堪へざるを知らず。故に田を棄てて耕さざるなり。これ田野日に荒れて、賦入歳に減ずる所以」となるという[18]。

故に民を養ふにその道を得れば、すなはち多くこれを取れども民はますます勧む。その道を失へばすなはち寡くこれを取れども民はますます困しむ。如何せん、今の大体を知らざる者は、恵を施さんと欲すれば、すなはち賑恤を言ひ、利を収めんと欲すれば、すなはち聚斂を談ずるを。賑恤は徒らに金穀を費して、民その沢を被らず、聚斂は繭糸を抽くといへども、国その利を享けず。牧民の官は択ばざるべけんや[19]。

民を養うということができれば、年貢を多くとったとしても民はそれを苦しむことなく納めることが可能だろうし、民を養うことができなければ、年貢を少なくしたとしても民はますます苦しむだろう。民を養うことをせず、金穀を費やして民に施しをしたとしても、民は本当の意味での恩沢を蒙るわけではないし、また、民から収斂し尽したとしても国はそこから永世の利を享受できるわけではない。ここでは、民を養う役目を担う「牧民の官」といわれる、いわゆる郡奉行や代官を精選することが、富国強兵、すなわち自らの備えを頼りとする政治の改革の大きな一つの柱であったことがうかがえる。

しかし、この改革に着手するかどうかという以前に、当時の水戸藩には「好貨の疾」に基づく深刻な「借金の弊」が存在した[20]。これらは長く「邦家」の長患い（勘定奉行によって「これにあらざれば、すなはち以てよくその事を成すなし」[21]といわれるほど当たり前のこと）となっており、目眩を起こすほどの劇薬を用いないと治すことができないだろうとしつつも、これを除かなければ、どんな上策であっても無駄になるだろうといわれる。なぜなら、当時この大坂富商への借金の利息によって、藩士の俸禄を半分にしなければならない事態となっていた。「罪を大坂に獲れば、すなはち凶年飢歳には、給を仰ぐところなければなり[22]」という説もあったということから、違約することなく利息を返済することが、飢饉などの非常時に大坂富商を頼りとする担保になっていたことがうかがえる。

このように、大坂富商に頼る当時の体制を幽谷は次のように述べる。

夫れ給を商賈に仰げば、権は固より彼に在りて、金を借れば息を出す。息を出せば彼の利するところなれば、すなはち権もまた未だ嘗て彼に在らずんばあらざるなり[23]。

ここで幽谷はこの「権」の在りどころを問題としている。先に述べた富国強兵の論理は、「民を養う」といった過程を通して、その民と分有することができる備えを創り出す構造となっていた。そして、さらに富国強兵を実現することによって、民からの「信」を得、その民の「信」を糧に新たな備えを創り出すという構造であった。これらは、政事を通して「国家のために永世の利を立てる」[24]行為であり、そういった意味において、政事が国家を利する行為であるといえるだろう。そして、ここで問題とされている「権」も政事に存するように構想されていると考えられる。しかし、藩士の給や、飢饉などの非常時さえも、大坂富商に頼るという当時の政治手法は、大坂富商に「権」を在らしめているというのである[25]。そして、政事が富商に利息を返すために努めることは、彼ら富商に「信」を得る行為であるものの、商人には有事の際に、「兵卒を養い、馬を出して邦家の急に赴く」[26]義務はなく、政事はただその利息を返済するために、士の禄を奪い民の税を増すに至るだけであるという[27]。幽谷は「権」を商人に在らしめている当時の政治手法が根本的に国家の「備え」とはなっていないことを問題視している。民の「信」をもとに自らで備えを創り出し、政事に「権」を在らしめること、それが自らを頼りとする政事体制であると考えている。

では、どうすればよいか。そこでとられるべきなのが、「節用の政」である。大坂の富商との関係を絶って[28]、一国の用度を収入に合わせ、「減省」する。これを二、三年行うと、その効果が表れ、富国のもとである「民を養う道」がひらけ、民が農業に務めれば、数年もしないうちに収入も今の倍となり、富国の業が成るであろう。これを過ぎたなら、国に三年、九年の蓄えをすることも容易であろうとされる(29)。しかも、この二、三年の「減省」の期間の「窮迫」した状態が、君主に「妄費」を減らさせ、有司に国のために利を興す機運を高めさせる(30)。苦しいのは二、三年であり、その後百世の利があるだろうというのである。

　このように「外邪」への備えのために「節用の政」「富民の策」を英断するのは、君主である藩主治保であるが、そのなかで、国のために利を興し、民を養う（または牧する）役割を担う役人の働きが重要となっているのがわかる。ここに、前にみた、政事委任の概念の意義が見出される。君主という位は「節用の政」「富民の策」を掲げ、それが実行されているかの能否判断をするために設けられるが、実際の政はその下位にいる役人に委任されるのである。

> 夫れ学を講じ徳を修むるは、まさに虚文を去つて実効を務むべし。閣下、有為の志なくんばすなはち已む。苟しくも有為の志あらば、すなはち速やかに己を罪するの令を下して、以て士民の心を収め、直言の路を開きて、以て上下の情を通じ、大臣を励し、衆思を集め、忠益を尽し、有司を先にし、小過を赦し、賢才を挙げ、名に循ひて実を責め、黜陟は必ず行ふに若くはなし。かくのごとくにして懈らざれば、すなはちその富強を致すの業は、足を翹てて俟つべきなり。臣至願に堪へず(31)。

　富強の根本である、「民を養う道」を実際に行いうる人材をいかにして得るのか。ここでは、藩主自らが「己を罪する」令を出し、士民の心を収めることから始められているように、士民の政事への参画が不可欠のものとされている。藩主は上位者（幕府）から政事を委任されているので、それを全うできていない「己を罪する」義務がある。士民は上位者（藩主）のその政事への姿勢から為政者の背後に存在する上位の「政事」を感じとり、自らを政事へと参画させていく。その上位の「政事」の根本には、「民を養う道」が据えられているからである。少なくとも、士民にそう「信」じさせることが、彼らの政事への参画を可能にする。ここに、海防の必要性から説かれる富国強兵論が、『正名論』にみられる委任論と接合される必然性があるといえる。なぜなら、富国強兵は、士民と共有されなければ、つまり、士民によってその理念が信用され、彼らによって担われていかなければ実現されえないものと考えられていたからである。

この幽谷の富国強兵の論理は、自ら頼りとすることができる備えを創り出していくために構想されたものだったが、「我藩は海を負ひて邦を作し、寇と隣接し、尤も以て予備なかるべからず[32]」といわれているように、水戸という土地の地理的特質が、それを求めさせる一因であった。しかし、この幽谷の論をもとにした水戸学が幕府の天保の改革、もしくはその後の幕末の情勢のなかにおいても、一定の影響力をもち続けていく[33]。それは、彼らが十八世紀末から幕末にかけての問題の所在をいち早くとらえていたことを示しているが、この幽谷の構想をさらに推し進めていくのが次節でみる会沢正志斎である。会沢は以上の幽谷の論理を継承しながら、それとは異なる「国体」論を完成させていく。では、それはどのような論理構造をもっていたのか。文政八年（一八二五）幕府の異国船打払令をきっかけに書き上げられた『新論[34]』をもとに明らかにしていきたい。

第二節　会沢正志斎『新論』——その国体論を中心に——

一　会沢の問題の所在

前節で明らかにしたように、幽谷は孫子の「その来らざるを恃むことなく、吾の以て備あるを恃む」という言葉をもとに、自らを頼りとする備えを創り出すための改革を試みようとしていた。会沢の『新論』においても、全く同じ目的のもとに立論されている。[35] 幽谷の『正名論』にみられる委任論の論理は、政事を上位からの委任の重層構造とすることによって、士民を政事へと促す論理構造となっていた。なぜなら、幽谷の備えは富国強兵から創り出され、その富国強兵とは、「民を養う」道が根本であったからである。彼の構想では、養われた民が兵を養うといった意味において、自らの社会から備えを生み出す仕組みとなっており、士民を政事へと抱き込むことによってようやく可能となると考えられていたのである。会沢の『新論』においては、幽谷の段階よりもさらに直接的に士民を政事へと働きかけていく。それが国体論である。

『新論』は国体、形勢、虜情、守禦、長計の五論からなっているが、まず、全体に占めるそれぞれの位置づけをみておきたい。まず「国体」では、政事とはいかなるものか、水戸学にとってのその本質が述べられている（「神聖、忠孝を以て国を建てたまへるを論じて、遂にその武を尚び民命を重ずるの説に及ぶ」[36]）。「形勢」「虜情」においては、日本[37]外部の状勢の変化について述べられ（「四海万国の大勢を論ず」「戎狄覬覦するの情実を論ず」[38]）、「守禦」では、その外部の変化に応じた国内の改革案の具体相が述べられている（「国を富まし兵を強くするの要務を論ず」[39]）。そして、最後の「長計」においては、改革を担う士民をいかに「鼓動」するか、その方策が述べられている（「民を化し俗を成すの遠図を論ず」[40]）。

ここでは、まず会沢は改革がなぜ必要だと考えるに至ったのか、また、それはどういった改革であるべきと考えられていたのかという観点からみていきたい。

「国体中」篇では、国内の軍備について次のように述べられている。東照宮以降の幕府においては、本（幕府）を強くして末（諸大名・武士・庶民）を弱くするように務められてきた。[41] それまでは戦国の世ということもあり、寸土尺土に至っても守りがあり、朝廷が衰え、天下が乱れるといっても天下の勢はまだ「強」を失っていなかったという。東照宮は太平の世を築くために「強」を邑に養うことを不可能にし、「天下始めて弱し」という状態とした。これによって、幕府は「天下を独りめぐらす」ことができたのであるが、本である幕府の兵も、土地を離れ、都城に集住し、税で養われることとなり、地方の守備という面においてはその寡弱は極まることとなったという。

それに加えて、「形勢」篇では、日本外部の状勢の変化、特にロシアの南化政策と、日本の地理的な特質が述べられている[42]。日本は四方が全て海に面しており、古くからこれを天然の要害としていたが、近年ロシアをはじめとした「西夷」が巨艦大舶で数万里の外からも馳せつけるようになり、先に天険であったものが、外から侵入する要路となってしまったという。どこからも攻められる可能性があるにもかかわらず、国内の軍備が弱体化している現状に、「寡を転じて衆となし、弱を更めて強となす」というように根柢から「変通」すべしといわれるのである[43]。

ここでは、本を強くすることはもちろんのこと、末を強化することも厭われていない。「邦君をして強を国に養ふを得しめ、士大夫をして強を邑に養ひて、兵に土あり、土に兵あるは、末を強くする所以なり。」とされているように、大名や旗本を巻き込み、辺境を守る兵を配備することがその改革の主眼であることがわかる。ここで、当然のことながら懸念されてくるのは、国外の脅威に対する備えが、国内の憂いにならないかという問題である。

或ひと曰く「末をして強を養はしむれば、恐らくは尾大の患を生ぜん」と。臣謂ふ、英雄の天下を用ふるは、時を相て弛張し、羇絆を解脱して、そのなさんと欲するところを縦にすといへども、しかも天下敢へて動揺せざるは、その襟胸を恢廓にして、天下の変に庶するに足り、紀綱は振粛にして、天下の死命を制するに足ればなり。今、天下すでに幕府の英断を知り、感憤激励す。たれか敢へて俯伏して命を奉ぜらん。ここにおいて大いに赤心を推し、天下とその休戚を同じくして、天下をしておのおの自からその強を養ふを得しむれば、天下豈に奔走して令に趨かざるものあらんや。万一、兇頑・桀驁にして、強を恃み命を拒む者あらば、すなはち天下の忠義の士を率ゐて、以てこれを征討し、一たび指揮して定むべきなり。（中略）今、虜を擯《しりぞ》くるの機に乗じて、おのおのをしてその強を養はしめ、強を養ふ者は、これに任ずるに事を以てす。その強を今日に用ふるは、一時の権宜にして、必ずしも永制となさず。而して強を用ふる者は、これを責むるに功を以てし、その実を国に輸《いた》さしむ。天下は公器なり、蓄へて以て私有となすを得ざるなり。(44)

末に強を養わせるからこそ、天下を用いる幕府が、変に応じた判断力と、死命を制することができるほどの統治権をもつ必要がある。そうすることによって、天下は動揺することがないとされている。万一、己の強を恃んで、命を拒む者がいたとしても征伐するのみであるとされている。これは一時の権宜であるとされながらも、各々で養われる強は天下公のためのものであるからである。

このように、本末ともに拡充させることがはかられていた軍備であるが、それと同様、末に拡散するように構想されているのが、富、つまり財である。「国体下」篇では、天下が治平であるのに、上下ともに貧しいのはなぜかという問いに対して、天下の財を理める道を得ていないからであるとして次のように述べられる。(45)当時、上下の貧しさの原因となっていた米穀の賤しさには、米穀が多いからというよりも、天下の米穀が一所に集められ、その羅糴の権を商人に委ね、物価が偏重(46)されていることにあるという。

夫れ天下の米穀は未だ嘗て多からざるなり。しかも甚だ多きがごときは、その勢これをして然らしむるのみ。およそ物は散じてこれを各所に蔵すれば、その数多しといへども、未だその甚だ多きを見ることあらず。聚めてこれを一所に陳ぬれば、寡しといへどもまたなほ多きがごときは、これ自然の勢なり。

この仕組みは、「天下の民命は、専ら市人の手に係り、凶荒に備えなく、兵行に糧なく、海内空虚にして、怪しとなさず。手を拱きて環視し、徒らに米穀の多きを患ふ、何ぞそれ惑へるや。」というように、民命のもととなる米穀を全体としてますます少なく、賤しくしていく仕組みであると考えられている。これに処するために会沢が考えるのが、天下の穀を民間で蔵する仕組みである。

天下の穀いよいよ多くして、人困らざるは、散じてこれを民間に蔵すればなり。（中略）今、民をしてこれを蔵しめんと欲すれば、その措置の方、制度のよろしき、固より一にして足らず。苟しくもよく穀のよろしく海内に蔵すべきを知りて、然る後に挙げてこれを行はば、措置・制度の時機に適する所以のもの、得て施すべきなり。穀蔵する所ありて民困しまざれば、すなはち民に恒心あり。民に恒心ありて、然る後、以てこれをして天命を畏れ、地力を尽し、天地の富に因りて、同じく天祖の賜を受しむべきなり。(47)

この天下の穀物をますます多くする試みというのは、凶荒の備えとともに、兵を養うためのものであり、そのための富の分散の制度であることがわかる。穀物は一所に集めるとその価値が賤しくなる。それを民間に蔵することによって、穀物自体の価値を低めることなく、民命を安んじることができるというのである。

これらいわゆる改革の要点とは、それまで幕府が専権していた軍事力と、それを養っていた都市の富を、それまで、それをもつことが忌避されてきた末まで拡充する試みであったといえる。

そこで問題となるのが、それを担う人の問題である。これまでの既存の体系と全く異なった権力を作ることを企図しているのが、この『新論』の構想であるといえるが、これを担う人はそれまでの忠誠の概念とは異なった、新しい忠誠の概念のもとに置かれなければならない。なぜなら、忠孝をもとに幕府を開いたとされる東照宮の設定した秩序を改変しなければ、新しい備えを創り出せないからである。そこで人々をさらに根源的に規定することになる天祖というレベルまで忠誠の概念が掘り下げられる必要が生じた。そしてその概念のもとで新しい権力の受け皿が創られる可能性が開ける。会沢はそう考えた。それは、幽谷が考えた天皇を起点とした委任論を下敷きにしながら、より本質的に人々をとらえようとする試みであったと考えられる。そこで次に、会沢の構想した国体論の詳細をみていきたい。

二　「国体」

会沢は「虜情」篇において、本質的に人間が利を好み、鬼を畏れるという性質をもっていると述べている。

民の利を好み鬼を畏るるは、その情の免るる能はざるところ、苟しくも潜かにその心を移す所以のものあらば、すなはち厳刑峻法といへども、また得て詰むべからざるものあらん。[48]

どんなに法律を厳しくしても、賭博が無くなることはないし、祈祷や呪詛に人が集まるのも、本来人がもっている性質ゆえなのである。そういった理解のもと、会沢は「西夷」がなぜこれほどまでに領土を広くし、先進的な技術を手にすることができているのかという根本的な理由に、彼らが耶蘇教を頼りとしているからであるとしている。[49]その教法は会沢からすると「邪僻浅陋」で論ずるに足りないものの、その要旨は簡易で人を誘いやすく、時に小恵を行って仁聞を売り、人の心を惑わせ、頑として解くことができないまでに至るという。胡神のために喜んで死に、勇敢なものは戦う。また、胡神のために資産を傾け兵をやるに至る。これが「西夷」が諸国を併せる術であるという。[50]しかし、会沢にとって、重要なことは「西夷」は客であるということであった。

夫れ虜の万里にして人を窺ふ者は客なり。我の内に自から守る者は主なり。然れども虜は毎に長策に出で、従容として人を制するものは、客を変じて主となすなり[51]。

虜は客であるのに、兵糧を漁・商によって調達し、巨艦を駆使し、夷教を広める。客であるはずの虜（「西夷」）が、この「長策」によって我内の主となりつつある。では、本来の主であるはずの我を守るためにはどうすればよいか。

彼に変ぜらるる所以ものを転じて、彼を変ずるの道に由る、豈に大経を立つる所以の先務にあらずや。彼は戎狄にして自らその道を道とす。常情よりこれを視れば、これを度外に措くといへども可なり。しかるに彼は大いに非望を逞しくし、必ず夷を以て夏を変じ、正道を澌滅し、神明を汚辱し、天を欺き人を罔ひ、人の民を傾け、人の国を奪ひて後に已まんと欲す[52]。

常の情であれば、道を広めようとする虜を度外視することも可能であるが、虜が我国を奪おうとしている今[53]、我のなかに大経を立てて虜を変ずる道をとらなければならない。ここでいわれている「大経」とは、民心に主をあらしめるものである[54]。これは昔、神聖が神道をもって教えを設けた後、巫覡の流、浮屠の法、陋儒、俗学、耶蘇の法によって散じられたという。しかし、国とはここからしか立ち上がらない。

挙げてこれを大観すれば、果して中国たりや、明・清たりや、将た身毒たりや、そもそも西洋たりや。国の体たる、それ如何ぞや。夫れ四体具わらざれば、以て人となすべからず。国にして体なくんば、何を以て国となさんや。しかるに論者まさに言ふ「国を富ましめ兵を強くするは、辺を守るの要務なり」と。今虜は民心の主なきに乗じ、陰かに辺民を誘い、暗にこれが心を移さんとす。民心一たび移らば、すなはち未だ戦はずして、天下すでに夷虜の有とならん。謂ふところの富強は、すでに我が有にあらずして、たまたま以て賊に兵を借し盗に糧を齎すに足るのみ。心を労し慮を竭して、その国を富強にし、一旦挙げて、以て寇賊に資するは、また惜しむべきなり[55]。

富強をその国のものとする。国体とは民心に主があることによって初めて立ち現れるものであるとされる。ではその主とは何か。『新論』において、その主というのは、万民衣食の原《もと》を授け、武をもって国を建てることによって民命を重んじた天祖、天孫のことであるとされる[56]。天皇の位が現在まで侵されることなく存続していることが、天祖、天孫の建国の余烈の証であるとされるが[57]、この民命を重んじた天祖の徳に対して、子孫、臣下は忠孝をもって応えるものだという。これが報本反始であるとされる[58]。本項の冒頭で触れたように、人は本質的に利を好み鬼を畏れるが、同じ文脈から次のように述べられる。

夫れ万物は天に原づき、人は祖に本づきて、体を父祖に承け、気を天地に稟く。故に言苟しくも天地鬼神に及べば、愚夫愚婦といへども、その心を悚動することなき能はずして、政教・禁令、一に天を奉じ祖に報ゆるの義に出づれば、すなはち民心いづくんぞ一ならざるを得んや。人は天地の心、心専らなれば、すなはち気壮んなり。故に億兆心を一にすれば、すなはち天地の心専らにして、その気以て壮んなり。その気壮んなれば、すなはち人の元気を稟くる所以のものは、全きを得。天下の人、生れて皆全気を稟くれば、すなはち国の風気頼りて以て厚し。これ天人の合と謂ふなり。ここを以て民は古を忘れずして、その俗は淳厚、よくその本に報いその始めに反り、久しくして変ぜず[59]。

現在の生は全て天祖によってあらしめられているものとされる。人は天地の心であるのだから、民命を重んじた天祖に報いる心で専らとなるならば、天下の人は元気で全きを得、その人々によって国の風気は頼りとすべきものになるという。この天祖を設定する『新論』においては、政教・禁令は、天祖に報いる性質をもたなければならないし、その性質ゆえに人々はそれに忠孝をもって応えるべきとされる。

では、それを人々に認識させるにはどうすればよいか。「食足り、兵足り、民これを信じて、忠孝以て明かに、天人合一し、（中略）万世にして已まざるは、不抜の業なり。今、これを施行せんと欲すれば、よろしく民をしてこれに由らしむべくして、これを知らしむべからず。もし夫れ民をしてこれに由らしむる所以のものを論ぜば、すなはち曰く礼のみ。」[60]とあるように、大嘗祭をはじめとした「礼」すなわち祭礼を天皇が行うことによって、報本反始の意を天下とともにすることができるという。この天下で共有される天祖の徳は、他の「邪説」と区別されるもののそれらを排するものではないという。

而して往日の化を淆し俗を傷りし、巫覡のごとき、浮屠のごとき、陋儒俗学の徒のごとき者も、また皆中原の赤子なり。これをして皆その堵に安んじ、その意に適し、大化の中に優游して、以て天祖・天孫の深仁厚沢に浴し、幕府・邦君の政令刑禁を奉じ、晏然として楽しんで以て歯を没するを得しむるも、また何の不可かこれあらん。[61]

ただ、「西夷」の妄説を支持し助長する者は禁絶すべきのみであるとされる。[62]これは先にみたように、耶蘇の法だけは「西夷」が我内で主となる手段となりうると考えられたからである。

最後に、天祖の徳はどのように具象されるのかを確認しておきたい。その一端がうかがえるのが次の記述である。

神庫は神宝及び兵器・文書・資糧・百物を蔵して、以て祭祀を待つ所以なり。神威に因りて以て民事を制す。利用厚生の意、以て施すべく、軍国不虞の備、以て寓すべきなり〈古者、政教を祭祀に寓し、兵器を神社に蔵せしは、前に言へるところのごとし。而して国造・県主等は、その国土の神を祭り、稲置ありて以て稲を儲《たくわ》ふ。今これに倣ひて制を設くれば、凶荒には以て餓を賑すべく、軍旅には以て糧を助くべし。その神威に因りて以て民事に便すべきもの甚だ多し。（中略）後世に至りては、義・社の倉あり、また以て民に便するに足れり。およそかくのごときの類は、苟しくもよく古今の制度を斟《く》み、神威に因りて以て民事を便せば、すなはち固より民心の向うところ、そのこれに従ふは、まさになほ水の下きに就くがごとくならんとす。今世、或は仏事に因りて以て民を聚め事を作すに、その応ずるや響のごとし。また以てその効の速やかなるを見るべし。況んや神威の以て民を動かすべきは、仏の比にあらざるをや〉。ここを以て祭政は一致し、治教は同帰にして、民、望を属するところあり。[63]

利用厚生、軍国不虞の備えを実際担うのは民である。それを天祖の徳に報いるという神威に応えることによって成しえることとする。そして民はその過程を通してそこに望みを託する。ここでいわれている神庫の制度は「義・社倉」など、その社会に応じて民事を便する形がとられるからである。それが会沢の祭政一致であった。

おわりに

本章では十八世紀末からの水戸学の中心的な論者であった藤田幽谷と会沢正志斎、この二者の改革思想における天皇、祖先の扱われ方を中心に考察を進めてきた。

第一節では幽谷の委任論の構造を考察した。天皇を起点とする委任の体系は、委任を重層することによって、下位への権限を委譲するかわりに、上位の権威を高めていた。そこでは、天皇は政事を摂らないがために変じがたい政体とされる一方、下位である政事の担い手はその「勢」によって変遷させられる論理構造をもっていた。

その委任の体系が必要とされた背後には、鎖国を維持してきた近世日本社会が、十八世紀末には「外夷」の脅威を常に意識しなければならないということがあった。幽谷は他に依頼することなく自らを頼りとするために、「外夷」に対応するための備えが必要であると考えた。その備えを創り出すために、富国強兵、つまり「民を養う」道がとられなければならないとされた。しかし、そのためにはまず財政を他者（具体的には大坂商人）に依存し、「権」を他にあらしめている現在の藩政を改革しなければならない。それが根本的に「民を養う」ことに反すると考えられたからである。そして、そういった藩政に対する藩主の姿勢が「民を養う」道という上位の政事性を周囲に表明し、それを実際担う士民を政事へと参画させていくのである。幽谷が『正名論』として表した論理は、天皇という上位を措定することによって、その政事が誰かの委任のもとに行われているという構造を作り出す。それは現秩序においてその最も下位にいる者を政事へと誘うことを可能とするものであった。

第二節の会沢の構想した天祖への報徳の観念は、それを認識する各人が、民命を重んじるという政治的な行為に与りうるという論理構造であった。彼がそれを構想した背後には、本末ともに富強を実現しなければ、「外夷」に対応できないであろうという冷静な認識があった。会沢は人々が動くことを期待する。

夫れ英雄の天下を鼓舞するや、ただ民の動かざるを恐るるのみ。庸人の一時を糊塗するや、ただ民の動かんことを恐るるのみ[64]。

そこでは、第二節引用に「天人の合」とあったように、各人が直接的に天に属する行為を担うことが期待されている[65]。その天とは優先されるべき全体の民命であり、その民命のために人々は富強を実現していくべきとされるのである。その論理のもとに、社会で共有される財の蓄積がなされ、そのための風俗の改正など諸々を引き受けることも是とされる[66]。国体はそういったところから立ち上がってくる。幽谷の委任論を下敷きとしたこの会沢の『新論』における天皇とは、政事が民命を重んじるものであるということを社会で共有する象徴的な役割を担わされており、その報本反始の意は大嘗祭をはじめとした「礼」を通して内外に示された。ここにおいて変じがたい天皇の位は、民命を象徴するものとなっていたことがわかる。

両者とも外部の脅威に対応できる主体的な政事を構想することにその主眼があったといえるが、その外部への備えや富を強力な権力からの委任のもとで下部において創り出し、内部で共有する試みであった。そしてそれこそが、天皇といった上位者を設定し、天祖といった観念を必要とする要因となっていた。そもそも政事に民命を重んじるという性質がもたされているということが「礼」によって象徴的に示されることによって、人々は主体的にその政事に参画していく。そういった、人々が望みを政事に託していく姿が、国体を現出させていくのである。そこに立ち現れていくのが日本の近代であったのではないだろうか。

【注】

(1) 吉田俊純『水戸学と明治維新』吉川弘文館、二〇〇三年。

(2) これまでの思想史研究において、水戸学はどのように理解されてきたのだろうか。一九九五年に水戸学についての研究史を整理した本郷隆盛(「藤田幽谷「正名論」の歴史的位置―水戸学研究の現在―」衣笠安喜編『近世思想史研究の現在』思文閣出版、一九九五年)があるが、代表的な研究として、対外的危機を克服するため教化を通して幕藩体制の身分的秩序の統一強化を試みることを真の目的であり、徂徠学の礼楽観や祭政一致の思想を後期水戸学が継承したと分析した尾藤正英(「水戸学の特質」『水戸学』日本思想大系、岩波書店、一九七三年)や、従来、議論の絶えなかった徂徠学と後期水戸学の関係について、特に会沢の著作に徂徠の影響がみられることを実証した高山大毅「遅れてきた「古学」者―会沢正志斎の国制論―」(『近世日本の「礼楽」と「修辞」―荻生徂徠以後の「接人」の制度構想―』東京大学出版会、二〇一六年、第四章)がある。また、国学と水戸学の比較を中心にして、会沢の理想とした統治が権力に対して受動的な人民を国家的利益のもとに操作することにあったと分析する星山京子（「国学と後期水戸学の比較―統治論における民と鬼神を中心に」『季刊日本思想史』第四七号、ぺりかん社、一九九六年）、会沢の『新論』を中心に、深刻な対外危機感のもと、「夷教」による「民心煽惑」への対処として、「人心収攬」を試みたと分析した桂島宣弘（「近代天皇制イデオロギーの思想過程―徳川思想および平田篤胤の転回を中心に」『岩波講座　天皇と王権を考える　第四巻　宗教と権威』岩波書店、二〇〇二年）、〈公共心〉を喚起するための回路を祭祀体系として秩序づけたと評価した上安祥子（『経世論の近世』青木書店、二〇〇五年）、水戸学と国学を含めた十九世紀の思想世界全体のなかで天皇権威がなぜ大きな力をもつようになったのかという視点から、カネの横行する不条理な現実に対する憤り・正義感をバネに、「万世一系の天皇」に連なる幻想の出自・血統のプライドを人々に賦与したと評価した前田勉（「水戸学の「国体」論」『日本文化論叢』第十五号、二〇〇七年）等がある。それぞれの関心から多様な分析があることがわかる。

（3）右の研究史から距離をとり、正名論という視点から、新井白石と後期水戸学の連関をとらえたのが、大川真（『近世王権論と「正名」の転回史』御茶の水書房、二〇一二年）である。大川は、白石が正名思想の立場から国王復号説を展開し、二元的王権論を前提とした国家像を構想したと大きく位置づけ、その白石の「正名」に反駁する形で、中井竹山・蔢川春嶺・藤田幽谷・会沢正志斎らが松平定信の要請のもと、統一的国家イデオロギーの創出をめざし、一元的国家像を提示したとして、各人の「正名」思想の諸相を分析している。また、白石と後期水戸学の連関を指摘した研究として、会沢の『新論』的世界観の理論的背景を彼が世界地理知識の主要な淵源の一つとした新井白石の著作との関連から考察した桐原健真（「『新論』的世界観の構造とその思想的背景」『茨城県史研究』九一、二〇〇七年）がある。

（4）幕府の大政委任論の表明については藤田覚『松平定信』中公新書、一九九三年、一〇三～一一〇頁、等。

（5）『正名論』（『水戸学』岩波書店、一九七三年、一三頁）。出版社、出版年等については以下略。

（6）『正名論』（『水戸学』一三頁）。

（7）『正名論』（『水戸学』一一～一二頁）。

（8）『正名論』（『水戸学』一三頁）。

（9）『丁巳封事』（『水戸学』四四頁）。
（10）『正名論』（『水戸学』一三頁）。
（11）『丁巳封事』（『水戸学』二六頁）。
（12）『丁巳封事』（『水戸学』四三〜四四頁）。「北虜の警は、歳一歳より切なり。」以降の記述。
（13）『丁巳封事』（『水戸学』二六頁）。
（14）『丁巳封事』（『水戸学』三五頁）。大坂の富商から金を借りることだけしか考えない勘定奉行が「節用の政を講じ、富民の策を献じて、国家のために永世の利を建つる能はず」と評されている部分から、「能はず」以前が幽谷の考えるあるべき治療をうまく言いあてている箇所と考え引用した。同様の趣旨から「節倹の政」→「民を牧する道」→「富国の業」（百世の利）（同、三九頁）と述べられている箇所もあり。
（15）『丁巳封事』（『水戸学』三二頁）。
（16）同右。
（17）『丁巳封事』（『水戸学』三三頁）。
（18）同右。
（19）『丁巳封事』（『水戸学』三四頁）。
（20）同右。「好貨の疾」「借金の弊」は「大弊」とも述べられている。
（21）『丁巳封事』（『水戸学』三六頁）。
（22）『丁巳封事』（『水戸学』三五頁）。
（23）『丁巳封事』（『水戸学』三六頁）。
（24）前掲注10参照。
（25）幽谷が大坂に遊学中、加島某なる人物から聞いた「当世の諸侯の貧富、及び大坂の借金の説」によると貧富によって大名が三等に分けられ、そのなかでも代表的な大名があげられている。

上等：黒田（筑前福岡、五二万石）、細川（肥後熊本、五四万石）。国を富まし、給を大坂に仰がず、大坂の人が貸そうとしてもあえて借りない。権は常に己に在る。
中等：水戸（三五万石）。国は貧しいけれど、善く借り善く返す。借りることを厭わない。諸侯の側が利息を出し、商家が利を収めるのに皆定額があって、小役人でそれに与る者や、使として出納を掌る者は結託し徒党を組んで自らの私を営む。
下等：伊達（仙台六二万石）、佐竹（秋田二〇万石）。自らでその国を富ますことができず、金を人に借り約に背き、金を返さず、貸借もできないようになり、どうすることもできない。
（『丁巳封事』三六頁）

(26)『丁巳封事』（『水戸学』三八頁）。
(27)『丁巳封事』（『水戸学』三七頁）。
(28) これは、借金を返済しないという意味ではなく、年賦にして、利息を減らし、その分で元金を償却し、長期にわたって返済するということである。これによって国用に占める借金返済分を減らすという（『丁巳封事』三九頁）。
(29)『丁巳封事』（『水戸学』三九頁）。
(30)『丁巳封事』（『水戸学』三八頁）。
(31)『丁巳封事』（『水戸学』四五頁）。
(32)『丁巳封事』（『水戸学』三一頁）。
(33) 吉田前掲書。
(34) 異国船打払令が二月、『新論』が成ったのは三月とされる。「水戸学年表」（『水戸学』五八六頁）。
(35)『新論』（『水戸学』五一頁）。
(36) 同右。
(37)『新論』において、会沢は日本のことを「神州」または「中国」と呼んでいる。本章においてはどちらも「日本」として統一して呼ぶことにする。
(38)『新論』(『水戸学』五一頁)。
(39)同右。
(40)同右。
(41)『新論』(『水戸学』七四頁)。
(42)『新論』(『水戸学』九〇～九一頁)。
(43)『新論』(『水戸学』七七～七八頁)。
(44)『新論』(『水戸学』七八～七九頁)。
(45)『新論』(『水戸学』八二頁)。
(46)「百物の偏重」「百物の偏貴」と表現されている(『新論』八六頁)。
(47)『新論』(『水戸学』八八頁)。
(48)『新論』(『水戸学』一〇四頁)。
(49)『新論』(『水戸学』九四頁)。
(50)『新論』(『水戸学』九五頁)。
(51)『新論』(『水戸学』一三六頁)。
(52)『新論』(『水戸学』一四六頁)。
(53)「近世のごときに至ては、すなはち戎虜狡黠にして、頗る大経を立つるに似たるものあり。」(『新論』一四三頁)。
(54)『新論』(『水戸学』六八頁)。
(55)『新論』(『水戸学』六九頁)。
(56)代表的な部分をあげると、「衣食」については『新論』五三～五四頁、「武」については七一頁、天祖の「民命を重んじる」という表現については八七頁、それに関連するものとして一四七頁等。

(57)『新論』（『水戸学』五九〜六〇頁）。
(58)『新論』（『水戸学』五二〜五三頁）。
(59)『新論』（『水戸学』五六頁）。
(60)『新論』（『水戸学』一四七頁）。
(61)『新論』（『水戸学』一五四頁）。
(62)同右。
(63)『新論』（『水戸学』一五一〜一五二頁）。
(64)『新論』（『水戸学』六三頁）。
(65)この引用部分は、吉田松陰も評価していた。「舟中宮部と新論を読むこと数週、内に一言懐に触るるものあり、曰く、「英雄の天下を鼓舞するや、唯だ民の動かざらんことを恐れ、庸人の一時を糊塗するや、唯だ民の或は動かんことを恐る」。此の言以て今日の事を論ずべしと」（『吉田松陰全集』普及版、第八巻、二二八頁）（吉田前掲書、一九七頁）。
(66)第二節末で確認した神庫において、「民事を便す」という名目のもとに共有の財をもつことが論じられていた。また風俗の改正については『新論』に「今、貧を転じて富となさんと欲せば、固より習俗に拘るを得ず。俗は以て廃すべからずとなすも、しかも廃せざるべからざるものあり、以て必ずしも興さずとなすも、しかも興さざるべからざるものあり、斟酌損益し、虚文を去りて実功に就くも、また英雄、時を相て弛張する所以の権衡なり。」（『新論』一一三頁）とある。水戸藩においては天保期の改革で大規模な寺社改正が行われたが（圭室文雄『神仏分離』教育社、一九七七年）、これも風俗改正の一貫としてとらえる必要がある。

第二部　岡山という地域から

第六章　江戸前期岡山藩主の先祖祭祀とその思想背景

はじめに

これまで岡山藩の先祖祭祀を含む宗教政策に関する研究は、寛文期の神道請を中心に考察されることが多く[1]、光政の致仕後[2]、幕府との関係において寺請に戻っていく一連の流れにより[3]、光政の奨励した先祖祭祀がその後、池田家においてどのように継承、または改変されていくのかという点については不明なままにされてきた[4]。

そもそも光政が推進した先祖祭祀とは、承応四年（一六五五）に開始した神儒式儀礼であり、先祖に対して、昇進を報告する冠礼、縁組を報告する婚礼、亡くなったことを報告する葬礼（喪礼）、先祖自体をお祭りする祭礼の四つで主に構成されていた。池田家においては、この先祖祭祀が、城内の宗廟において明治五年（一八七二）まで続けられていく。

本章では、宗廟での先祖祭祀を記録した「宗廟記」を中心に、第一節では、光政の草創期を対象に、神儒式で統一された先祖祭祀がどのようなものだったのかを考察し、第二節では、草創期の先祖祭祀が綱政によってどのように継承、または改変されたのか、ということをみていきたい。その際、両者に関係の深かった熊沢蕃山の葬祭論を合わせてみることにより、その思想背景の特徴を浮かび上がらせる。

熊沢蕃山[5]は寛永十一年（一六三四）から寛永十五年の四年間と、正保二年（一六四五）から明暦三年（一六五七）

の十二年間の二度にわたって岡山藩に仕えており、特に二度目の仕官の際は、光政をはじめ、諸大名や旗本に「聖人の道」を教授した。その思想は寛文十二年（一六七二）に板行された『集義和書』や、延宝八年（一六八〇）に完成し、のちに「雅楽解」「水土解」が加筆された『集義外書』から確認できる。これまで、蕃山の葬祭論の単独での研究[6]はされてきたが、岡山藩池田家の宗廟祭祀の内実が不明であったので、両者を関連させた研究はされてこなかった。

本章は、岡山藩における宗廟を中心とした先祖祭祀がどのような思想背景のもとに行われ、改変されたのかということを、蕃山の著書と対応させて理解していく点が特色である。その論証を通して、宗廟祭祀が岡山藩政においてどのような意義をもたされていたのかという点を明らかにしていきたい。

第一節　池田光政の宗廟祭祀

一　「宗廟記」とは

『池田家履歴略記』[7]には、承応四年（一六五五）二月十五日に城内の書院で儒礼を始めた記事が次のように記されている。

二月十五日岡山の城御書院にて始て御神主を祭り給ふ〈此時代々の御神主を作られしと云〉今としより忌祭等諸事儒礼を用ひられし〈寛永十九年花畠の事を記す条に祖廟としるせとも此時は御仏殿にて御位牌を安置有りし此としにいたりはしめて儒礼と成神主を作られし〉

二月十五日は仲春の祭日であり、この祭日を機に代々の先祖の神主を作ったとされている。神主とは、先祖の官位・姓名を書いた木の板で作られた霊牌のことである。(8) 儒式祭祀が行われた当初は岡山城書院が祭祀の場とされたが、この当時は「神主」を常時安置しておく祖廟がまだ設けられていなかったので、城内の月見櫓がその保管場所とされた。(9)

池田家文庫に残されている「宗廟記」も承応四年から冊子が残されている。万治二年（一六五九）に岡山城本丸の西に宗廟が建設されると、二月に遷廟、その後この宗廟が先祖祭祀の主な場所となった。図1は池田家文庫に残されている宗廟祭祀に関する記録を、その記載時期別に把握したものである。承応四年から宗廟に関する記録が複数残されてきた。特に、御廟奉行が置かれた明暦四年、遷廟が行われた万治二年、輝政、利隆の墓地の改葬を試みた寛文五年、和意谷の墓地整備が完了した寛文九年が画期となるのではないかと考えられる。

池田家文庫には、表にしたものの他に、「宗廟雑録」（1）～（20）貞享二～明治三、「墓祭記」（1）（2）享保七～文化一〇、「御廟御参詣并御名代其外諸記」延享元～慶応二年、「宗廟類典」（上）（下）明治八年、「宗廟類典附録」（上）（下）明治八年、「祠龕記」（1）（2）元治元～明治二年、「廟祭旧記稿」（全）寛文五～延宝四年、(10) が宗廟関連のものとして残されている。光政の忌祭が開始される貞享二年から宗廟雑録が始まっているなど、簿冊の作成のされ方と、宗廟祭祀の変化には相応の対応があると推測されるものの、この点については、今後の課題としたい。

本章では、主に図の①②の「宗廟記」を中心に、草創期である光政の時代と改変期である綱政の時代とそれ以後の祭祀の特徴を確認していきたい。

年号	西暦	事項
承応4	1655	儒式祭祀の始め
明暦2	1656	
明暦3	1657	
明暦4	1658	御廟奉行創設
万治2	1659	2月遷廟
万治3	1660	
万治4	1661	
寛文2	1662	
寛文3	1663	
寛文4	1664	
寛文5	1665	
寛文6	1666	和意谷へ改葬
寛文7	1667	
寛文8	1668	
寛文9	1669	和意谷墓完成
寛文10	1670	
寛文11	1671	11/1宗粟恒元死去
寛文12	1672	6/11光政致仕、12/15光政母福照院死去
寛文13	1673	

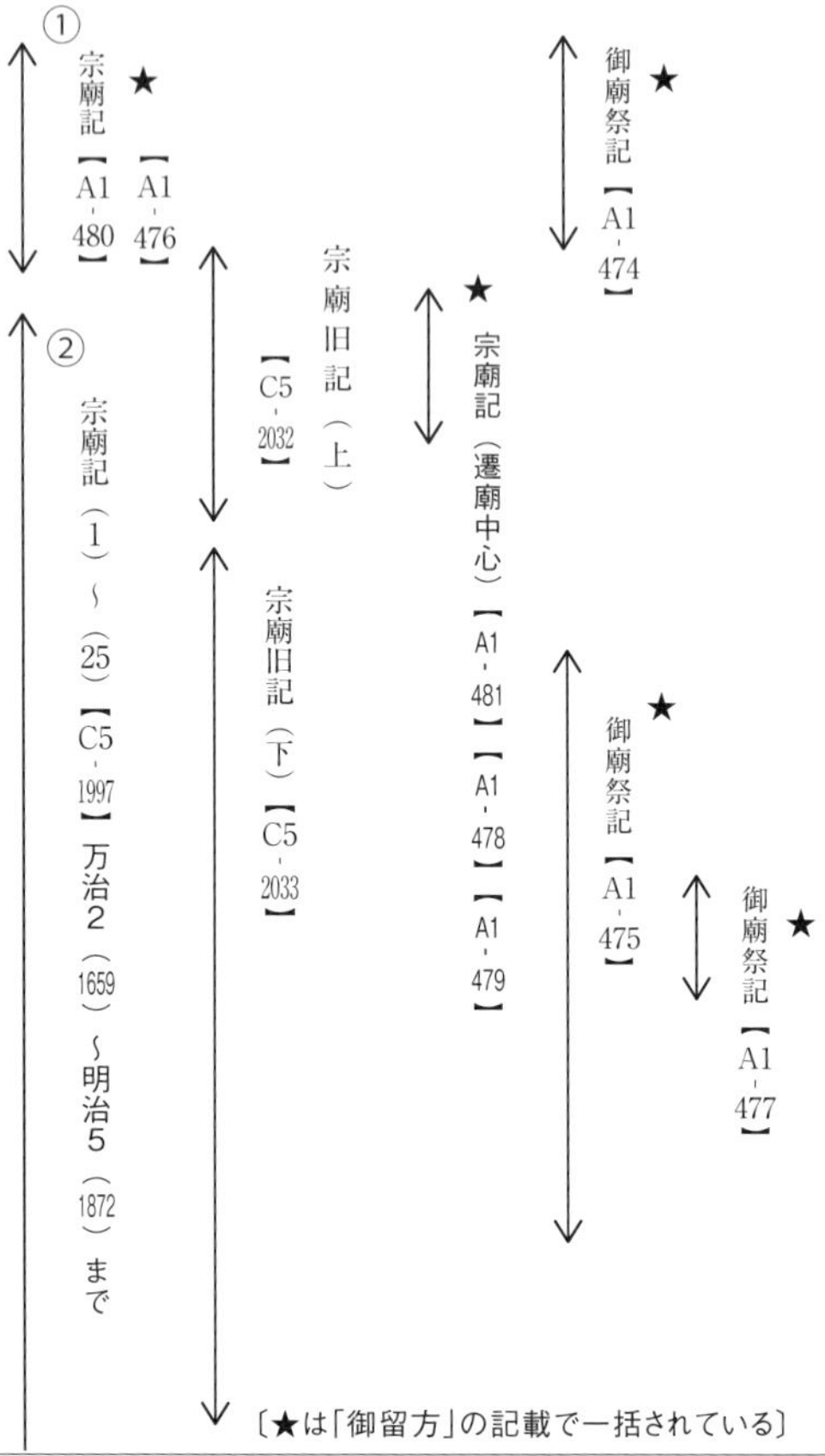

図1　宗廟祭祀に関する記録一覧（『池田家文庫マイクロ版資料目録』より作成）

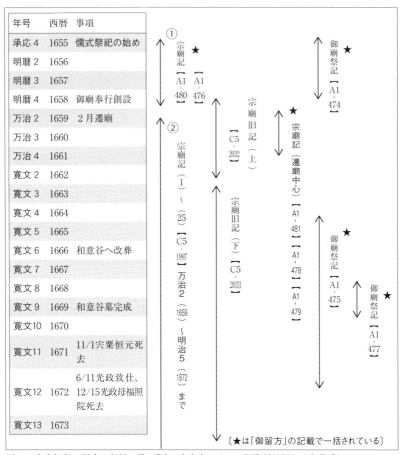

二　承応四年の光政の先祖祭祀

「宗廟記」[11]の冒頭には、岡山城内の書院で初めて祖考の儀式を行う際に、光政が読みあげた祝文が記録されている。

承応四年仲春十五日肇祭祖考之儀

一夙ニ設ク二蔬果玄酒樽及ヒ降神之銚子盤盞茅沙祝版燭台饌卓等ヲ一

一詣二神主前一　告辞云

孝孫松平新太郎少将前キレ此レヨリ祭儀委ネテ二浮屠ニ一自ラ不三敢テ尽サ二誠敬ヲ一今因テレ信ズルニ二聖人之道ヲ一欲ス二宗廟祭祀如ナランコトヲレ法ノ然レトモ以テ二年饑ヲ一不レ能ハ二敢遽カニ改一薄ラク仮リニ制シテ二神主ヲ一以二仲春之月ヲ一恭テ伸フ二奠献ヲ一俯伏シテ興ヲク

すなわち、これまで仏教寺院に委任し、自ら誠敬を尽くすといった手段をとっていなかった先祖祭祀を、聖人の道を信じて自ら誠敬を尽くす宗廟祭祀へ改めるというのである。しかし、この当時は承応三年の洪水の直後であり、凶年であるために宗廟を建立するなどの大がかりなことはせず、仮に神主を制して仲春の祭祀を行おうとしている。この時作成された神主の額面には、光政の祖父である輝政は「顕祖考正三品前参議播備淡大守輝政公」、光政の祖母である中川氏は「顕祖妣前参議輝政公中川氏夫人」、光政の父である利隆は「顕考従四品拾遺播磨君武蔵守利隆公」と記され、「顕」の後に現当主との間柄、生前の官職名、俗名が記されるのがその特徴であった。

では、どのような儀式が行われたのだろうか。この時行われた儀式の内容を見てみると、奉主就位（神主を祭祀

表1　承応四年仲春十五日肇祭祖考之儀における主な分担

次第	役	担当者		役職など（『諸式交代』）	期間
奉主就位	考	信濃	池田政言	光政次男	
	祖妣	五郎八	池田政種	輝政の六男輝興の子	
	祖考	主人	池田光政		
降神	盃	外記	上坂外記	判形　500石	慶安3,10-寛文1,10
進饌	考　三膳	若狭	日置若狭	家老　御仕置　16000石	慶安5-延宝5,10
	考　二膳	伊賀	池田伊賀	家老　御仕置　22000石	寛永19,6-寛文8,6
	祖妣　三膳	淡路	土倉淡路	家老　11000石	寛永14,12-天和2,3
	祖妣　二膳	長門	伊木長門	家老　33000石	寛永16-寛文12
	祖考　三膳	下総	池田下総	家老　14000石	
	祖考　二膳	出羽	池田出羽	家老　32000石	
奠盞	考	藤右衛門	池田藤右衛門	大組組頭　500石	承応3,10-万治3,10
	祖妣	数馬	池田数馬	光政の弟恒元の子	
	祖考	美作	池田美作	番頭　3000石	正保3-延宝2,1
初献	執事　加	兵部	草加兵部	番頭　200石	万治3-元禄3,5
奉饌	洗盃	杢	池田杢	判形　500石	慶安3-明暦3,1
	持徹酒器	半十郎	津田半十郎	徒頭　300石	承応2,2-万治2
	徹飯器	九兵衛	河原九兵衛	槍奉行　700石	慶安4まで
	黒二通　妣	源二郎		不明	
	黒二通　考	半弥		不明	
亜献	加	民部	湯浅民部	番頭　1000石	万治1-寛文11,1

※池田家文庫「宗廟記」（A1-476、マイクロフィルムTCE001-293）より作成。
　役職は「諸職交替」（F1-1～7）を参考にした。

場所へつける）↓降神（先祖の霊を呼ぶ）↓進饌（神饌を進める）↓奠盞（盃を供える）↓初献（酒を献じる）↓読祝文（祖先へ儀礼の主旨を述べる）↓奉饌（神饌を奉る）↓亜献（二度目の酒を献じる）↓奉饌↓終献（三度目の酒を献じる）↓奉饌↓侑食（食べ物を薦める作法）↓皆出↓献茶↓献菓↓詣飲福位↓辞神（先祖の霊を帰す）↓徹（神饌などを撤収する）↓送主（神主を元あった場所に戻す）↓餕（祭祀に参加した者一同で神酒・神饌を食す）の順に行われ、主人（光政）が中心となって「家老及親属礼生礼臣」で分担して行っている（表1）。また「祝」といわれる祖先の霊をまつる重要な役目は熊沢蕃山が務めた。

承応四年（一六五五）より始められた祭祀はこれ以後、毎年、仲春、仲夏、仲秋、仲冬に行われる時祭と、先祖の命日に行われる忌祭のこの二つを中心に執り行われていく。定期的に行われるのは、正月、輝政忌祭（光政祖父、一月二十五日）、仲春（二月）、仲夏（五月）、利隆忌祭（光政父、六月十三日）、仲秋（八月）、円盛院本多氏夫人忌祭（光政妻、延宝六年十月七日死去）、福照院榊原氏夫人忌祭（光政母、寛文十二年十月二十六日死去）、仲冬（十一月）、中川氏夫人忌祭（光政祖母、十二月二十二日）であり、不定期で朔望（一日、十五日の祭礼）、参勤交代の出入りの報告、官職をうけた報告（冠礼）、告婚の儀（婚礼）、葬礼などが行われた。天和二年（一六八二）に光政が亡くなるが、その三年後の貞享二年（一六八五）から光政自身の忌祭も始められていく。[12]

三　『池田光政日記』からみる祭祀

光政自筆の『池田光政日記』にも先祖祭祀の記録が残されている。ここでは、「宗廟記」から見えない部分の記事をひろっていきたい。

承応三年（一六五四）、宗廟記が作製される前年であるが、元旦江戸にて「御影三ふく、せうこう、伊州（綱政）も同前、其後、格物せうこう、孝経一部読[13]」とあり、「宗廟記」が始まる前から儒教思想に基づく元旦祭祀が行われていることがうかがえる。「御影三ふく」というのは、輝政、中川氏夫人、利隆の肖像のことであろうか。この時はまだ神主は作られておらず、この先祖の「御影三幅」と「大学」の理念である「格物」と書かれた額に対して焼香し、孝経を読んでいることがわかる。饗食はしていない。

承応四年の仲春には、「祖考祭、首尾能執行申候事、礼式別紙ニしるし留也[14]」とあり、この別紙というのが前項でとりあげた「宗廟記」のことと推測される。この時から饗食を伴う祭祀が始まった。

明暦二年（一六五六）元旦は江戸においての祭祀は「宗廟記」には記載はないが、『光政日記』には次のようにある。

先祖御三人ノ神主、我等伊与例座共ニ再拝、焼香、俯伏再拝、御さうにを奉、初終主人、中伊与、御盃、中主人、初終伊与、御てうし主人、御茶主人タテ、伊与すゆる、其後戸ヲ閉出、格物ヲ懸、香ヲ焼、俯伏シテ孝経一部読、畢テ戸ヲヒラキ御膳ヲアゲ、神主ヲ焼、ツギニテ御酒御そうにいた、く[15]

この記述からすると、この年は光政も綱政も江戸で正月を迎えており、その際に神主をもっていっていることがわかる。これは、万治二年（一六五九）神主の安置場所、祭祀場所として宗廟が建立されてからはみられないようになる。

同年六月十三日、岡山での利隆の忌祭については、「宗廟記」に記載はあるが、城内書院での忌祭の後に長はかまで国清寺へ向かっていることが『光政日記』からわかる[16]。明暦三年一月二十五日輝政の忌祭の記述では、「忌日ノ祭、首尾能済候事、五ツ半ニ国清寺へ参候、焼香仕候、法事ハ三十三年より此かた不仕候事[17]」とあり、参詣では法事は行っていないようであるが、寺参りをしていることがわかる。同四月十九日「大猷院様御七年忌御法事仕、昼時分、利光院へ参候事[18]」とあるように、一族以外の法事は変わらず行っている。

これらのことからわかるのは、一族の先祖祭祀の中心となるのは、城中であるが、その後先祖が祭られてきた寺へも参詣していることである。忌日の寺参りは宗廟ができた万治二年以降も見られる[19]。

四　思想背景

ここで、神儒式の先祖祭祀が取り入れられた思想背景を理解するために、蕃山の『集義和書[20]』から、関連する部分をとりあげていきたい。蕃山は明暦三年（一六五七）に岡山藩を致仕しているが、中江藤樹をはじめ熊沢蕃山らの江西学派が考究し、岡山藩に伝播した「聖人の道」が、光政に与えた影響は多大である。光政が治国の手段として学んだ聖人の道がいかなる基本をもっていたのか、まずその点から確認していきたい。

（筆者注：敬を立てるためには数々の宮社勧請が必要ではないことについて）其上聖人の教は、其親を祭て敬の本を立候。親の神すなはち天神と一体にて候。性命より見れば、至尊の聖神なり。他に求むべきにあらず。[21]

このように、聖人の教では、親を祭ることで「敬の本」を立てており、親は神であり、天神と一体であるともされる。「至尊の聖神」と表現されるように、教えのなかで最も尊く位置づけられていることがわかる。この親を「至尊の聖神」と位置づける思想はどのような価値観から生まれてくるのだろうか。

（筆者注：儒仏の論争について）法論や儒・道・仏の論などは、気力のつよきかたか、理のとりまはしこがしこき者、勝ちと見え候。其人の勝負にて、道の勝劣にあらず。聖人の道の、諸道にこえてゆたかに高きことは、論議をまたずして分明なることなり。孝経にふかゝらざる故に、うたがひ出来候。天地の間に人のあるは、人の腹中に心のあるがごとし。天地万物は、人を以て主とし候へば、有形のもの、人より尊きはなし。其人の道の外に何事のあるべく候や。[22]

聖人の道は、人を主とした教えであるということ、人間にとっての心のように、天地万物にとって人が主であるという。よって人の道というのが最も尊重される。人の道とはつまり、孝経の教えであり、親を至尊とする。そして、領民の徳が厚くなり、人の道が最も重んぜられるのは葬祭であり、その礼式の整備が為政者に求められる。しかし、その礼式が日本の水土（風土）、人情に適応していないと基本を損なってしまうという。すなわち、

それ喪は終りを慎むなり。祭は遠を追なり。民の徳厚きに帰す、尤人道の重ずる所なり。然れ共、喪・祭ともに時・処・位をはかるべし。只心の誠を尽すのみ。格法に拘て不叶をしゐ、不能をかざらば、必ず基本を

そこなふべし。格法の儒者の世に功ある事すくなからず。予がごときのものも恩徳にか丶れり。しかれども、心法にうときがゆへに、自己の凡情を不知、又行ふこと、日本の水土に叶はず、人情にあたらず、儒法をおこすといへども、終に又儒法を破ることをしらず。貴殿、三年の喪の法はあたはず共、心情の誠は尽し給ふべし。追遠の祭も、又なるべきほどの事を行て、自己の誠を尽し給ふべし。(23)

葬礼や追遠の祭は、親、先祖への「心情の誠」をできる範囲で尽くしたならよいという。蕃山は明暦三年（一六五七）に岡山藩を致仕しており、その後の岡山藩政には書簡を通して、意見をするなど間接的な立場でしかなかった。『集義和書』は寛文十二年（一六七二）に板行されるが、この部分は寛文期の岡山藩の神道請制度を批判して書かれていると推測される。しかし、蕃山、光政両者に共通していえるのは、当時の社会に人倫を主とした政治を取り入れようと考えていたことである。その模範となる、藩主の葬祭の整備が承応四年（一六五五）から始められたといえよう。その後の普及の段階で、領民の人情に適応した礼式の整備が不完全であったとして、光政と蕃山の間には考えの乖離が生まれてくるのであった。では、この試みが綱政期にどのように変遷していくのか、次に考察していきたい。

第二節　綱政以降の宗廟祭祀

一　綱政の宗廟祭祀

天和二年（一六八二）五月二十二日に光政が亡くなり、それまで光政と綱政が主となっていた祭祀の担い手が、綱政と政言（信濃守、備中鴨方藩初代藩主）が中心となる。翌三年五月二十二日に、朝廷の服忌にしたがって小祥儀が行われ、光政の神主が遷廟された。また、綱政との続柄を明記するために神主の改題が行われた。例えば輝政は「顕祖考正三品前参議播備淡大守輝政公」であったが、「顕曽祖正三品前参議播備淡大守輝政公」とされたように、それぞれ一代ずつ繰り上げられたのである。貞享元年（一六八四）五月二十二日は「家礼」による服喪の終わりである大祥儀であり、翌二年五月二十二日から光政の忌祭が行われるようになる。この年の一年間の宗廟祭祀は光政のころと同様に行われた。

しかし、翌年の貞享三年から明らかな変化が見られるようになる。祭祀日が減らされるのである。第一節でみたように、光政期の祭祀は正月、輝政忌祭（一月二十五日）、仲春（二月）、仲夏（五月）、利隆忌祭（六月十三日）、仲秋（八月）、円盛院本多氏夫人忌祭（十月七日）、福照院榊原氏夫人忌祭（十月二十六日）、仲冬（十一月）、中川氏夫人忌祭（十二月二十二日）であったが、貞享三年より、正月、仲春（二月）、光政忌祭（五月二十二日）、仲秋（八月）、円盛院本多氏夫人忌祭（十月七日）に減らされるのである。単純に考えて半分の祭祀数になる。貞享三年の「留帳」には閏三月二十九日の条には「時祭ハ年ニ二度春秋御執行、夏冬ハ御止可被成旨被仰出[24]」と記されるのみで、その理由は述べられていない。また、同四年九月大風雨により宗廟の瓦屋が破損し修繕により休室になるが、修繕の終わった十月七日の円盛院本多氏夫人の忌祭は宗廟では行われなかった。同年六月に、宗門改が寺請へ戻されていることと無関係ではないだろう。以降円盛院は養林寺で供養されることとなり、綱政期の祭祀は、定例の正月、仲春（二月）、光政忌祭、仲秋（八月）の他、参勤の出入り、告婚の儀が行われるのみになった。これが岡山藩の祭祀の定式となり、以降踏襲されていくことになる。

綱政は元禄十一年（一六九八）に高祖父の恒興と父光政の菩提を弔うために曹源寺を建立するが、その際、宗廟祭祀に変更を加えなかった。しかし、自らが宗廟で祭られることは選ばなかったようである。綱政が亡くなるのは、正徳四年（一七一四）十月二十九日であるが、綱政の神主は作られず、その死が先祖に報告されるのみだった。[25] これ以降の藩主の神主は作られなかった。

四代藩主宗政が明和元年（一七六四）に亡くなった後、五代治政が初めて入国した明和四年（一七六七）六月一日に改題の儀が行われている。[26] この時、三代藩主継政がまだ存命していたので、神主の題は、例えば輝政が「顕高祖考」、利隆が「顕曽祖」、光政が「顕祖考」というように継政との続柄で記されていた。治政の入国を機に継政から治政への祭祀権の委譲がなされ、神主の改題をしたといえる。この際の神主の改題が興味深く、輝政夫妻が「太祖」、利隆夫妻が「先祖」、光政夫妻が「高祖」と改題された。当主との続柄を指すのは光政夫妻の「高祖」[27]のみとなり、輝政夫妻はいわゆる王朝の始祖に対して使われる「太祖」、利隆夫妻は「先祖」と題されるようになった。

このように、輝政・利隆・光政の祭祀は綱政期に定まった定式を変えることなく藩主から藩主へと継承されていったのである。

二　『池田綱政日記』からみる宗廟祭祀

ここで、綱政のころの祭祀の一端をうかがうために、『綱政日記』を紹介したい。次の一文は元禄九年（一六九六）の二月十八日に行われた仲春の祭の模様である。

一、今日中（仲）春御祭御執行ニ付、前夜表ニ御寝成、卯上刻被為御目、御浴、御櫛相済、御廟参、御召物〈縐羅御小袖長御上下〉、辰上刻御帰、半御上下ニ被召替、小書院御着座、信州様始、年寄中以下如例之衆、胙、御酒頂戴相済、今日御役人、御料理間一等ニ並居、御目見、日置猪右衛門披露之、訖於招雲閣御膳出ル、信濃守様、池田大学、土倉四郎兵衛、日置猪右衛門、池田左兵衛、池田七郎兵衛、池田吉左衛門、泉八右衛門御相伴也、御膳部塗木具、御料理二汁五菜、御肴、御吸物出ル、御酒二献之後、塗三方ニ土器弐載、御肴塗三方載、御前江出之、信濃守様ト御盃事有之、畢而御相伴衆江茂、土器ニテ御酒被下、御肴、御直ニ被下之、訖積土器足打ニ載出之、今日御役人沢一学ヲ始、一人宛罷出、御酒被下、御肴、信濃守様御挟被下之、畢テ御膳取、御茶菓子出ル、御茶、御勝手より出ル、御酒之内、音楽有之、左之通也、

武徳楽　柳花園　賀殿急　酒胡子　陵王

一、右相済、御召物染小袖、裏付御上下被召替、御書院江御出、御折紙被下、或御礼申上ル面々左之通、日置　猪右衛門役之、

御折紙頂戴

池田七郎兵衛　稲川佐内　赤座十郎兵衛（他三十四名略）

御礼申上ル面々

鳥目　父惣三郎跡目無相違被仰付御礼、　近藤弥三郎（他三名略）

同　御勘定頭廻被仰付、御切米御扶持御加増被下御礼、山本右衛門七（他一名略）

一、今日御祭相済候為御悦、年寄中、同子共中、番頭、物頭、寄合組登城、御帳ニ付、各退出、(28)

傍線の人物は宗廟で行われた仲春祭において儀礼の担い手として参加している（表2）。この時の祝は熊沢蕃山の弟の泉八右衛門である。注目する点としては、仲春の祭の参加者の饗食が行われた後、書院において藩士への折紙の下渡などの知行宛行行事が行われている点である。知行宛行という行為が現藩主と藩士の間で個人的に行われるものではなく、輝政以来の普遍的な関係性のなかで位置づけられていると理解できる。

表2　元禄九年二月十八日時祭における主な分担

次第	役	担当者		役職など（『諸式交代』）	期間
	祝	泉八右衛門		鉄砲頭　300石	万治2,3-元禄13,2
	具饌	馬場善左衛門		長柄奉行　250石	元禄5,2-元禄12,6
		庄野武左衛門		寺社奉行　200石	元禄5,3-元禄10,11
		山内与八郎		小性組組頭　500石	元禄7,2-元禄14,11
		喜多島忠右衛門		小性組組頭　700石	元禄8,12-元禄11,9
		鈴木新兵衛		弓組組頭　200石	元禄4,6-元禄12閏9
		石黒後藤兵衛		弓組組頭　200石	元禄8,9-享保3,11
剪燭		斎藤小一郎			
献三方		大学	池田大学	家老　22000石	
		四郎兵衛	土倉四郎兵衛	家老　11000石	元和2,3-元禄11,10
		猪右衛門	日置猪右衛門	家老　御仕置　16000石	延宝5,11-宝永3,1
降神	酹酒　酒注	七郎兵衛	池田七郎兵衛	小仕置　2000石	元禄12,6-正徳5,12
	酹酒　盤盞	左兵衛	池田左兵衛	番頭　3000石	延宝4,2-延宝6,10
	徹三方	吉左衛門	池田吉左衛門	番頭　1000石	元禄1,3-享保6,4
初献	銚子	奥山庄大夫		徒頭　200石	天和3,8-元禄9,11
洗盞		浅野瀬兵衛		大目付　300石	元禄4,10,23-9,2,23
		伴半兵衛		鉄砲頭　300石	元禄6,8-元禄10,6

※池田家文庫「宗廟記（八）」（C5-1997、マイクロフィルムTCE003-73）より作成。
役職は「諸職交替」（F1-1～7）を参考にした。

また、御祭に祝うために、年寄中、その子供、番頭、物頭、寄合組の藩士たちが登城し、記帳している。藩主個人の祭祀というよりは、藩をあげての祭礼として位置づけられよう。

三　綱政の改変とその思想背景

ここまで、第一節第四項でみたように、寛文期の神道請が領民に強いるような形となったことに対して、熊沢蕃山はその批判を含めて「水土」論を展開した。貞享三年（一六八六）に門人によって校合、聖書された「水土解」（のちに『集義外書』に収録）においてもその論がさらに推し進められている。『集義和書』では葬祭の礼式が日本の水土と人情にかなった法でないと敬の本を立てるという基本が損なわれてしまうと主張されていた。『集義外書』では礼式がさらに「易簡の善」を備えたものであるべきだという点が強調されていく。では、蕃山の主張する「易簡の善」とはどのようなものか。蕃山の論から復元していきたい。

仁政を行いたいと思う為政者は、まず学校で人々に仁義を知らしめ、その仁義にかなった最小限の実儀に専心するべきであり、その質素な暮らしのなかから、無駄がなくなり、人の気力が増し、財用が足りていくようになる。財用が十分満ちたら、人欲があふれるので、この時に礼儀を定めるとよいとする。

今の時に当て仁政を行はんと欲する人は、先んずるに学校の教を以てし、人々に仁義を知らしめんのみ。世間の多事多物を滅して、易簡ならしめ、事すくなく物備す。質素をもって実儀を専らとすべし。如此して後、人欲の偽除くべし。こゝにをひて始て人心明らかに、天性全かるべし。年重ねて後、人の気力増し、財用足りなん。気力生じ財用満ちて礼義の則なき時は、人欲あふるゝものなり。此時に及て、教ふるに礼楽を以し、立るに人の儀を以てし、定るに式を以てすべし。しかれども皆水土によるべき也。問、何をか人の儀と云。曰、衣服文章これなり。（中略）何をか式と云。曰、時処位に応ずる礼儀なり。物は次第に備りやすくして、過るに至り、事は次第に多なりやすくして、乱るるに至りぬ。故に式を定めて恭敬の人も過ることあたわず。不恭人も及ばざる事あたはず。事易なる時は知やすし。物簡なる時はなりやすし。夫式は易簡の善を不失となり。むつかしき事を作為して、人にしゆるにあらず。人儀は恭倹の則を立んとなり。美を書にあらず。故に人儀は治道の要なり。(29)

このように、礼式というものが、人々の生活に「易簡の善」（行いやすい簡単な方法で仁義の善行を行わせるもの）を定めたものであるとしている。

また、日本の水土にかなう「易簡の善」とはどのようなものかとして、次のように述べている。少し長いが重要な箇所であるので煩を厭わず引用したい。

仏者は不仁なるだに、易簡一つにて立侍れば、我道の仁政、易簡ならば、いかばかりまさり侍らん。しからば終に聖神の道行はれて、西戎の異法は亡び侍らざらんや。答云、易簡の善を行て、水土に叶ふ学者ありがたかるべし。朱学王学などゝて、世にあらそひ侍れども、皆易簡の善には遠し。予たまく大道をいはんとし、行はんとすれば、荘老の道也、異端也、などいひ、あらぬそしりまでもつけまし侍り。予は一人にして助なし。彼は助け多ければ、終に悪名をかうぶりて独身となりぬ。日本の水土には、周の礼のやうなる文備たる事は、あまねく久しくは行はれざる道理必然也。周の礼法にくらべては老荘の道ともいふべきまで、大簡になくては、天下に用て後世に行はるゝ事はならざる也。実は老荘にても、何にもあらず、上天の時にのっとり、下水土によるの大道也。跡を見て真を不知人とは、ともに道をいひがたし。云まじき者にいひ、そしりを得ば、予が不明也。然どもそしりをおそれていはずば、後世知人あらじ。格法を用て乱に及たる時、予が言のこらずば、道はやむに近かるべし。願は上古の神道をかへし、誠を立てもろこしの法にもかたよらず、仏家の流にもならはず、易簡の善を用て知やすく、したがひやすき大道を行はん事なるを、今の学者は、儒道を興起するとて、みづからおさへ、仏を退るとて、助立るの勢をしらず。それ仏者の不仁と、儒者の理滞と共に神道をなみする事は一也。その中に、仏法は水土にかなふ処あり、儒法は水土に応ぜず、是を以しれり、仏法もたゆべからず、儒道もおこるべからず。儒道おこらで仏法たえずば、終に吉利支丹の為にうばはれぬべきか。然ば神道も儒道もことぐくうちやぶらで、畜生国となり、禁中もなくなるべし。天地やぶれたるにはおとりなん。後世と輪廻を立ていふときは、吉利支丹は後生の手だても仏者よりは上手也。理を云事も、仏道よりはまされり。仏道の力を以て、ふせぐべき事かたし。今の儒法は、天下国家の政道となるべからざれば、終に一流と成て、吉利支丹の為に失はるべし。これによりていへり。神代の遺徳をあらはし、王代の法令をかんがへ、今の人情事変をつまびらかにして、化育を助るの大道有。信厚からで法を先ずれば、民の偽をみちびき、無事を行はずして、礼いたづがはしければ人欲生ず。それ礼法は、人欲の堤也。大河のほとりに住居する者は、堤強固なれば生全し。しかるに源遠らぬ小河の水の憂もなき地に、堤余多所に大にせば、民の身命を養ふ田畠も、多は堤の為にとられて、うゑに及べし。もろこしは大国にして、地の生厚し。就中周の代は天地ひらけてこのかた、大平無事の時運に当れり。天地の物を生ることかぎりなく、財用の多こと水火のごとし。人民大に富てなすべき事なし。故に驕奢にながれ、情欲あふるべき勢あり。聖人是を憂給ひて、礼文法令余多作て、いとまなからしめ、喪祭の為についやして欲をふせぎ給へり。其時だに礼文あらはれて、いまだ取行には及ばざりし事ありき。後世に及て、政令道を失ひて、人心正しからざるより、四時の気不順にして、地の物を生ずる事すくなし。貴賤分をこえて、士民まづし。事しげくしていとまなし。此故に多欲になりて、情うすくなりぬれば、其国にてだに行ひがたし。況や他の国におひてや。近年は草木金石だに姓よはくなれり。まして人は病気無気力のみ也。其上に家貧しく、世間事しげし。いかむして大国上世の法を行はん(30)。

蕃山は、周の時代に作られた礼法は財用が満ちている時に人欲を抑えるために作られたものであり、今の日本ではより「大簡」なものでないと行いがたいと考えている。できることなら、上古の神道をもとにして、中国法に偏ったり、仏教流にも染まらない、「易簡の善」を用いて、知りやすく従いやすい「大道」を定めたいところであるが、それは、貧しくて、出費がかさむ今の時勢にかなったものでなければならないと考えているのである。

蕃山は仏法は不仁であるが、「易簡」という点では優れているとして、仏法の葬礼における利点を次のように考察する。

日本にてだに、近年少文学はやりぬれば、かな書にても読侍る者は、真実に仏道にまよふ者はまれなり。もろこしの文国にて、いかであまねくはひろごり侍りけん。云、これも儒者の方よりひろめさせたる也。周の代の富有なる時の礼をもち来て、後世の貧乏困窮の民にくわへ、無事の時の法を以て事しげく、つかれたる者になさしめ、上世の気力盛なりし人のなしたる事を、後世のおとろへたる者に行はしむ。貴賤ともに周の礼法にくるしめる処に、仏法渡りて喪祭共に易簡にて、財用をついやさず、事少くて労せず。故に実に信ぜざる者も、仏法にだに入ば、心身やすくして家財ついゑず。凡民は是を悦で、風に草のしたがふがごとし。公侯大夫士たる人も、世にひかれて、是非なく儒道を行者は、大に内外あり。名聞にて行者も、少づゝは内外なきことあたはず、恥ある士も心労し、気つかれ、財たらずして、是非なく偽りをなす事をかなしめり。仏法にだに入ぬれば、此あまたの憂なし。この故に高き人もみな仏道に入て、儒道はたゞ外むきの事となりぬ。もし此時に明君良相ありて、時運のおとろえを察し、人気のとぼしきを見、情のうすきを知、財用の不足に叶て、易簡の礼法を作為し、誠を立て太古の質素の風をかへさましかば、高きもいやしきも、誰か仏道にまよひ侍らん。かくて時運も盛になり、人気をつよく情もあつく、財用たりぬる時に及て、後の君子を待て礼をおこさしむべし。(31)

すなわち、仏法の葬祭は、葬礼、祭礼ともに易簡であり、財用を費やさずして安心して葬祭を行えるというのである。また、葬礼の次の点も時勢にかなっていた。

近世ほど人多土地せばき事はあらじ。気運ふさがりくらふしてしかり。時に仏法あるも又かなへり。火葬も又可也。今の時当て、家礼の儒法を庶人までに行ん事は聖賢の君出給ふとも叶ふべからず。庶人は生る時の衣食だに不足、家屋も風雨をふせぐにたらず。農人は農業をなすがためのみ。町人は工商のためのみ。それだに用にかなひがたし。何のいとまあり、有余ありて、葬祭の礼をおさめんや。(32)

蕃山がいう「道」というのは大路のように人々がともに頼るものであり、その時代に適わなければ、大害になるものであり、今の日本には、法を略して人々の人情を和らげるべきであるという。

近年は草土金石だに性よはくなれり。まして人は病気無気力のみ多し。其上に家貧しく世間事しげし。いかでいにしへの富有にしていとま多く、無病にして気力あまり有し時の礼を行はむや。それ道は大路のごとしといへり。衆の共によるべき所なり。五倫の五典十義なり。いまだ道学の道なかりし前より行はる、天にうくるが故なり。万古不易の道也。礼法は聖人時所位によりて制作し給ふものなれば、古今に通じがたし。よく時にかなはざれば道に害あり。しかるに今の学者には、法をとめて道なりといへる者あり。故に時処に応ぜざるをも、是非かくのごとくせずしては不叶事と思へり。今日本の時処位は、理にかへりて情をやはらげ、道を専らにして法を略すべき勢なり。(33)

では、神道にはその「大道」とはならないのだろうか。蕃山は日本の喪祭の特徴を次のように述べる。これも少し長いが引用する。

問、近年儒法とて執行ふを見れば、大かた祭祀の事也。もつとも葬礼も家礼の法により侍れ共、死を送るの事ばかりなり。喪の作法は十が一二も侍らず。祭の作法は略義ながらも大かたし侍り。儒法を用るほどならば喪祭ともに牛角に用ひ度事なり。一方用ひて一方かかむよりは、二ながらなきぞよく侍らん。祭はなし易く、喪には居がたき故なるべし。云、是も日本の水土なり。日本は則文字にも日の本とかきて陽国なり。小国なるは陽のわかきなり。故に此国の人は悦び多して哀び少し。祭は吉礼にして悦也。故に日本の人これを好めり。いにしへも祭礼のみ精しかりしゆへに、今にのこりてあるは祭祀なり。葬礼も有たれ共、大かたの事なるゆへに、仏法にうつりて絶たり。神職に精きもの丶たま〳〵しれるもあれど、古今時異なれば全からず。葬礼は凶礼なり。日本の人の気質に不得手なる所なり。天竺は月氏国といひて、西のはてなり。月のはじめてあらはるゝ所也。陰国なるゆへに哀び多して悦び少し。故に礼も死を送るの葬礼に精し。教を立るも、無常をいひて、憂ひ多き所より悪をやめ、善をなさしめんとす。日本に葬礼のたしかならざるごとく、仏法に祭の吉礼は見えず。祭礼のごとくなるも年期月期とて皆とぶらひの体なり。故に其聲に憂あり。西戎の精きを持来て、日本の粗なるに加へたれば、みな仏者の礼に成て粗はなく成ぬ。もろこしは東西の中なるゆへに、悦楽哀戚ともにかねたり。是故に喪祭の礼ならび行はる。仏法のとぶらひは神国の祭法にあらず。日本の今の祭祀は大社か、生所神《うぶすな》などばかりにて、人々の親先祖には用ひがたし。此故に祭礼に志ある人は、儒の神道を悦てこれをとれり。然れどももろこしの法はとけて用ひがたかるべき所あり。日本の水土人情によりてあまねく用ひて久かるべき祭法あらん。後の君子を待而已。(34)

蕃山の独特の「水土」論が垣間見られ大変興味深い部分である。蕃山によると、日本は吉礼である祭祀が行われやすく、凶礼である葬礼が行われにくい「水土」、すなわち土地柄であるという。かわって仏教が起こった天竺は葬礼に精しく、祭礼が乏しい特徴があるという。中国はその中間であり、喪礼祭礼ともに行われた。日本の今の祭祀は、大社や産土神を祭るものばかりで、親先祖を祭る方法としては適当ではなく、先祖祭祀に志がある人は、「儒の神道」、つまり神儒式の先祖祭祀を喜んで取り入れているという。しかし、蕃山は、中国の法は取り入れがたい所があると考えているので、日本の「水土」、人情にかなった祭法を後の君子が定めるのを待つのみであるとしている。そこで問者は、次のように後の君子を待つのは後の人であるとして、自分個人で祭る方法を尋ねている。

問、後の君子を待てなすべきは又後の人なり。今日自分に用べき事はいかゞし侍らんや。云、物の初は誠あまり有て、礼たらざるをよしとす。太古は春秋に祭たり。夏冬を加へたるは中古よりの事也。今の時士民ともに事しげく、いとまなく用たらず、気力うすし。しば〳〵する時は、誠敬尽しがたし。春秋と期日とに祭て可なり。問、或は公用などしげくて、三日の潔斎なりがたきものあり。又病気老衰にてたへがたきものあり。不祭も心よからず、祭にうむも不敬なり。かくのごとき者はいかゞし侍らむや。云、去ながら春秋の祭は、親先祖を五行の神明に配して祭ことなれば、たとひ沐浴し衣服を改めなどする事こそ一夜神事を用るとも五辛を食せざるのたぐひ、神をけがすべき事をば、三日前よりいみつゝしむべし。問、寒気の節酒を禁ずるによりて、寒にあてられ、病気をもよほし、めいわくするものあり。三日の潔斎に甚くるしめるものあり。酒をいましめらるゝ道理はいかゞ。云、これも主意ありての事なり。ひたすらに仏者の飲酒戒の様にいましむる事にはあらず。寒気をふせぎばかりに用る事は何かくるしかるべき。祭の前に厚味の物、并に酒をいむ事は、相火をたすけ、心をふすべ、或は精気をまして情欲の発すべき事を用心する也。或は病気老衰の人に肉を用ひ、或は寒気をふせぐばかりに過ざるほど酒を飲事は適当のくすりを用る也。一偏に戒べき道理なき義なり。問、期日に肉食せざる事は何ぞや。云、期日は終身の喪なり。何事も楽にあづからず。故に飲食に味を調へず。干物しほ物のかろきはくるしからず。精進物にてもあぶら物など厚味の物は好まず。期日はをやをしたしみ祭によりて、前一日の潔斎なり。春秋は親を尊びまつる故に、前三日の潔斎なり。是も又後法なり。上世孝子孝孫の祭を初めし時は、此数なし。春の花を見、鳥の聲を聞、秋の風身にしみ、虫の音心に感じて、日月のうつり行事を思ひ、親先祖を思ふ事切なり。これによつて、俄に潔斎してまつれり。此時は大かた一夜神事なるべし。期日の祭は年に一度の日月なれば、兼て思ひまうけての事也。問、四時さへむかしは春秋ばかりとうけたまはるに、朔望の拝はいかゞ、云、朔望は親先祖の所へ礼に行道理なれば、潔斎はなし。君朝へ出仕する道理と同じ。たとひ時物などを神前に奉ずるも、備て不祭の義なり。春秋の祭は、親先祖の神と交る故に潔斎する也。問、期日の祭は上古はなき事也。中古よりの事也といへり。いかむ。云、此理至極せり。父母死して三年の間の祭は凶礼なり。三年過ては吉礼に変ず。神道の理過たる凶礼をまた引出して、終身の喪有べからず。期日の祭は厚事はあつけれども、理には不叶。しかれどもおこりし期日の祭を今やむべきにあらず。後世神道盛に行はれて、人皆祭祀に誠敬を尽す時あらばをのづからやむべし。今やめては人情うすくなる事あらん。止るもおこすも時あるべし[35]。

すなわち、今の時勢は士民ともに多忙で財用が足らず、葬祭に対して力を尽くす余力がないので、頻繁に祭祀をするとかえって誠敬を尽くすことができないので、春秋と期日（命日）に祭るのが適当であるという。その後、細々とした潔斎の注意点が述べられているが、注目すべきなのは、期日の祭祀が「終身の喪」であるとされている点であり、本来なら喪は三年で終わるので、凶礼も吉礼に変わるので、期日（命日）を祭るのは理にかなわないという。しかし、一端制定された期日の祭をやめてしまうと、親先祖を尊ぶ人情が薄くなってしまうので、やめるべきでもないという。

ここで、第二節第一項の綱政の宗廟祭祀の改変を思い起こしてほしい。綱政は、光政の忌祭が始められた翌年の貞享三年から、光政の祭祀数の半分に減らした宗廟祭祀を始めた。貞享四年からは、定例の祭祀は正月、仲春、光政忌祭、仲秋のみとされた。前引用部分は『集義外書』の「水土解」であるが、これは貞享三年に門人の間で清書、校合が行われた[36]。この「水土解」の内容を綱政は知っていたのだろうか、それを証明する直接的な史料はないものの、蕃山の「水土解」の内容と、綱政の改変には無視しがたい共通性がみうけられる。ただ、綱政の独断であるのは、光政によって制定された、光政以外の忌祭（蕃山のいわゆる期日の祭）を取り止めた点である。その点、蕃山が、後の世に神道が盛んに行われ、祭祀に誠敬を尽くすようになったら、期日の祭は自然となくなるとして、積極的に改変を好まなかったのと異なり、綱政は自らが礼を制定する君子として率先して取り止めた。いわゆる蕃山のいう「易簡の善」を備えた礼式の整備を大胆にはかったといえる。しかし、その改変のなかでもあえて光政の忌祭は残された。ここに、綱政の光政顕彰の意図を読み込めるのではないだろうか(37)。

藩主の祭祀は藩士にとっては模範とされたであろうから、綱政のこの改変によって、蕃山のいう民情にかなう「易簡の善」を反映した礼式が示されたのではないかと考えられる。

おわりに

以上、岡山藩の先祖祭祀を草創期の光政、改変期の綱政を中心にみてきた。

池田光政によって始められた宗廟祭祀は光政の死後、貞享三年（一六八六）に祭祀数が減らされた。貞享四年からは光政以外の忌祭は行われないようになり、春秋の時祭と光政の忌祭が先祖祭祀として続けられていく。綱政の死後、新たな藩主一族の葬祭は仏教寺院に委任されるようになるが、輝政夫妻、利隆夫妻、光政夫妻を祭る春秋の時祭と光政の忌祭は明治まで続けられていく。熊沢蕃山が『集義外書』の「水土解」で考察していた、日本では祭礼は行われやすく、葬礼は「易簡」な仏法が好まれてきたという評価は、結果として岡山藩の葬祭にもあてはまったといえる。藩主の先祖祭祀は祭礼として続けられていったが、その継承の内実は藩政の草創期の先祖に限られた。

蕃山が『集義和書』で述べていた「親」を「至尊の聖神」とした意識から始められた先祖祭祀は、『集義外書』

の「水土解」が書かれたころには民生にかなった「易簡」な先祖祭祀へと改変があり、綱政の死後、草創期の先祖を特別視する先祖祭祀へと転換していったのである。親を祭って敬の本を立てることが先祖祭祀の根本であるが、藩主が宗廟祭祀においてその模範を、形を変えながらも示し続けたことは岡山藩の特色といえる[38]。

第二節第二項では、『池田綱政日記』から、仲春の祭に一族、家老、番頭、組頭が参加し、祭祀後会食、藩士への知行宛行の折紙の下渡、藩士の登城、帳付が行われていた事例を紹介した。知行宛行という行為が現藩主と藩士の間で個人的に行われるものではなく、輝政以来の普遍的な関係性のなかで位置づけられている可能性を指摘した。藩政に先祖祭祀が機能していた一例と考えられる。家のレベルというより藩のレベルの「祭」として機能していた可能性があり[39]、近世の政治と儀礼の関連性を考察する糸口となりうるのではないかと考えている。

【注】

（1）圭室文雄「岡山藩の寺院整理政策」（『葬式と檀家』吉川弘文館、一九九九年）、水野恭一郎「備前藩における神職請制度について」（『武家時代の政治と文化』創元学術双書、一九七五年）、田中誠二「寛文期の岡山藩政―池田光政の宗教政策と致仕の原因―」（『藩政史研究の課題 岡山藩と萩藩』塙書房、二〇二四年）、大川真「「朱子学」と日本近世社会―岡山藩神職請を題材にして―」（『日本思想史研究』三二、二〇〇〇年）等。

（2）光政の致仕は寛文十二年（一六七二）六月十一日。寺請への統一化は貞享四年（一六八七）六月。

（3）詳細については倉地克直「岡山藩における宗門改について―神道請から寺請へ―」（『岡山の歴史と文化』福武書店、一九八三年）を参照。

（4）例えば、吾妻重二「池田光政と儒教喪祭儀礼」（『東アジア文化交渉研究』創刊号、二〇〇八年）では、宗廟における祖先祭祀が江戸時代を通じて行われていたことに言及はされているものの、おわりにでは「岡山藩における儒教喪祭儀礼の実践は基本的に光政一代で終焉したのであって、水戸藩主および藩士におけるそれが長期にわたって続いたのとは違う結果となっている」と位置づけられている。氏の分析は「喪」礼が中心であることからこのような評価となっているが、本章では、祭礼が継承されていくことの意義に注目していきたい。

(5) 以下熊沢蕃山については後藤陽一「熊沢蕃山の生涯と思想形成」(『熊沢蕃山』日本思想大系三〇、岩波書店、一九七一年)を参照。

(6) 蕃山の葬祭論を論じたものに、田世民「熊沢蕃山の儒礼葬祭論と『葬祭辨論』」(『近世日本における儒礼受容の研究』ぺりかん社、二〇一二年)がある。蕃山の水土論を中心に考察し、葬祭礼の問題には漸進主義であった点を崎門派との対比によって鮮明にされている。

(7) 寛政期に岡山藩士齋藤一興によって編集。

(8) 吾妻重二「近世儒教の祭祀儀礼と木主・位牌」(吾妻重二編『東アジア世界と儒教：国際シンポウム』東方書店、二〇〇五年)。

(9) 永山卯三郎『池田光政公伝上』石坂善次郎刊、一九三二年。

(10) 以上、『池田家文庫マイクロフィルム版史料目録』(丸善株式会社、一九九三年)から。

(11) 「宗廟記」(岡山大学附属図書館所蔵 A1-476、マイクロフィルム TCE001-293)。

(12) 以上「宗廟記」(1)~(7)(C5-1997 TCE002)。

(13) 『池田光政日記』国書刊行会、一九八一年、二二七頁。

(14) 同右、三〇八頁。

(15) 同右、三二九頁

(16) 同右、三四六頁。

(17) 同右、三七九頁。

(18) 同右、三九七頁。

(19) 同右、四八七頁。
(20) 寛文十二年（一六七二）に板行。
(21) 『集義和書』（『熊沢蕃山』四三頁）。
(22) 同右、二一頁。
(23) 同右、八一頁。
(24) 「留帳」貞享三年（池田家文庫A1-109、岡山県立記録資料館所蔵複製本、二九頁）。
(25) 「宗廟記」（十一）（C5-1997 TCE003-374）。
(26) 「宗廟記」（十四）（C5-1997 TCE004-126）。
(27) 祖父母の祖父母。
(28) 神原邦男編『岡山藩主池田綱政の日記』元禄九年　第一巻、二〇〇九年、三六頁。傍線は筆者による。
(29) 『集義外書』（『蕃山全集』Ⅱ、蕃山全集刊行会、一九四〇年、一一九〜一二〇頁）。傍線は筆者による。以下同様。
(30) 同右、一七四〜一七六頁。
(31) 同右、一七七頁。
(32) 同右、一八二頁。
(33) 同右、二八四頁。
(34) 同右、二八八〜二八九頁。
(35) 同右、二八九頁。
(36) 後藤前掲論文によると「俊光日記抄」に記述あり。
(37) 岡山県立記録資料館所蔵県立図書館移管戦災残存図書には、宗廟の供膳役を務めた辻知方作成の「御忌祭ノ日中庭囲ノ図」（C41-46）が残されている。光政の命日である五月二十二日に宗廟の中庭で行われていた忌祭の様子が図示されている貴重な史料であり、岡山県立記録資料館で平成二十五年一月から三月に開催した第五十四回所蔵資料展「先祖祭祀の記録」において展示した。辻知方は寛政九年（一七九七）十月二十一日跡目相続。御城御小姓組引廻、知行一五〇石であった（池田家文庫「辻庸夫奉公書」D3-1861）。

（38）吾妻前掲「池田光政と儒教喪祭儀礼」八七頁には、「家廟は、墓所に建てられる「墓祠」としての廟や、誰でも祭ることのできる「祀廟」としての神社とは異なる、居宅に隣接する祖先祭祀施設であって、その造営は徳川光圀の場合とともにかなり稀なケースとして注目される」と評価されている。

（39）田中前掲論文では、直轄行政組織を身内で固めることによって強力に掌握・編成・藩主の家権力の拡大・宗主権の強化を志向したと評価された。

第七章　幕末維新期における岡山藩国学の死生観と祭祀

はじめに

本章は幕末維新期の岡山藩国学の祭祀観について、小山敬容[1]という人物が書いた「日記」を通して内在的に考察することを目的としている。市井の一学者であった敬容が岡山藩番頭伊木忠哲（一二〇〇〇石）に仕え始めた文久二年（一八六二）一月から閏八月までを書き留めた一冊（二五丁[2]）と、同じく岡山藩番頭土肥典膳（四三〇〇石[3]）に仕え、奈良県に就職するまでの明治二年（一八六九）一月から三年十二月までを記した一冊（一〇七丁[4]）からなる。この日記は幕末維新期に岡山藩の指導的立場の一人であった尊王攘夷派番頭土肥典膳に仕え、自らも京都の志士や岡山の文人たちと交流した国学者の視点から、岡山藩内の政治、岡山城下の様子や祭礼、当時の社会、経済、江戸や京都の風聞、文人たちの文化的活動などが記されているのが特色である[5]。

岡山藩は文久期に長州藩・薩摩藩に次いで朝廷の内勅が下り[6]、尊王攘夷運動が活発な素地があったといえるが、敬容の師である上田及淵[7]が岡山城下紺屋町に嘉永五年（一八五二）から明治五年（一八七二）まで開いていた「公正塾」には六〇〇人にものぼる塾生がいた[8]。

近年平田国学の再検討が遠藤潤[9]、中川和明[10]、吉田麻子[11]など、平田家資料の整理を中心に進められ、気吹舎の全国ネットワークが明らかにされてきているが、本章の目的は、岡山藩の尊王攘夷派の番頭土肥典膳の死にあたって、彼に仕えた小山敬容が神道流の「祭祀」である神葬祭をどのように取り入れていったのかという点を、彼の記した「日記」から考察する点にある。まず第一節では明治二年に実際の葬祭を執り行う前に、敬容が読書などを通してどのような死生観をもっていたのか確認していきたい。第二節においては実際に執行された葬祭の内実をみていく。この考察を通して、思想レベルにとどまらず、儀礼レベルまで地域に根差そうとしていた岡山藩国学の実像に迫りたい。

第一節　読書と思想形成

一　『鬼神新論』を読む

「日記」によると文久二年（一八六二）二月三日、敬容二十八歳の時に岡山藩番頭伊木忠哲に初めて会い、三月より初供をするとあり、本格的に岡山藩陪臣として仕え始めるが、それまでの詳細は不明である。しかし、残された和歌草稿から二十三歳のころには森寺美郷[12]の門に入っており、その後も島岡宗蝶[13]、女流歌人の安原玉樹、藤原操南[14]と交流していることがわかっている。[15]敬容は出仕後の文久二年九月七日に江戸へ出立、忠哲とともに平田鉄胤に入門し、毎月五・十の会日は加藤千浪の歌会に参加した。[16]次に引用する文久二年正月十七～十九日の記事からは、敬容が気吹舎入門前に、岡山においてどのように学習を行っていたのかをうかがうことができる。

（文久二年正月十五日）西大寺行、宿金岡、（十六日）晴　揮毫、坂根吉蔵来相伴、赴坂根、投宿（十七日）晴、発坂根、訪香登、児嶋氏時児嶋養兄者就転往還大庄屋之事、出府不在家、訪医生上森恭寂主人喜迎雅談、脉々殆如旧知、不覚日之将暮、薄暮辞去、訪川崎文吾、甚多忙不得寛話、辞去、投宿、児嶋氏主人帰（十八日）晴、読平田篤胤所著鬼神新論（十九日）雪、朝香登を立出

平素は上道郡平井村に父とともに居をかまえていたが、正月十五日より、東備方面へ繰り出し、西大寺から金岡に宿し、翌日十六日は坂根へ逗留、十七日より十九日は和気郡香登の大庄屋児嶋氏方に寄留し、十八日には平田篤胤の『鬼神新論』を読んだとある。十七日に会っている川崎文吾は文久三年に結成される社軍隊で中隊長として活躍することとなる川崎豊後のことであり、香登には彼が奉仕した大内神社が所在していた[17]。

『鬼神新論』[18]は当初『新鬼神論』として、文化二年（一八〇五）草稿ができ、文化三年藤井高尚が序文をつけた。文政三年（一八二〇）部分的に書き改められ、『鬼神新論』とされた。刊行は元治二年（一八六五）三月刊行であり、それまでは写本の形で流布していた。『新鬼神論』および『鬼神新論』は新井白石の『鬼神論』を前提とし、①鬼神・神の実在を明らかにするとともに②「鬼神はその族類に非ざれば、その祭を歆けず」（『左伝』）などという儒学的主張に対して、鬼神はそのような制限なしに祭をうけるものであり、またそのような枠にかかわりなく霊異を表すだけの能力をもつものであることを多くの実例をあげて論じているのが大きな柱である。しかし、その改稿にあたって、①宣長説によって世間の悪の全ての根源とされた大禍津日神を「世の禍事罪穢を祓ひ幸へ給ふ、よき神」とし、②死者の霊が行くところは宣長説に従って「黄泉」とされていたのが、「幽界」「幽冥」と改められた。この世界が大禍津日神と大直毘神、枉神（夜見の国）によって運営される世界であるという、この理を知ることが政の本であるとする。

ここでは、敬容が国学者として、その思想形成の初期段階において、選択的に『鬼神新論』という祭祀を体系的に位置づける書物を神職者のネットワークのなかで学習していることに注視しておきたい。

二　上田及淵の「魂魄帰所論」

次に敬容の明治期の思想形成に大きな影響を与えた上田及淵の死生観についてみていきたい。はじめにで述べたように、及淵は敬容の師であり、自らの経営する公正塾において多くの塾生をかかえるとともに、慶応元年（一八六五）より岡山藩藩校で教授していた。文久二年の「日記」[19]にも敬容が近しい学兄とともに及淵を訪れている記事がみられるが[20]、明治二年の「日記」には、「上田会」という会合が伊木邸を中心に頻繁に開かれている様子がみられる。

（二月廿七日）晴、出勤、若、嬢両君、岩進、上坂氏、伊木氏へも出、伊木宅にて上田翁御会（中略）（二月晦日）今暮伊木君にて上田会に付、家君も御出、予も罷出候処、上田不快不参也、平井松作も来四ッ比迄かたる、（中略）（三月五日）伊木君へ参上、家君上田翁来、古事記猿田彦神島の速贄のあたり新論を講せらる、四ッ比会散、予ハとまりぬ（中略）（三月二十六日）先年より上田翁会の度ことに古事記を写しかけたりしをけふ上巻一冊写畢（中略）（四月五日）夜上田翁御会ニ付、家君并金森貴三、平井松作等、伊木氏に来会、四ッ前散、

伊木忠哲、土肥典膳、平井松作、金森貴三らが参加していた。平井松作は家老伊木家の家臣として、嘉永七年（一八五四）より西洋流砲術修行を申し付けられ、江戸では手塚律蔵、大坂では緒方洪庵に入門して習得、文久二年（一八六二）十二月より岡山藩の非常の節の大筒掛りに任命され、明治二年七月より兵学館教授となった人物である[21]。同三年五月には陸軍局より歴史教授を仰せ付けられており、西洋砲術のみならず史学にも造詣が深かったことが推測されるが、及淵の薫陶を受けてのことであったのだろう。金森貴三は岡山藩の留方を弘化二年（一八四五）から務め、安政六年（一八五九）から留方下僚の最上席、明治二年三月から八等記録方書記と幕末維新期を

通して岡山藩の記録に携わった人物である。[22]「日記」の書き方によると、この上田会は少なくとも明治元年よりこれら人物を中心に、古事記を中心とした皇学を学ぶ会であったと考えられる。

敬容と及淵の密接な関係や、周囲をとりまく人々をみた上で、及淵の祭祀観を考察していきたい。及淵には「魂魄帰所論[23]」という死生観をうかがうことができる論考が残されている。昭和四年刊行の『吉備文庫第二輯』には同論とともに、及淵の「政教一致論」が収録され、両論の末に「右二論ハ明治三年ノ春、神祇官ヨリ召問セ給フ事有リテ、書ヲ奉レリシ草稿ノ有シヲ、此度人ノ請フマヽニ彼是刪定シ、引直シモシテ示シタルナリ、明治六年八月岡山県上田公正塾講本、門人生形勝文、池田頼実同校」とあり、少なくとも明治三年にはその骨子ができあがっており、明治六年八月には公正塾の講本となっていたことがわかる。本章でとりあげる明治二年八月の土肥典膳の葬祭にあたって、敬容が共有していた死生観ともいえるのではないだろうか。この「魂魄帰所論」は管見の限り内容分析した先行研究をみないので、以下口語訳をした内容を少し詳しくみていきたい。

①魂の二種─和魂と荒魂

魂魄帰所の落着を知るには、まず臆断ではない不動の的準（準的カ：めあて、標準）が二つあるとして、魂魄を和魂と荒魂の二種に分類する。

和魂は、人々によい作用を与える。魂魄が体を去った後、死体の汚穢を忌避し、体を離れて永く家の木主に止まる。そしてまたどこかに去るか、あるいはすぐにその家に再生し、あるいは夢に出てきて子孫のためによいはかりごとをし、日々清浄の祭祀を受けるなどはこの確証であり、和魂《にぎみたま》の作用とされる。

荒魂は必ずしも人に良い作用を及ぼすとは限らない。俗にいう人魂のことで、死の四五日前、または十日、二十日前に、その姿が他の人の目にも見え、燐素《ひとだま》となり忽然と本体を苦しめず離れ去る。長く墓所に止まり、歳時の祭りを受け、天地の間に遊散し、世の中の吉凶禍福までもなすことがある。または、夜陰などに幽霊として物凄い形となり、あるいは仲良い同士墓を並べておけば雨天などに物語の声が聞こえるなどの類がその確証であり、これは荒魂《あらみたま》の作用とされる。周人の説で魂は天に帰り、魄は地に帰るといっているのはこの二魂の伝の粗いものである。

②魂の行方

魂魄が相反する性質を内包していることをみた上で、次に言及されるのが、その魂が死後すぐにどこに行くのかという点である。

さて、冥庁には大国主大神幽顕分知の昔、皇美麻命《すめみまのみこと》と談判して立てた御制法があって、たとえ魂魄であるからといって、ただちに幽界に入って私は左に、右にと我儘に進退するのは通らないことである。まず死んだらすぐに産土神のもとに行って仰せを請う。産土神はこれを杵築の冥庁に訴え、大国主神はまたこれを天神伊邪那岐命、日少宮に届ける。天帝はもとから地界の冥事は大国主命にまかせているので、あなたが左も右も決めなさいと天勅が下る。これで杵築の冥庁において、その人々の善悪および無罪有罪を厳しく裁く。その中でも君父を殺し、国家を傾け万民を混乱させたような者は、根国氏（底カ）国に追い払われ、父母妻子親族朋友にめぐりあうことさえかなわず、一人ずつ蛇の部屋や、ムカデ蜂の部屋につなぎ縛られ、または大野原に駆役され、または鼠穴に出入りし、どうにもならない状態に追い込まれる。いかに辛く、悲しいことの極みではないだろうか。その他の魂魄はまた冥庁から産土神府へ返し下される。神府はここで相殿や摂社末社に相談して、再生すべきは再生し、神と祭られるべきは神位を授けられ、親族と楽居させ、あるいは、杵築冥府日界天不への使節を蒙り、あるいは両府で召遣われ、すぐに神となる。それだけではなく、初冬には天下諸鎮守の神が杵築の大庁に集まり、氏子たちの嫁取り、贅を養うこと、農業家職の吉凶、死生の事など議論する。

このように、死後の魂は大国主命の裁定をうけ、それぞれの善悪によって、あるものは神となり、あるものは再生し、あるものは根国へ追放される。この世界観において人々がなすべきことは、忠孝節義清浄潔白であり、してはいけないのは尊上を凌ぎ、人の国家を掠め盗み、愚民をたぶらかす行いであるとされる。

③日本神話と二魂

ではそもそも二種の魂魄はどのように生成したのか。日本神話を紐解いてその生成過程が説明されていく。別天五神神世六代までは魂魄の作用がどのようかという形跡についてまだ心も言葉も及ばず、伊邪那岐命・伊邪那美命に至って始めてその作用を認めることができる。その造化の真盛りにまず山川草木を生み、次いで八百万の神、一番最後に火結迦具土神を生んだ。その御はじらいによって女神は根の国へ神避されたのを慕って彼の所へ行幸し、思いの外のこともあり、上国へ逃げ帰りなさり、まことにこのことを心よく思わず、禊ぎの大法を思いつかれ、たいそうやんごとない神たちを生み、最後に思いをよらず貴御子日月の二神を得られた。これは和魂荒魂によって起こる所である。その理由は伊邪那岐命が夜見国の憂鬱を祓うとき、ぱっと見開きなさり、左の目から天照大御神が生まれなさった。これは大神の和しとお思いになる御魂の凝り固まってできたものである。次に右の目を洗いなさった時、月夜見大神が生まれなさった。これは伊邪那美命の夫神が自分を棄てて還ったのをつらいと思い、荒魂が乗り移りなさったことから発したのである。その天照大御神の和魂を大直日神とし、月夜見大神の荒魂を大禍津日神とする。

④二魂と人の生成

これから後世に生まれでる人畜は全て御中主神の分魂を父精に得、産巣日神の範囲を母胎に受け、直日神の和魂、禍津日神の荒魂を保って生まれる。和魂が過ぎれば阿呆となり、荒魂が過ぎれば狂癲となる。これ喜怒哀楽のよって起こる所である。さて、この魂魄を同じく神に受けているのならば、万人が一様であるべきであるが、そうではなく、各々異同がある原因はそれぞれの範囲に染まるからである。かの形状も父に似ていたり、母に似ていたり、性情もまた同じである。また形状父母に少しも似ないで、急に異なるものもある。これぞ造化の妙用であり、人がいうべきでない境だろう。このようにして、生まれ出た時の魂を先天霊といって、教えなくても大抵ある程度の能力を備えられている。しかし、師父の教えに従って学問しなければ、大事にあたって道理をわきまえることはできない。この教学を名付けて後天霊という。身を保ち、長生し、忠孝友愛の道を勤め、国のため人のため善事を尽くし、人に貴まれ愛され、終わりを全うすれば、魂は次第に肥太り、冥界に入って神の寵愛を受ける。千年も万年もその命は生きていてほしい。またたいそう幼くして死んでしまったものも君父のため、国家のためにした者は、魂が殊の外大きくなっている。忠孝節義をもって養えば魂魄が飢えるということはないからである。これを思えば、また義にあたって少しも命は惜しくないだろう。これを生死不二という。それに反したならば、魂魄が飢えてその反罰を受けることは論を待たない。よくよく頭を傾けるべきである。

⑤魂魄の宿る場所

それでは、その魂魄というものが体内のどこに宿っているのかというと、心胸霊台ではなく、気海丹田でもない。

和魂は前脳にあって知覚を司り、荒魂は後脳にあって運道を司り、そして背髄は両魂の出会う所、諸神経は府県庁である。右などの趣を心に占めたならば、神を敬まわないと思ってもできないだろう。

彼の思想の髄は「忠孝節義」といった道徳が死後においても大国主命が裁定する基準とされているところにあり、それに超越的な価値をもたせているところにある。人は和魂と荒魂を脳内に宿し、その配合によって先天的に性質は異なる。しかし、後天的な教学「忠孝節義」によって自らの魂魄を養うことができるとされる。その自らの修養によって死後神になる可能性が開かれているといえるが、それは人々の内に、神々から起因している和魂荒魂といった二種の魂魄を内包していることから論理的に可能となっているのである。

この「魂魄帰所論」は大国主命を幽冥界の主宰神としていることなど平田学を下敷きにしているが、そこに「忠孝節義」といった道徳を融合させ、眼科医でもあった及淵の身体論も含みこんでいるところが特色であるといえる。

第二節　祭祀儀礼の実践

ここまで備前国学における祭祀儀礼の前提を確認するために、若き国学者小山敬容の読書体験と、その師である上田及淵の死生観をみてきた。

では、実際に葬祭を迎えるにあたって、彼らはどのように実践したのだろうか。岡山藩は「死人の事は寺僧へ御任の御国法」[24]と敬容が「日記」で書いているように、神葬祭は許されておらず、彼らの祭祀論を実践するには、相当の軋轢を生んだと推測される。「日記」が記された明治二年は神道流の葬祭を彼らが現実に行っていく時期であり、まさにその導入場面が書き残されている。

本章で主にとりあげるのは、敬容の主君である土肥典膳が明治二年八月に急死し、初めて公式に神葬祭を行った事項である。典膳死去前の四月から及淵が中心となった招魂祭の勉強会を行うなどの事例も確認できるので、まずそこからとりあげていきたい。

一　岡山藩の招魂祭

明治二年四月三日に御後園において、関東戦役の招魂祭が執行された。その内容が「日記」に次のように書き記されている。[25]

けふ御後園裏にて戦役の士の魂祭りし、けふ予も行て見るに御魂代は柳ににきてとりかけたる也、供物黒酒白酒鮨廣物、鮨狭物、毛荒物、毛長柔物、丼菜辛菜に至迄、けに横山のことく積並へて、神職祝詞を読、前国君[26]、内蔵頭少将[27]、并鼎五郎君[28]等御拝あり、銃隊数千発砲右拝し、式畢てハ有志之者誰にても勝手に参拝をゆるさる、見物の貴賤群集也、実に死後栄無如之者なき玉もそらかけり来ておもふらむ、すけしかひあるいのち也きと

藩主らが参加した盛大な祭礼の様子を敬容が見物しているが、この際神職らが読み上げた祝詞は及淵が作成し

たものであった。祭礼の後九日にその祝詞を及淵から借りて、同じものを二冊筆写し、一冊は土肥典膳へ、一冊を自蔵した。また、十四日の晩、土肥邸で、金森貴三とともに、及淵の祝詞講釈をうけるなどしている。

（四月十日）過日御後園裏にて被行たる招魂祭祝詞上田翁之作なり、きのふ借帰り、けふ写（中略）（十四日）当月三日御後園裏にて有之候戦死士招魂祭祝詞祭文上田翁所草也、此間中より写二冊成、一冊ハ家君に献し、一冊ハ予蔵す（十五日）晩刻より上田翁、金森貴三御招夜分、此間写したる祝詞の講訳あり、四ッ前会散して帰る

二　土肥典膳の死とその葬祭

明治二年八月九日から十一日にかけて敬容の主君である典膳の体調が思わしくないことが「日記」に詳細に記される。敬容も看病をし、明石退蔵などの医者が治療にあたったが、十二日に死去する。四十三歳であった。すぐに京都や、縁戚の足守へ書状を出し、十三日には、三友寺、同じ番頭の瀧川氏へ行く。十五日から次のように神葬祭の準備をしていく。

（八月十五日）早朝六本松山御墓地地祭予相勤、祭文葬儀略之例に倣ふ、御霊祭神道御用被遊度由ニ付、御船志摩、上田翁なとへ行、何くれと探索す、今宵も逗りたり

六本松山の墓地で地祭を敬容が行ったとあるが、その際に古川窮行[29]の『喪儀略[30]』を参考にしている。霊祭を神道にしたいと典膳たっての希望により、及淵、酒折宮宮司の御船島子に相談して準備をした。十七日の葬祭前日からの記事は次のようである。

（十六日）けふは御神祭の用意に志奴毘古登を書、何くれと調ものなとありていそかはし夜も更たれハ又逗留、

御神号　明霊奇膽大人アカルミタマクシオノウシ（十七日）早朝、尊骸の前に神離たて、御霊祭をす、御送葬晩後、引導留場三友寺六本松に御納り、予新君の御供也、事済て酒賜り、帰途杉土手にて八ッを聞

十六日、御神祭の用意のために祝詞「志奴毘古登」[31]を書くなど何かと調べものをしている。十七日に御霊祭を行っているが、「引導」を三友寺でも行い、その後六本松へ遺体を納めている。翌日の十八日から早速墓参をしているが、御船志摩へ御神前の儀式などを相談、十九日には藩主の章政が東京より帰藩し、六本松へ参拝したとある。これ以降は神道流で祭礼を行っていく。二十四日には、二七日の神事があり、敬容が「誄辞」を書いている。しかし、二十五日には三友寺で法事も執り行っていることは重要である。十月一日、四十九日の御忌日のため、明霊君御霊代を御霊舎に納めるための祭文を書く。晩刻御霊を御先祖様之御霊屋に納める。三日、御船志摩御祓の祈祷、「家内にいはひ奉る神くたりを祭らす」とあり、典膳の霊が四十九日を経て、家の霊屋に迎えるための儀式が終わったことがわかる。その後十一月二十二日には百ヶ日の神事、二十六日に墓誌を書いて、神葬祭に関わる諸儀式を終えた。

祭祀関係の書物の入手を直接的に記した記事は「日記」からは見られなかったが、その他の図書の入手事例では、京都の麩屋町御池下において染め物商兼書肆をしていた池村久兵衛[32]から直接書籍を購入している。維新期という改変期において、新しい祭祀の形を模索するなかで、書物がその知識を得る手段として大きな比重を占めていたことは推測できる。

三　典膳妻の葬祭

典膳の死後二ヶ月もせずして典膳の妻も亡くなった。この時も典膳同様希望により神葬祭を行おうとするが、

結果的に藩から許可が下りず、葬儀と二七日は寺で行うものの[33]、二七日は神道流の御霊祭も行い[34]、それ以降、四十九日を経て霊代を霊屋に納める儀式[35]や一周忌[36]には、敬容が祭文を書いており、神道式で行っていることが確認できる。以下参考のため死後二七日までの史料を掲載する。

（十一月五日）おまへ様今暁六ッ前俄御様子相変り御終焉也といふ、何とも言語に絶したる御次第也、いかなる枉津日の御あらひにや、半年もたらぬまに御両親を失ひ給へる御幼君の御心さのミ御愁傷の御体ハ見らねと夜分なと御快寐不被為奉ハいたはしき事也、（中略）（六日）けふ何くれと御葬送のまうけす、わきて今度ハ神葬祭に被成度よしに付、予心配多し、夜前御船志摩へ行て其事を談す、今宵御魂遷の式并ニ小□、夜帰宅（中略）（八日）御葬送之事ニ付弁達へ杢様御苦労、されと死人之事ハ寺僧に御任の御国法故、難取計との事、無是非、□松庵ニて引導御受之通に決したり（九日）おまへ様御葬送、夜四ッ前済、今宵御屋敷にてねたり（十七日）御墓参御供す、二七日御霊祭ニ付、伊木御三方、上兵君、永瀬等来、今宵御屋敷にて留る（十九日）けふハ三友寺にて御仕上御法事之御心持、至而御手軽之御法事ニ付、僅ニ伊木勝太郎君、上坂君のミ御出、女中弐人、仁科、逸見、村上、戸田、予のミ行

おわりに

本章で「日記」から確認してきたように、岡山藩の場合、招魂祭のような戦役で亡くなった藩士を合同で祀る祭祀は公式に行われていたものの、番頭といった影響力のある役職であった土肥典膳においても、死去の手続きは寺を経由して行い、神葬祭は家のなかや墓といった個人的なレベルにおいてしか行えなかったといえる。第一

節で確認したように、その実践の前提には、平田国学を基盤とし、及淵が発展させた死生観があった。それを国法のもとで、どのように実践するのかという試行錯誤が「日記」から見て取ることができた。

岡山藩では明治三年正月の倹約令[37]において仏教における年忌供養のみ触れられているのが、同年十二月[38]には神儒祭に対しても言及があり、藩士にも神葬祭が許されているのが確認できる。[39]

【注】

（1）天保六年（一八三五）正月～明治四年（一八七一）六月。初め荘太郎と称し、字は伯徳、桂洲と号した。文久二年（一八六二）二月三日、敬容二十八歳の時に岡山藩番頭伊木忠哲（一二〇〇石）に仕え、同年九月七日に江戸へ出立、忠哲とともに平田鉄胤に入門。慶応元年（一八六五）八月一日、土肥典膳に転任。土肥典膳は伊木忠哲の実兄。明治二年八月の典膳死後も子息の京都遊学に付き添うなど土肥家に仕えるも、明治三年十二月より奈良県権大属会計租税掛に任ぜられる。明治四年六月職務上の無実を晴らすため割腹自殺。享年三十七歳（『岡山県人物伝』岡山県、一九一一年、『岡山市史（人物編）』岡山市役所、一九六八年、『岡山県歴史人物事典』山陽新聞社、一九九四年）。

（2）岡山県立記録資料館所蔵小山敬容資料Ａ51‐1（以下同資料群は資料番号のみ記載する）。

（3）岡山藩番頭。文政十年（一八二七）～明治二年（一八六九）。知行四二〇〇石。文久二年左大臣一条忠香から岡山藩主池田慶政に国事周旋の依頼があり、周旋方に任ぜられ、京坂と国元の間を奔走。慶応二年（一八六六）幕府が長州再征の軍を起こすと、尊攘派とはかり、播備国境の和気郡三石村で征長軍の西進を阻止することを企てた。慶応四年正月鳥羽・伏見の戦いが起こると、皇居の清和院門を警備した。同年新政府の軍務局判事となったが、同年五月帰国、十一月中老に任ぜられた。明治二年（一八六九）病死。享年四十三歳（『岡山県歴史人物事典』、宮地正人「幕末平田国学と政治情報」『幕末維新期の社会的政治史研究』所収、岩波書店、一九九九年）。

（4）Ａ51‐2。

（5）拙稿「幕末維新期地方国学者の人的ネットワーク―岡山藩陪臣小山敬容の日記より―」（『岡山県立記録資料館紀要』一〇号、二〇一五年）。
（6）北村章「幕末岡山藩の政治過程について―藩論と藩庁首脳部の変遷を中心に―」（『岡山県史研究』第五号、一九八三年）。
（7）小山敬容の国学の師。文政二年（一八一九）七月二日肥後天草郡志岐郡で生まれる。慶応元年（一八六五）正月より岡山藩藩校に出仕、明治元年（一八六八）藩命により和気清麿、児島高徳、池田家の祖楠正行の事蹟を調査して三勲神社建立に尽力、翌二年藩内の式内社の調査を行うも眼病を患い失明、同三年藩校の皇学科教頭となる。明治十二年六月十二日死去（『岡山県歴史人物事典』）、安原秀魁『上田及渕伝』一九九一年）。
（8）『日本教育史資料九』文部省、一八九〇～一八九二年（近代デジタルライブラリー）。
（9）遠藤潤『平田国学と近世社会』ぺりかん社、二〇〇八年。
（10）中川和明『平田国学の史的研究』名著刊行会、二〇一二年。他に「平田塾と地方国学の展開―備前国学を例に―」（『書物・出版と社会変容』一一号、二〇一一年）において、備前神職・業合大枝と平田家の間で交わされた書簡を中心に文政から嘉永年間の備前国学の展開を明らかにしている。
（11）吉田麻子『知の共鳴―平田国学をめぐる書物の社会史』ぺりかん社、二〇一二年。
（12）歌人。寛政十二～文久元年五月二十五日（一八〇〇～六一）。播磨国尾崎村（現兵庫県赤穂市）に生まれ、のちに備前岡山に移る。天保四年（一八三三）香川景樹に入門、河野鉄兜、長治祐義、藤井高雅、中村良顕、藤田来鶴、小野田馬仏、島岡宗蝶、安原玉樹、野崎弼らと交遊した。音楽に堪能で笙に長じ、書、篆刻も巧み。網浜に青苔日厚村舎を設け、晩年は後進に笙や書を教えた。敬容の他に石山桂窓、森芳滋らが門人。歌文集『香細園家集』を残した（『岡山県歴史人物事典』）。
（13）安政・文久年間に岡山上之町に住んでいた浪人。藤井高尚に学んで和歌をよくし、茶道に通じ宗匠と呼ばれた（『岡山市史人物編』）。
（14）民政家。天明六年二月十一日～元治二年三月二十八日（一七八六～一八六五）。備前上道郡三蟠の大庄屋。民政に尽し、

郡代掾にとりたてられる。書、詩歌にすぐれた。名は練清。字は澄江。通称は深蔵。遺稿に「練清文集」など（『日本人名事典』講談社、二〇〇一年）。
(15) A51-24「安々居歌集　下」所収の「年譜」による。この「年譜」は敬容の遺児鈴太郎が明治二十六年（一八九三）ころに編集。
(16) 同右。
(17) 吉崎志保子「川崎田豆雄と社軍隊」（『歴史読本』一八七、新人物往来社、一九七六年）。明治二年の「日記」によると川崎は酒折宮司の御船島子とともに神祇官へ「国内諸神社取調」を提出している。
(18) 以下、『新鬼神論』および『鬼神新論』については『日本思想史大系 平田篤胤 伴信友 大国隆正』岩波書店、一九七三年、文献解題を参考にした。
(19) A51-1。
(20) 「二月八日　陰晴散雪　贈書芳滋、訪森惣介、邂逅家翁、又訪上田先生、高雅翁来、在雅談数刻、薄暮帰邸」。「五月十七日曇、晩小雨、夜大雨、田山法事、饗我輩、晡時芳滋来、相伴、訪上田翁、薄暮帰」。
(21) 池田家文庫伊木D3-327「御奉公之品書上　平井松作」。池田家文庫D3-2211「先祖并御奉公之品書上　平井松作」。
(22) 池田家文庫D3-919「先祖并御奉公之品書上　金森吉衛」、金森貴三については定兼学「近世中後期岡山藩における留方下僚の存立状況」（『幕藩制アーカイブズの総合的研究』思文閣出版、二〇一五年、三一六頁）にも詳述あり。
(23) 渡邊頼母編『吉備文庫』第二輯、山陽新報社印刷部、一九二九年。
(24) A51-2、明治二年十一月八日。
(25) A51-2、明治二年四月三日。
(26) 備前岡山藩第九代藩主池田茂政。
(27) 備前岡山藩第八代藩主池田慶政。
(28) 慶政の子息。

(29) 慶応二年三月まで白川家関東執役（遠藤前掲書）。「日記」によると明治三年十二月十六日段階では奈良県文武館で教授を務めており、同時期から奈良県へ出仕している敬容と交流をもつ。明治六年（一八七三）枚岡神社（東大阪市）大宮司、八年内務省出仕。十年大神神社（桜井市）大宮司を経て、十五年琴平神社（香川県）に神官教導のために呼ばれ、同地で没した（『朝日日本歴史人物事典』朝日出版社）。

(30) 喪儀略。慶応元年（一八六五）七月 古川躬行著。「喪儀略」は、写本が天理吉田（「喪葬儀式喪儀略」、自筆）、版本が内閣・静嘉・東洋小田切・宮書・大阪市大森・学習院・教大・滋賀大・早大・東大・東北大狩野・東洋大・京都府・福島・宮城・足利・金沢市稼堂・島原・豊橋・金刀比羅・神宮・丸山・無窮神習にある。明治四年版本（「増訂喪儀略」）あり（『国書総目録』）。

(31) A51-18、典膳の長子修平の代筆で小山敬容が作成。「安々居歌集　下」にも収録されている。

(32) 池村は気吹舎の版木を所持しており京都における出版拠点であった。（吉田前掲書、二二四～二二五頁）。

(33) A51-2、十一月九日、十九日。

(34) A51-2、十一月十七日。

(35) A51-2、明治二年十二月二十三日、二十四日。

(36) A51-2、明治三年十一月三日。

(37) 「岡山藩年中行事冠婚喪祭礼式」（岡山大学附属図書館所蔵池田家文庫 C5-424マイクロフィルム TCE12-665）。

(38) 「年中行事冠婚葬祭礼式」（岡山大学附属図書館所蔵池田家文庫 C5-936マイクロフィルム TCE12-700）。

祭礼之事

一先祖を祭るは誠敬を尽を以て主本とす、然るに近来往々の酒宴ケ間敷振廻間々有之趣相用無謂事ニ候、自今以後虚ヲ去実ヲ存祭奠之本意ニ相挺《ママ》候様可致候、尤祭式之義ハ追々朝廷より被仰出も可有之候得共、其向従前之通心得可申事

一一周忌より三回忌迄法事之節旦那坊主自宅へ相迎へ回向為致候とも其以後之処ハ相当省略可致、尤祭式益追遠之誠

敬を尽し麁略之義有之間敷事
一料理向御定ニ基き取捨可致事
一親類幷別（カ）懇之者より供物御定之通たるへき事
回向料理
士族百石已上　銭五貫文
四十石已上　同四貫文
二十石已上　同三貫文
十六石　同二貫文
四十五苞已上
四十五苞未満　同壱貫五百文
一卒　同壱貫文
但
神儒祭之向は不為遣候事
右之通御改定ニ相成事
明治三年庚午十二月

(39) 神仏分離令により神仏習合は厳禁され、神道が自立しえただけではなく、江戸時代には不可能に近かった神葬祭が公認され、気吹舎の諸出版物は飛ぶように売れたという（宮地正人「幕末維新における篤胤」『現代思想十二月臨時増刊号』第五一巻第一六号、青土社、二〇二三年）。

第八章　岡山藩議院開設前における邑久郡議事院

――明治二年「堕胎圧殺禁止衆議書」の分析を中心に――

はじめに

本章は明治二年（一八六九）八月から十二月までの間、岡山藩議院の下院として運営された邑久郡議事院を取り扱う。

岡山県立記録資料館が所蔵する明治前期岡山県吏野崎家資料には、野崎万三郎(1)が作成した邑久郡議事院関係の帳面が一八冊ある。これまで、邑久郡議事院については、この資料をもとに上村和史が「岡山藩議院の設立と議院における議論」と題し、堕胎圧殺の防止に関する議題をとりあげて、その議論の経過を分析して報告したのみであった(2)。

岡山藩議院については、太田健一が規則の成立した明治三年四月以降を分析し(3)、定兼学が、岡山藩議院規則成立までの政府や藩の通達を提示し、磐梨郡議頭補が記録した「議院御用留帳」を紹介している(4)。

本章では、これまで部分的にしか把握されてこなかった岡山藩議院規則成立前の草創期の岡山藩議院について、邑久郡議事院を通して位置づけていくものである。第一節第二項で分析する邑久郡議事院の設立趣意書ともいえる「御内意口上之覚」では、当時の人々が議会に対してどのような思いを寄せていたのか、邑久郡議事院がそのなかでどのような役割を期待されていたのかをみる。第二節では邑久郡議事院の議案のうち、「堕胎圧殺禁止」をとりあげ、議者たちが問題に対してどのような改善案を出しているのかについて一覧を提出し、そして、それをどのように議論していたのか、その具体相をみていく。第三節では議者たち個人に目を向け、邑久郡議事院の特質を提示し、活発な運営がなぜ可能であったのかを考える。

第一節　岡山藩議院の開設と邑久郡議事院

一　岡山藩議院の開設通知

岡山藩議院は明治二年（一八六九）二月、政府の議事の制を立てることを諸藩に通達したことを受けて始まった。(5)邑久郡の大庄屋を務めていた野崎万三郎もその際のことを「諸御用留帳」(6)に次のように記録している。

各郡大庄屋壱人名主壱人ツヽ、議院頭領・同補之処、右名称議頭・議頭補与被仰付候との御事
一御郡中議者御取立相成候ニ付、諸郡壱ヶ所ツヽ、議院ニ御借上ニ相成、可然場所申出候様との御事ニ候間、
此旨宜御取計可被成候、以上

二月十八日　　　弁達御役所

山根惣右衛門様(7)

前紙之通相移候由、民政主事ゟ申来候間、則写相廻し候、此旨被相心得、議院ニ御借上相成、可然場所早々可被申出候、以上

二月十八日　　　　郡宰当番

和気郡

邑久郡　大庄屋中

其元義、此度議頭被仰付候間、此旨被相心得為御請、議長江罷出可被申候、是又議頭補一郡名主壱人、人撰之上、名前書出急速指出可被申候、以上

二月十八日　　　郡宰当番

大庄屋西幸西村万三郎殿

これまで議院頭領（大庄屋）・同補（名主）としていたのを議頭・議頭補と改称し、諸郡が議者を取り立てることに対応ししかるべき場所を議院として借り上げることを岡山藩弁達から、民政主事（郡代）・郡宰（郡奉行）を通して大庄屋へ通達していることがわかる。これに対応し郡宰が大庄屋のなかから、万三郎を邑久郡の議頭に命じ、議頭補については万三郎が名主のなかから選定し、郡宰へ届け出るように申し付けている。(8) 岡山藩議院の在方でのまとめ役といえる議頭・議頭補はそれぞれ大庄屋・名主から一人ずつ選ばれているが、ここから、岡山藩議院が近世幕藩政のもとで構築された大庄屋制に委託して運営されているといえる。

次に各村の議者選定を達している。こちらは二月に岡山藩議院議長から達しがあったが、執政の聞届などを経て、在方に達したのは三月十二日であった。(9)

別帳壱冊御郡中村々人材入札高数之者、一村壱人、大村は両人ツ、筆頭之者へ一郡議者被仰付候様、尤筆頭差支之廉有之候ハ、其次江被仰付可然奉存候、此段民政主事へ御申移可被下候様御噂申上候

二月　　　　議長

御郡中村々人材人名帳議長より指出相達候処、執政御聞届相済候間、則壱帳壱通進之候、宜御取計可被成候、以上

二月晦日

山根惣右衛門様　　弁達役

御郡々村々人才人名帳并議長より噂書、弁達役添書共御渡ニ付、則壱帳壱弐通相廻候間、右名前一村壱人、大村は両人ツ、筆頭之者へ一郡議者被仰付候間、此旨被相心得、故障無之候ハ、可申付候、尤筆頭之者差支之廉有之候ハ、、其次へ可被申付候、以上

三月十二日　　郡宰当番

邑久郡大庄屋中

議者としてふさわしい人材を入札の高数で表示した「御郡中村々人材人名帳」の筆頭の者を一郡議者として各村に一名（大村は二名）任命するように達している。この「人材人名帳」をはじめ、入札について詳細は不明であるが、二月の段階で議長のもとで各郡村々の入札の結果が一冊にまとめられていることを考えれば、岡山藩議院の準備は政府の諸藩への通達よりも幾分早く始まっていたといえよう。

岡山藩議院の準備始動時期については、今後新たな資料発掘が待たれるところであるが、実際、野崎が名主を務めていた慶応四年（一八六八）の「御用御触留帳」には七月二十九日に大庄屋からの次のような通達が記録されている。[10]

一此度御政体御一洗被遊度ニ付御国中賢才之者議院江御集議論之上、失得ニ而よき所之法を以て御政体被遊度、此間御郡会所ニおひて諸郡大庄屋、組々惣代名主共御召ニ而、夫々御立会之上、去御方より御教諭御座

候、村々賢才之者調べ方之義者今一応御模様相分次第相触可申、御教諭巨細之義者近々御直話可申候、右夫々御承知此状早急御順達可被成候、以上

七月廿九日　　　　恒太郎

名主中様

前年の七月の時点から「国中賢才」を集めて議院を開き、得失を議論し良法によって政治を一洗しようと、郡会所に各郡の大庄屋らを集め教諭がされていたのである。「村々賢才之者調べ方」については具体的にわかったら知らせるとしているが、村役人たちにはこのころから議院に対する心構えがあったと考えられる。この後は前述の明治二年二月十八日まで藩議院に関する記録はないため詳しくは不明であるが、「御郡中村々人材人名帳」を作成し入札集約の事務を統括したのは大庄屋、名主であったろう。議者には「おおむね名主クラスの人物が就任したと考えられる」と定兼は推測しているが[11]、第三節で後述するように、邑久郡では私塾を経営した医師や教師、または肩書をもたない者も多かった。ここでは、岡山藩議院の議者選定に関する基礎的な事務は大庄屋・名主らが請け負い、そのもとで村役人層に限定されない才能による選挙が行われていた点に注目しておきたい[12]。

邑久郡ではこの後、三月二十九日に一国・一郡・一村の議日をそれぞれ八日・五日・二日とする旨郡宰から大庄屋へ触れた覚[13]、四月十九日に豆田村種吉の上書が採用しがたいとして議長から大庄屋へ返事があったとする記録[14]があるのみで、岡山藩議院に関する記録は翌三年四月まで途絶える[15]。二年六月に版籍奉還があり、同年には職制改革が行われるなど、藩が整備を進めなければならない課題は他にも山積していた[16]。三年四月に岡山藩議院規則が定められるまでは、藩主導の議院制は空白期間となる。ここで急遽在方から議事院の開始が試みられるが、本章で取り扱う邑久郡議事院もその一つである。

二　邑久郡議事院の始まり

邑久郡の大庄屋であり議頭を務めた野崎万三郎が作成した「議事院録[17]」に留めている「御内意口上之覚」では、明治二年七月邑久郡議事院の開始について次のように述べている。以下、冗長ではあるが、邑久郡議事院の位置づけを試みる本章において、当時どのような世情のもとで議事院が必要と考えられたのかを端的に示す史料であるので引用する。

御内意口上之覚

一先般議事院御取興之義御布告ニ相成、私共不背之身を以、議頭・議頭補被仰付、難有仕合、実ニ不堪其任奉存候、右議事院之義者壅蔽開通之要路ニ而早々開議可仕之処、①当時之御用向ニ奔走、不図遷延仕候、最早近々ニ開議仕度、乍併議事院者広く御国中一同之義ニ而、既に備中并上道郡抔開議仕居由ニ御座候へ共、今以上院御開無御座候ニ付、一二之下院相開候迚、断然基礎不相立而者人心却而望を失ひ可申、是迄皇国之御政体ハ下民更ニ議事仕候義者無御座、於御国も三百年来確乎之御法を以御政道御変更無御座、下民只御上之御趣意遵奉仕候而已ニ而、御国中一言仕候者無御座処、近来之御一新ニ而各不能之献言仕度、徒ニ開議相待居申、A一旦開議之上万一上院御開無御座故を以虚議と相成、或者B公平至当之決議も御上之御指支を以御採用無御座、終ニ者C議事院之条理不相立内、早速御廃止相成候様之義御座候而ハ、却而言路相塞り、一同疑惑を生シ、不容易御国害を醸し可申と奉存、実ニ御国之大事卒忽ニも開議仕兼、是迄空敷打過居申処、②追々御一新ニ付而者御役々各御専任之事件而已御勉強被成、下方ニ而者甚多端ニ相成、下民実ニ堪兼候情態御座候へ共、乍恐御惣裁之御役所者下情懸隔仕、土着之大庄屋村役人ニ而も一時奔命ニ暇無御座、即時之

一事一件而已相計り候処より、当時既ニ民心可恐之形勢も御座候へ共、時勢旦夕ニ変換仕候ニ付、何れも時勢ニ委託し、③早々議院相開不申而者一言仕候者も無御座、偶建白仕候者御座候而も只名利而已ニ奔り、一同之形勢ハ却而蔽塞仕、下情御上へ相通し不申哉と深憂慮仕候ニ付、災害未発ニ相防候義者当時速ニ開議仕候義急務と奉存候、④何卒速ニ確然之御規則ヲ以御国中同一般開議被仰付度、⑤素先般議事院之義御布告相成於下方も是迄之風俗相変、専御国政之利害得失而已着眼仕、一旦人心ニ相結ひ居申ニ付、此侭御開議無御座而ハ、上下情相貫通之期無御座、尚数月御開議不被仰付而者民心相潰可申と奉存候、右ニ付⑥先ツ別紙之通邑久郡議事院当時大略規則相立、私共ゟ一郡中へ相移、八月五日ゟ開議仕度奉存候、御思召之義御指揮被仰聞、⑦尚上院并諸郡共早々開議被仰聞候様申上度、為御内意奉伺候、已上

巳七月

議頭補　射越村　晋平

議頭西幸西村　野崎万三郎

上島与惣兵衛様

（引用文の傍線、番号は筆者が加え、台頭・欠字は省略した。以下同）

①では当時延期になった議事院に対して人々が言路開通の希望をもっており、いくつかの下院が開かれたものの、上院が開かれない限りは、全く基礎が立たず、人々がかえって希望を失うだろうといい、これまでの政治は御上の御趣意を遵奉するだけで、国中から建白する機会はなく、最近の御一新で、今までできなかった献言をしたいと人々はなすすべもなく議院が開かれるのを待っていたが、下院が虚議となってしまったり（A）、下院での決議が採用されなかったり（B）、議事院自体が廃止されてしまったりすることを懸念している（C）。上院とは、藩士と各郡の議頭らが集まる議事院のことであるが[18]、この上院が開かれない限り、いくら下院である郡議・村議

が行われてもかえって疑惑を生む一端となるだろうとしている。[19]②では、御一新以降、新しい政治体制の変革に対応する藩役所や村役人が、民政に手が回らず、民衆が耐えかねる状態となっていても時勢に委託している当時の状勢を述べ、③では人々が抱える災害を未然に防ぐために、下情を上に通じる機能をもつ議事院を開くことが急務としている。④⑦ではあくまでも上下の議事院を開くことが希望され、その規則の整備を藩に対して求めているが、結局藩の議院規則の整備を待たず、⑥のように邑久郡独自の規則を立てて八月から議事院を開始するとしたのは、⑤に述べられているように、議事院に「上下情相貫通」の希望をもつ人々の心情を無視することができないところまできている当時の状勢によるのだろう。

①に記載されている備中と上道郡の議事院について詳細は不明であるが、定兼が紹介している磐梨郡の議院は邑久郡議事院と全く同じ八月五日を初会とし、議案は「勧農一切」であった。[20]同月に「議掟」も定めている。[21]邑久郡のような経緯説明がなされているわけではないが、当時の議事院への期待は諸郡に見られたと考えられる。

第一項で確認したように、岡山藩議院は二年二月に各郡の議頭・議頭補と村々の議者を選定し、四月におおよその議日を触れた状態で、翌年四月になるまで規則が定められなかった。[22]この間に先駆けて制定された邑久郡議事院規則の内容を次に確認していきたい。

三　邑久郡議事院規則

「議事院録」には先に引用した「御内意口上之覚」の後に、「議院制」と題して邑久郡議事院規則がある。次のようである。

議院制

一毎月五日朝正五ツ時会期之事
　　但、刻限遅延可罰事
一不参堅不相成事
　　但、当病等有之候ハヽ、其会限名代人可指出事
一銘々出席袴着用弁当持参之事
　　但、議院中茶煙草盆之外用意不致事
一①議案布告之上、村議一決之旨趣書記持参之事
　　但、議事件之緩急ニ応、不時会合即議等可有之事
一院内列席之議ハ開議之上相定可申事
　　但、当時出席之遅速ヲ以席順之事
一議事件之旨趣存意如何ニも贅文相省キ、条理簡易短文ニ相認、一通ツヽ必持参之事
　　但、標題之趣意ニ不切義、飾文等堅無用之事
一②右衆議書相揃候ハヽ、夫々読誦、当否討論之上、可否未定共議者一名ツヽ之決意書出、其数之多寡を以決議之事
一③議事件之外、御政道之是非得失、及吏民之曲直、上下之利害、民間之情態ニ至迄、建白存志有之者ハヽ、議者ニ不拘、其旨趣別紙ニ書記し、議者出席之節持参不苦事
　　但議事外之義者、其侭相預り、追而議頭・議頭補立会開封之上、至当之義ハ直ニ御上へ指出、御裁許書申請、後会之節相渡可申、指支之義ハ議頭・議頭補ゟ返答書相渡可申事

一院内議書台・上書台設置候間、出席次第議事書ハ議事台へ指置、建白書者上書台へ指置可申事
　　但議事書之内ニも議案之　　趣意ニ不叶分ハ即座認替を可申事
一院内におひて議事件ニ付、当否討論不苦といへども、喧嘩口論私語雑談堅無用之事
右大略当時相定、来ル八月五日ゟ開議、壅蔽開通、諸事公平ヲ以旨とし、下情蔽塞無之様取計、尚残漏之義ハ開議之上、衆議を以相定可申、追々上院御開之上、上院之御規則ニ相傚ヒ、改規変則可致事
　以上
巳七月

毎月五日、五ツ時（午前八時頃）に開催、袴着用、弁当持参など具体的な事項も興味深いが、本章で注目したいのは、議事の進め方である。①議案を布告した後、その議案を村議にかけ、一決した内容を一文に認め、②衆議書として一冊に揃え、それぞれ読誦して、その当否を討論し、可・否・未定と議者一人ずつが決意を書き出し、その多寡によって決議するとした。このような一郡で話し合うべき議事件の他、③議者でなくても建白書を提出することができる上書の仕組みも整備している。明治前期岡山県吏野崎家資料には、この議事の進め方に対応した簿冊が八月から十一月にかけて残されており、規則に沿った議事院運営がなされていたことがわかる（表1参照）。

このような仕組みはいかに作られたのか。明治二年（一八六九）二月七日、政府の行政官から議事の制を立てることを諸藩に通達したなかには、次のような但書があり、規則の章程について次のような方針が示されている。

但、各藩議事体裁之義ハ御取調之上可被仰出筈ニ候得共、各藩従来之制度モ不同、所領之大小モ懸絶致シ、地方之習俗利弊ニヨリ章程モ一定難致ニ付、於朝廷兼而御内定ニ相成候公議所法則案之大意ニ基キ変通ヲ加へ上下之間建言之義不洩上達候様可致候、尤各藩議事体裁取定候ハ、其旨可伺出候事(23)

表1　議事の集約に関する簿冊一覧

分類	会数	資料名	作成年月日	形態	資料番号
衆議書	1	貧民立行方衆議書	明治2年8月5日	竪1冊	A60-2
	1	郷兵制度衆議書	明治2年8月5日	竪1冊	A60-6
	2	堕胎圧殺禁止衆議書	明治2年9月	竪1冊	A60-9
	3	未進片付仕法衆議書	明治2年11月10日	竪1冊	A60-12
	3	興文館棄児院衆議書	明治2年11月	竪1冊	A60-13
可否書出	2	貧民立行方衆議之内可否書出	明治2年9月	竪1冊	A60-10
	3	堕胎圧殺衆議書之内可否書出	明治2年11月10日	竪1冊	A60-11
上書	1	上書写	明治2年8月5日	竪1冊	A60-3
	2	上書写	明治2年9月	竪1冊	A60-7
	3	上書并建議書写	明治2年11月	竪1冊	A60-14

注：会数は1：第1回8月5日、2：第2回9月16日、3：第3回11月10日のこと。

このように、明治元年十二月に議事体裁調局がまとめた「公議所法則案」を基本として、それに各藩の実情に応じた変更を加えて調整するようにとされている。そこで「公議所法則案」を見てみると、邑久郡議事院の議事の進め方の原型と見られる記述がいくつか見られる。以下抜書すると、

一会議ノ法、毎回一議案ヲ印行シテ、之ヲ各議員ニ渡スベシ
一各議員議案ヲ受取ラハ、携帰リ、熟考ノ上評論ヲ加ヘ、次ノ会日ニ持参シ、衆中ニテ之ヲ読ミアグベシ
（中略）
一諸議員互ニ衆説ヲ聴キ、退テ再考シ、可否ノ二端ヲ決シ、第三次ノ会日ニ持参シテ之ヲ議長ニ渡スベシ
（中略）
一毎会之所為ヲ三事トス、第一ハ、前々回ニ受取リタル議案ノ可否ヲ決スルナリ、第二ハ、前会ノ議案ヲ評論スルナリ、第三ハ新議案ヲ受取ナリ、之ヲ定例トス
（後略[24]）

邑久郡議事院の議会の進め方は、この「公議所法則案」を基本として、村議の要素を加味して調整されてできたものとすること

ができる。二つ目の中略の部分には、可否が五分の三以上あれば決定し、それ以外は一年後再議するとしているが、邑久郡議事院規則では「其数之多寡を以決議」とあるのみで決議のその後を明言していない。上院との関連もあり、余地を残しておいたとも考えられる。建言については引用より前にあり、邑久郡議事院規則の内容とほぼ同じである。

明治三年四月に制定された「岡山藩議院規則」は、明治二年七月に公議所を引き継いだ集議院の法則に従ってできた[25]。上院の議日毎月十四日、城下の議日毎月八日、一郡及挙市の議日毎月五日、一村一町の議日毎月二日とする他、郷市議事が三月二十四日、八月二十四日の春秋二度行われた。この郷市議事が「但其法以前以議案ヲ各郡並ニ市井ノ議頭ニ配布シ、議頭ヨリ各村各街ノ議者ニ附与ス、議者評論ヲ作リテ各郡並ニ市井ノ議所ニ会議シ、議頭・議頭補是ヲ採択折衷シ、一定ノ評論ヲ作リテ、右期日ニ議事院ニ会シテ討論シ、更ニ熟思ノ上可否ヲ記シ、翌日猶又議事院ニ会ス」とあるように、邑久郡議事院で期待された上下の実情を共有することを最も反映した議会であったと考えられる。

第二節　邑久郡議事院で論じられた「堕胎圧殺禁止」

前節で見たように、邑久郡議事院では規則に沿って議事が進められ、それに対応した簿冊が作成された。そのなかでも、本節では、「衆議書」と「可否決議書」の両方が残っている「堕胎圧殺禁止」をとりあげて、邑久郡議事院において、何が問題視され、どのような解決策が考えられていたのか、議書の内容分析を通して見ていきたい。

一　岡山藩における堕胎に関する取締り

明治二年二月十八日の「諸御用留帳」[26]には、昨年十二月に行政官が達した以下の内容を、郡宰を通して組合村々へ伝えたことが記録されている。

近来産婆之者共売薬之世話、又者堕胎之取扱等致し候者有之由以之外之事ニ候、元来産婆者人之生命ニも相抱り不容易職業ニ付、仮令衆人之頼ヲ受無余儀次第有之候とも、決而右等之取扱致間敷筈之処、全不心得より起り候義ニ付、已来御取糺之上、屹度御咎可有之候間為心得兼而相達候事

十二月　　　行政官

右御達之趣可被相触候

巳二月

郡宰中

右之通相触候様子御事ニ候間、此旨被相心得組合村々江も不漏様可被申移候　以上

二月十八日　　　郡宰当番

上道郡・邑久郡・和気郡大庄屋中

このような明治初年の産育政策は岡山のみではなく、宮城、秋田、岩手、千葉、埼玉、神奈川、山梨、愛知、京都、兵庫、宮崎、長崎など全国的に数多くあった[27]。第一節第一項でみたように諸郡へ岡山藩議院の議頭・議頭補の任命や議場の借用を通達していたのと同時期に、岡山藩では堕胎取締りも強化していたのである。このようななか、八月から開始した邑久郡議事院では第二回九月の議案を「堕胎圧殺禁止」とし、邑久郡各村代表の議者

八三名がそれを各自村議にかけ、その内容をもとに議書を作成した[28]。それを九月十六日に一冊にまとめたのが、「堕胎圧殺禁止衆議書」である。

二　「衆議書」の内容

本章末に堕胎圧殺禁止衆議書一覧（表2）を掲載する。議者ごとに議書の要旨を筆者がまとめたものである。本項では、この表をもとに内容分析をしていきたい。

まず、議者たちに共通する認識としてみられるのが、堕胎圧殺が倫理上許されるべきことではないが、相次ぐ凶作や物価上昇のなか、それが特に貧窮者のなかで行われざるをえない状況となっており、地域社会においてそれをいかに改善することができるかということを真っ向から考えている点である。

改善案を内容別に分類してみると、①貧窮多子へ手当四七件、②第三子以下へ手当六件、③全ての子どもへの手当五件、④多子褒賞四件、⑤捨子院の設置一三件（棄児院No.1、養児院No.25、助育所No.34、捨子軒No.38、子産館No.50、勧農舎No.62、里親No.48等）、⑥藩政の改善一七件、⑦堕圧違反者への取締り・罰則三九件、⑧妊婦・出産の届出制度の拡充一二件、⑨教諭七件、⑩倹約五件、⑪方策なし二件となる。一つの議書の内容には、分類した一一項目が複数含まれるものも多く、実に多岐にわたる内容となっている。

⑦～⑩は現状の制度をもとに、違反者を罰則で取り締まり、妊婦や出産を管理する仕組みを充実させるなど、社会的な制度改変や金銭的な負担が少ない改善案である。また、人々に倹約を強いることによって経済状況を改善したり、教諭によって堕胎圧殺を防いだりするなど、人々の努力義務に頼る傾向がある。

①～⑤は地域社会で何らかの手段によってまとまった金銭を捻出し、それを子どもの養育に宛てて堕胎圧殺を

抑止しようとするものである。⑥はそれを地域社会にとどまらず、大規模な藩政レベルでの改革を行って堕胎圧殺禁止を実現する案であり、年貢法を一変させる（No.22）、子養育米として居屋敷の租税を減少する（No.25）、寺院僧侶の数を減らす（No.4、28）、寺社領を取り上げる（No.41）、諸運上を貧窮者多子への手当に宛てる（No.39）、藩の御林竹木を切り払いその金を貧民の小児養育に宛てる（No.53）など、より抜本的な改革案といえる。このように、藩政（ゆくゆくは国政）レベルの抜本的な改革の必要性が地域の議者から叫ばれていることは、維新期ならではの特徴といえ特筆される。これらは、⑦〜⑩よりも制度改変の規模が大きいといえ、個人の努力では対応しきれない問題を社会制度の改変によって解決しようとするものである。議題が「堕胎圧殺禁止」であるため、直接的な⑦のような違反者への取締り・罰則が比較的多いことは自明であるが、それよりも、①の貧窮者多子への手当が最も多く、また⑦〜⑩の総数よりも①〜⑥の総数の方が多く、人々が直接的な取締りよりも、新たな社会制度の改変を必要とする改善案へ期待を寄せている様子をうかがうことができる。

No.25の牛文村の宗一郎[29]のように、その論のなかに、③全ての子どもへの手当、⑥藩政の改善（子養育米として居屋敷の租税を減少する）、⑦堕圧違反者への取締り（違反者を見聞したら村役人・五軒組合から厳しく指図して藩の裁許を承る。堕胎術を行う者や堕胎薬の販売者を厳刑に処する）、⑤捨子院の設置（外国の立法に基づき、便利の地へ養児院を立て、役人が出張し乳母を手配する。成人後は文武館で諸芸を身に着け、戦兵に取立てる）、⑨教諭（先達て差出しになった絵図を一戸ごとに広めたら自然と悪心も善心に立ち帰る）と、いくつもの要素を合わせて案を作成している者もおり、議者たちの案を一概に分類することはできないが、相対的に貧窮者が子どもを育てることができる制度を地域社会において拡充させようという志向を読み取ることができる。

また、この宗一郎と同じように、No.8の向山村喜代次、No.69福里村猪久右衛門代勤らも養育した子どもを郷兵として取り立てることを考えたり、No.13福永村弥兵衛、No.34神崎村鷹次兵衛、No.42大塚沢吉・喜平次、No.43邑久郷村久太郎、No.51箕輪村小兵衛らが散田手余地の耕作人とすることを期待したりしており、「堕胎圧殺禁止」議案の背景には、当時の村落における人材不足があったことも見逃すことはできない。

三　可否決議

邑久郡議事院では九月十六日の第二回議会で「堕胎圧殺禁止衆議書」を作成した後、十一月十日の第三回議会で「堕胎圧殺禁止衆議書之内可否書出」を作成している。これは、「堕胎圧殺禁止衆議書」のなかから四つの要素を抽出し抜き書きしたものに、それぞれの議者がその案に対して「可」か「否」などを書き込んで提出したものである。例として下笠加村幸太郎の書出を引用する。

九月議案堕胎圧殺禁止見込衆議之内

否

①一堕胎圧殺禁止厳敷御布令被仰出、若犯禁之者有之候ハヽ、何れに不限無名ニ而何村何某ヶ様之義有之与委細ニ書記し道路ニ建札致令恥之議

否

②一同犯禁之者有之候ハ者五人組合迄過料取立之議

可

③一小児出産祝義及上巳端午之諸祝義迄貧富一同以後品物取遣御指留、金銭ニ而祝義致合、役人江相預ヶ、年々元利積立置、生長後之手当ニ備置候ハ者、自然風俗一変生育等相増可申之議

最可

④一貧民多子之者江養育料第三子以後或ハ御賞詞ヲ名とし、或ハ救助を名とし、御賑恤之義其可ハ勿論ニ候得共、就中懐胎中ゟ出産迄之御扶持被下候ハ者、貧民懐胎銘々ゟ速ニ可申出、其上遂吟味候ハ者、堕圧とも可禁止之議

但就中御下御役介筋甚以多恐入奉存候

巳十一月　　下笠加村議者　幸太郎

①堕胎圧殺禁止を厳しく布令し、もし違反した者がいたら名前等を書き記し道路に建札し辱める。②違反者の五人組合まで過料を取り立てる。③出産祝儀や上巳端午の節句の祝儀の金銭を役人に預け、年々元利を積立、子どもの成長の手当として備え置いたら自然と風俗が変わり、生育する子どもが増える。④貧民で子どもが多い者に第三子以後を産む際、懐胎中から出産まで扶持を下したら、貧民は懐胎をすぐに申し出るし、それを吟味すれば堕圧は禁止できるだろう。という内容の四案に対して、幸太郎は最初の①②は「否」としているが、③は「可」④に至っては「最可」と書き込んで提出している。この簿冊には、幸太郎の他三八名の議者の書出が綴られている。①～④は定型文で、各人が「最可」「可」「否」「未定」と書き込むのが基本であったが、それぞれに持論を書き込んだり、「可」のみ抜書したりする者もいた。

「邑久郡議事院会議書上」(30)によると、①の「可」は一三名、「否」は二一名、②の「可」は九名、「否」は二〇名、③の「可」は二三名、「否」は一五名、④の「可」は三四名、「否」は三名で決議した。

①②は堕圧違反者への取締り・罰則、③④は子どもの養育手当を創出することによって堕圧を禁止していく案であるが、前節の衆議書の内容でも見たように、ここでも人々が直接的な取締りよりも、新たな社会制度の改変

を必要とする改善案へ期待を寄せている様子がみられる。

四　藩議院への提出

では、この決議はその後、地域行政にどのように活かされたのであろうか。第一節の第三項で見たように、邑久郡議事院規則では決議後の処置については特に触れられていなかった。この顛末を記しているのが、明治二年十二月の「邑久郡議事院会議書上」であるが、以下その内容から、邑久郡議事院が当時の岡山藩政においてどのような意味があったのか、その意義づけを試みたい。

「堕胎圧殺禁止」の決議は十一月十日の第三回議会に行われたが、同日には新しい議案である「未進片付方見込」と「興文館棄児院」の衆議書も作成された。この二つの議案はこれまでの「貧民立行方」「郷兵制度」「堕胎圧殺禁止」の議事の進め方とは異なり[31]、衆議書の作成の後に、特選議者による衆議書の選別がされるように変わった。特選議者とは九月に総議者の入札により選抜された者たちであり、下笠加村幸太郎[32]、尾張村横山謙斎[33]、鶴海村大月立節[34]、豆田村松原駿二[35]、下阿知村市郎二、福元村一吉、飯井村額田太仲[36]、福岡村平井秀策[37]の八名であった[38]。邑久郡議事院規則には位置づけがなかったが、議事のとりまとめにおいて、必要と考えられ創設されたのであろう。十一月の第三回議案からはこの特選議者が衆議書のなかから可否決議に採用する議書を選抜する方式がとられ、「未進片付方見込」は特選議者が選別した議書を議者全員で可否討論即議し、「興文館棄児院」は時間の関係で可否討論に至らなかった[39]。

これら第三回議会の決議とその内容を書き上げたのが、「邑久郡議事院会議書上」であるが、この書上と、それぞれの衆議書から「条理弁ずべき」議書を選別した冊子三冊と、上書一通を議頭野崎万三郎と議頭補射越村晋平が十二月に岡山藩議長へ提出した。

邑久郡議事院で議論された「堕胎圧殺禁止」「未進片付方見込」「興文館棄児院」の衆議は「何れも御採用可相成見込も無御座候得とも一応卒爾之討論其儘書上、尚追々大議院御開局之上奉命再議仕せ度奉存候」とあるように、いずれも藩政ですぐに採用できるものではないが、岡山藩議院が開局後、ぜひ再議をしてほしいとしている。第一節第二項で確認したように邑久郡議事院の目的はあくまでも「上下情相貫通」であり、藩政の担い手である藩議院に地域の状況を知らせ、共有することであった。そういった意味において、議事の内容を知らせ、「衆議書」を藩議長へ提出できたことは本来の目的を達成したといえるが、藩議院が開局されない限り、それが藩政全体で議論されることはなく、彼らが考えた完全なものとはならなかった。明治三年四月の藩議院再開をもって全体がようやく始動するが、それらについては本章では取り上げない。

第三節　邑久郡の議者について

ここで再び堕胎圧殺禁止衆議書一覧（表2）に目を向けてみると、議者八三名中、私塾を経営する教師や医師が六名、名主・五人組頭などの役職をもつ者が一二名で、残り六五名は肩書をもたなかった。第一節第一項で確認したように、議者は才能をもとに入札で選ばれた人々であったが、邑久郡の場合、大部分が役職をもたないのが特色といえる。

また、前節で触れたように邑久郡議事院では九月に特選議者を選定し、議事の集約の効率化をはかったが、この特選議者のメンバーは名主二名と私塾を経営する医師・教師六名であり、彼らが果たした役割が注目される。

彼らは議事の集約のみでなく、他の議者を先導し、議者を「議者」たるべく育てた人々なのではないだろうか。

この推論の基底には幕末からの邑久郡政の特色がある。邑久郡は慶応元年（一八六五）より香川真一[40]が郡奉行となり、邑久郡下笠加村大庄屋森太郎右衛門の別宅を借りて地方に居住し、郡政改革を行った。その内容は、①年貢未進の取締り、②誹謗箱の設置、③郡の学館「淳風館」の経営、④乙子村・大ヶ島村に郡管轄の備荒貯蓄倉を創設、⑤貧村に牛銀を貸与、村名を改称、⑥堕胎圧殺禁止のため妊娠令を発布、妊娠・出産の届出の徹底化、⑦貢納以前の新米売買の解禁、⑧孝子・節婦の褒賞などである。[41]香川は明治二年（一八六九）正月に初代岡山藩議院議長に仰せ付けられるまで邑久郡政を主導したが、邑久郡議事院で議論された議案「貧民立行方」「堕胎圧殺禁止」「興文館棄児院」「未進片付方見込」などは、この郡政改革における問題意識を引き継いだものと考えられ、彼が郡の「学館」として設置した淳風館[42]の教師には、のちに特選議者に選定される下笠加村幸太郎、尾張村横山謙斎、豆田村松原駿二、福岡村平井秀策が含まれていた。

彼らが中心となり、地域の教育にあたりながら、地域行政の問題点を議者たちと共有し、議論し合う場である邑久郡議事院をささえていた。

おわりに

本章では第一節において、岡山藩議院の開設と邑久郡議事院の関係を整理しなおしたが、二年二月から開始した岡山藩議院が版籍奉還の影響で中断するなか、邑久郡議事院は、他郡同様藩より歩みを先にし、政府の法案をもとに地域色を加えた独自の規則を作成し運営を開始した。その目的は藩全体で地域が対面している維新期の社会問題を共有することであった。

第二節においては「堕胎圧殺禁止衆議書」をもとに、議者たちが、どのような傾向をもって問題を改善しようとしていたのか、その内容分析を試みた。彼らが議事院で結論づけた改善策は直接的な取締りよりも、新たな社会制度の改変を必要とする内容であったことがわかった。

第三節においては、議者自身がどのような人々であったか、彼らを幕末から続く邑久郡政のなかに位置づけ、郡の学館淳風館の教師たちが邑久郡議事院で主導的な役割を担い、議論を活発なものとする素地となっていたと考えた。

湯川文彦は、国会開設までの議会制の導入を「抱えきれない政治課題から議会への過剰な期待が生まれ、その期待から新たな議会がつくりだされた」と評価し、明治維新期の統治体制の脆弱性を補う手段として議会が生み続けられたと評価している(43)。岡山藩議院も岡山地方で同様の機能の端緒であったのかもしれないが、それ以上に邑久郡議事院が興味深いのは政府と軌を一にするように開始した議会が、それより先行する形で準備を整えていた点にある。幕末の郡政改革の内容が「貧民立行方」「堕胎圧殺禁止」「未進片付方」など人々への参加を求めるものであったため、人々の意見を集約する機能をもつ議会に対する期待が藩側・在方双方に高まったのは必然であり、在方におけるその発露が邑久郡議事院であったのである。

本章はその一端を提出したに過ぎない。今後さらに分析を進め、議論内容や議者の考え方を学び、維新期民衆の「思想」研究を深めていきたい。

【注】

（1）野崎万三郎（一八三九～一九一〇）。安政五年（一八五八）十九歳で名主役、明治元年（一八六八）大庄屋役に就任。二年岡山藩議院の議頭職に就任、翌年には給禄二五俵の郷佐役を拝命、悪田畑改正を建議。廃藩置県後岡山県庁に奉職。二十六年の退官まで地租改正、岡山県会、児島湾開墾、収税事業など様々な事業の立ち上げに尽力。詳細は拙稿「明治前期岡山県吏野崎家資料について」（『岡山県立記録資料館紀要』第一五号、二〇二〇年）参照。

（2）上村和史「岡山藩議院の設立と議院における議論」岡山地方史研究会二〇一五年十月二十六日報告（岡山地方史研究会公式ブログ http://hide-u.cocolog-nifty.com/okayamachiho/2015/10/index.html参考。二〇二一年一月閲覧）、本章の初出は『岡山県立記録資料館紀要』第一六号（二〇二一年）であるが、その後、沢山美果子が邑久郡議事院を含めた岡山藩議院の議論を手がかりに、明治初期に人々が産育をめぐる困難をどのように打開しようとしたのかを分析している（「近世・近代転換期岡山地域の「堕胎・圧殺、棄児院」をめぐる議論」『岡山県立記録資料館紀要』第一八号、二〇二三年）。

（3）太田健一「野崎万三郎翁と初期岡山県政」（『岡山県史研究』第八号、一九八五年）。

（4）定兼学「岡山藩議院について　新発見の「議院御用留帳」の紹介をかねて」（『熊山町史参考資料編』二〇一一年）がある。

（5）「史料草案」巻之弐拾六、明治二年二月七日（池田家文庫）。

（6）「諸御用留帳」明治二年正月、Ａ63-111（以下、岡山県立記録資料館所蔵の野崎家資料のうち、明治前期岡山県吏野崎家資料はＡ60、邑久郡西幸西村野崎家資料留帳類はＡ63、と資料番号のみを付す）。

（7）明治元年十一月から二年九月まで郡代民政主事（「諸職交替」池田家文庫 F1-1～7）。

（8）定兼前掲論文で紹介している磐梨郡「議院御用留帳」からは、四月十日に仰せ付けられた各郡の議頭補の人名がわかる。同論文では議頭補の選定について、「議頭と同じく旧大庄屋クラスの人物が就任したと考えられる」（五八二頁）とされているが、名主クラスとした方がよいかと思われる。定兼が紹介している「議院御用留帳」を作成した議頭補の森田軫九郎は大庄屋（『改修赤磐郡誌全』岡山県赤磐郡教育会、一九四〇年）であるが、基本的には名主層のなかから選定され、例外的に大庄屋から任命されたこともあったと考えたい。

（9）前掲注6。定兼前掲論文には星島家文書「諸御用留帳」から同文の紹介がある（五六四頁）。

（10）「御用御触留帳」慶応四年正月、Ａ63－100。

（11）定兼前掲論文五八二頁。

（12）明治維新期の新政府が行った議会制導入とその意味を俯瞰的に検討した湯川文彦「明治維新と議会制導入」（『日本歴史』第八七二号、二〇二一年）では、明治元年四月二十七日付『中外新聞』で神田孝平（旧幕府蕃書調所頭取、のち公議所副議長）が「江戸市中改革仕方案」として議会開設を訴えた内容を紹介しているが、江戸市中を二〇組に分け、「入札の法」により「誠実才能ある者」各二名を選出し奉行所に集めるというものであり、岡山藩議院の選出と共通する点が多い。

（13）前掲注6。定兼前掲論文で紹介している磐梨郡「議院御用留帳」にも同じ「覚」の記載がある（五七三頁）。

（14）前掲注6。

（15）「諸御用留帳」明治三年正月、Ａ63－116。

（16）『岡山県史第二十八巻政治・社会』（岡山県、一九八六年）一七号資料。磐梨郡では六月に議者が申し付けられている（定兼前掲論文五七二頁）。

（17）「議事院録」明治二年七月、Ａ60－1。

（18）太田前掲論文。

（19）上院・下院構想については慶応二年（一八六六）十一月三日の横井小楠の松平慶永宛意見書に「一大変革之御時節なれば、議事院被建候筋、尤至当也。上院は公武御一席、下院は広く天下之人才御挙用」（『小楠遺稿』民友社、一八八九年、一〇九～一一〇頁）とあり、大名・公卿からなる意思決定機関の「上院」、それ以外の「天下之人才」を広く登用する建議機関の「下院」として当初構想しており、これはその後幕府に大政奉還を促した土佐藩意見書やその作成者である後藤象二郎、福岡孝弟が慶応三年十二月にまとめた新政府の議会制度にも認められるという。湯川前掲論文参照。

（20）定兼前掲論文五七三頁。

(21) 定兼前掲論文五七四頁。

(22) 石田寛『津田弘道の生涯—維新期岡山藩の開明志士—』(吉備人出版、二〇〇七年、二四〇頁) には「明治二年五月四日に議院初回がもたらされ」としているが、出典が明記されておらず、本章を作成するなかでは同様の記録を見つけることはできなかった。当該期の史料草案は欠。明治二年の留帳にも同様の記載はなかった。津田弘道は明治二年十月二十一日から三年十月二十四日まで岡山藩議院議長補、二十五日付で議事専務大属に任命された。

(23) 前掲注5。

(24)『明治文化全集』第一巻憲政篇、一九二八年。定兼前掲論文に紹介。

(25)「修史草案」巻六、明治三年四月十二日 (池田家文庫)。

(26) 前掲注6。

(27) 沢山美果子『近代家族と子育て』吉川弘文館、二〇一三年、一三二頁。

(28) 前掲注17「議事院録」によると、本来第二回は九月五日に行われるところ「御穏便ニ付延会」となった。実際行われたのは九月十六日 (「邑久郡議事院会議書上」明治二年十二月、A60-16)。

(29) 明治十年 (一八七七) に牛文村副戸長を務めた高原宗一郎か (『長船町史通史編』長船町、二〇〇一年、五七八頁)。

(30)「邑久郡議事院会議書上」明治二年十二月、A60-16。

(31) 八月の第一回議案である「郷兵制度」は可否書出が残っていないが、「議事院録」(前掲注17) に決議の内容が記されており、決議書と衆議書のなかから選抜した五通を八月付で岡山藩議長上島与物兵衛へ提出しており、邑久郡議事院規則に則って議事が進められたことがわかる。また同書によると、第二回議案は「堕胎圧殺禁止」の他に「下方難渋之事件」もあったが、これはそもそも決議を目的とせず、意見がない者は議書を持参しなくてもよいものであった。そのためか、衆議書も編冊されていない。

(32) 下笠加村幸太郎 (一八一八〜一八九五)。のち児島東雄と改める。文久元年 (一八六一) 宗三村に私塾発蒙館を開いて青少年の教育にあたる。元治元年 (一八六四) より淳風館で教授。明治に入ってからの地租改正事業では邑久郡の地租改

正惣代。明治十四年（一八八一）邑久中学校を主宰、のち邑久郡役所書記。退官後は私塾開華教場を開く（小林久磨雄『邑久郡史』下巻、邑久郡史刊行会、一九五四年、『岡山県歴史人物事典』山陽新聞社、一九九四年）。
(33) 尾張村横山謙斎（一八二四～一九〇三）。邑久郡牛文村医師久山禎輔に医術を、大坂の緒方洪庵に蘭学を学び、弘化四年（一八四七）より開業。嘉永年間より尾張村に育英学舎を開き、漢学・算術・習字を教授。元治元年より淳風館で教授。明治四年藩命により種痘御用。五年より小学校・中学校教師・校長を歴任（出典は同右）。
(34) 鶴海村大月立節（生没年未詳）。嘉永二年（一八四九）より鶴海村で漢学塾桂薩村舎を開業。医師（小林前掲書）。
(35) 豆田村松原駿二（一八二九～一九〇四）。緒方洪庵、山田方谷らに学ぶ。文久二年医師として開業。小児科を専門。元治元年より淳風館で教授（小林前掲書、前掲『岡山県歴史人物事典』）。
(36) 飯井村額田太仲（一八〇九～一八七〇）。難波抱節に儒学、医学を学び、京坂にも遊学した。病で帰郷後、飯井村で診療を始め、私塾も開き、近隣の子弟を教えた（出典は同右）。
(37) 福岡村平井秀策（一八一七～一八七七）。福岡村で代々の医家に生まれる。閑谷校および勇修塾（津山）に学び、医術を京都で修める。元治元年淳風館の教師となり、明治二年福岡村で漢学塾博文館を開業、医業の傍ら教育に携わった（出典は同右）。
(38) 前掲注17。
(39) 前掲注30。以下、同節の内容はこの資料による。
(40) 香川真一（一八三五～一九二〇）。嘉永六年（一八五三）藩命により西洋砲術を学び、元治元年（一八六四）九月新流大砲用掛となる。慶応元年（一八六五）抜擢されて郡奉行に任命される。明治二年正月岡山藩議院議長、七月参政試補兼公議人に申し付けられる。十月権大参事などを歴任（「国事有功者履歴」明治二十八年、池田家文庫 D3-3327）。
(41) 谷口澄夫「香川真一遺稿「自伝稿」（上）」（『瀬戸内海研究』第一一号、一九五七年）、『邑久町史通史編』瀬戸内市、二〇〇九年、五四五～五四六頁。香川真一が郡奉行に就任した年号は前者が文久二年（一八六二）、後者が慶応二年（一八六六）。当該時期の奉公書は残っておらず、本章では明治五年までの香川の事績で比較的年号月日の記載が詳しい「国事有功者履歴」(前掲注40)の慶応元年(一八六五)を採用した。

(42)淳風館は下笠加村大庄屋森太郎右衛門が元治元年(一八六四)自らの敷地内に幸太郎(前掲注32)、横山謙斎(前掲注33)、松原駿二(前掲注35)、平井秀策(前掲注37)、戸田玄周の五名を招聘して青年の指導を依頼し始められた。集まった子弟は四〇名であったという。翌年香川が郡奉行として赴任、下笠加村の森家別宅を借り受け居住、郡政にあたったことは先述の通りである。香川の自伝では自らの事績として「一ノ学館ヲ下笠村(ママ)ニ興シ淳風館ト名ツク(中略)郡中学館ヲ設クル之ヲ嚆矢トス」(前掲注41)としており、『邑久町史通史編』でもこの記述をもとに彼が開設したとしているが、(五四六頁)彼の業績はむしろ大庄屋を中心として開業されていた淳風館を郡の「学館」として位置づけたことにある。

(43)湯川前掲論文。

表２　堕胎圧殺禁止衆議書一覧

№.	村名	議者(肩書)	議論の要旨	分類
1	下笠加村	幸太郎（教師）	「棄児院」を開基し堕胎圧殺の厳律を立てる。また、関東従軍中の土師村民蔵の献白であるが、悪習の罪を民衆に負わせ厳しい制令で取り締まるのみでなく、第三子以下の出生へは藩主からの御恩賜金を願い、産衣料、雛幟料など正金５両分を五軒組合より取り立て、大庄屋に預けて組合融通金に廻し、元利を養育期間中親に渡す。	②⑤⑦
2	尾張村	横山謙斎（医師）	違犯した者に厳罰を科し、貧民多子の者へは御褒美を賑救する。	①⑦
3	鶴海村	大月立節（教師）	窮民で３人以上子どもがいる者にその子どもが７、８歳になるまで穀物２銭貨で年々賑救を出し、村役人や医者には格別の周旋するように布令し、堕胎圧殺の禁止に違反した者は厳罰とする。	①②⑦
4	豆田村	松原駿二（医師）	御国中で莫大な費用となっている寺院僧徒の素餐を減少させ生子養育料として５、６年間相応の米銭を与える。邑久郡家数１万220軒の内捨子613人、その養育料として社寺領の取上、社寺林、自林野山、請藪の運上米、樋守給の半料をあてる計算あり。	③⑥
5	福元村	一吉（名主）	酒造株を減少して酒造を減石し、食米を増やす。一郡に４、５ヶ所公田を設け、凶年のお救に当て、農民の気を削がず食米を増やす。過料（商人、倹約、祝儀、遊芸、悪業）を貧民出産以後10歳までの扶食とする。	①⑥
6	飯井島	額田太仲（医師）	刺術をする者を死罪か永牢に罰する。村役人が妊娠・出産を把握する。貧者で養育できない者へ近頃徴収のある辛抱銀や頭銀を養育米として渡す。	①⑦⑧
7	福岡村	平井秀策（医師）直太郎	窮民の第三子以降に７歳まで年３俵の扶持を与える。この扶持は違犯者の過料と不足する分は藩と村方の地主が出す。	①②⑦
8	向山村	喜代次	１郡に１、２ヶ所「捨子館」を建てる。養育が難しい者はここに預け、６、７歳から藩校や閑谷学校へ入れ教育を受けた後郷兵として勤めさせる。	⑤
9	盛崎	清左衛門	今の勢いでは禁止の見込みは全くない。藩主の仁政次第である。	⑪
10	上山田		郡中１ヶ所ずつ捨子院を設ける。養育料は引受ける者に米３俵ずつであるが、藩からと郡中蓄米から１ヶ年１俵づつ５年間添遣わす。	⑤
11	西幸西村	鹿蔵（西片岡村名主）	堕胎圧殺禁止を破った者は厳刑に処する。極貧者には１郡１組合か最寄りで生育講を企て、豪民から有余の米麦を集め、その益で小児生育をする。豪民にとっても困った際の助けとなり両全である。刺胎術を行う者、堕薬を売買する者を厳罰に処する。	①⑦
12	大山村	安太郎	懐胎の者の出生を取り調べ、貧福を見合わせた上賞詞養育料などを渡したなら、慚愧の心を生じ自然と弊風が一変するだろう。	①⑧
13	福永村	弥兵衛	(1) 商人過料を取り立て組合へ預け置く。(2) 当作地子米麦の内から２歩方取り立てる。(3) 身元がよく多人数でも子どもを養育できる者が堕胎圧殺をした際に過料米３俵取り立てる。(4) (1) ～ (3) で生子養育扶食に不足する分は藩より渡すようお願いしたい。(1) ～ (4) の４ヶ条を以て貧民養育料として、１年に米３俵づつを５年または７年の間取立てたなら、段々村々の人数を増えて15、６年もしたら散田も興起するだろう。	①⑦

No.	村名	議者(肩書)	議論の要旨	分類
14	土師村之内宮下	嘉次郎	懐胎した者は隣家五軒組より組の判頭へ申し出て、出産の時も見届け次第直に判頭に申し出、上役に達し記録する。医者への謝儀は貧民が困るので、以後村役人制度に書き上げる。貧窮の者へは養料として懐胎の間は米半俵、出産以後は6年間米1俵下し、極々貧の者へは懐胎の間は米1俵、出産以後は8年間2俵づつ下す。年に一度心学道話をする者を廻村させ老若男女に至るまで慚愧の心を起こさせる。	①⑧⑨
15	北幸田村	良右衛門	貧民は富民の風俗を真似て驕奢になり自ら貧苦に陥っているため、富民が質素節倹をして貧民の手本となる様仰せになったら出費が減じ、その益で貧民を救ったなら自然弊風一変し、それぞれが慚愧の心を起こし、禁止することができる。堕胎を五人組合の者から吟味し、議者へ申し出るようにすれば取締向きもよい。	⑦⑩
16	奥浦村	豊蔵（五人組頭）	医者中、村役人が村内を廻り懐胎の者を見分し、家主家内の者へ説諭をする。出産以後養育料1000日間1日米5合ずつ扶助する。身元相応で禁を破った者は厳しく取締まる。	③⑦⑧⑨
17	久志良村	栄蔵	布告の通り貧民へ養育料を救助して立行方を決議したら手順が立つだろう。	①
18	福岡村	与一兵衛（名主・富岡の人）	邑久郡の中央へ「捨子役所」を造営し養育する。乳入用のために貧富に限らず乳がある者を書き出して置く。心得違いで法を破った者は国外追放する。先年差出した余力銀を下されたらこのたび下方より冥加として差上げる。	⑤⑦
19	横尾村	東吉	これまで7人以上の家族を養う者を五人組合で助けてきたが、追々米麦が高値になり、扶食も行き届かず、村役人を怨む者がでてきて迷惑をしている。このままでは村中助け合って養育するのは難しい。極貧10歳以下へ扶持を下されたい。	①
20	庄田村		安芸や摂州、尾張などの一向宗門では堕胎圧殺の愁は全く無いと聞いている。御一新の折柄、一向宗門に宗旨替えしたらどうか。	⑥
21	大久保村	恵三郎	藩より多子生育の者へ褒賞恩賜し、人々がそれを一家の栄とした上で、厳しく悪習を取り締まったなら生育が増すだろう。	②⑦
22	西幸西村	鹿蔵（No.11と同）	民の塗炭の苦しみを免ずることが堕胎圧殺の禁止につながる。よって再検地を行い免を制し、貢法を一変、富国強兵の基本を立てるべきである。附、産婆堕薬・巫覡の符水など厳科を処するべきである。	⑥⑦
23	射越村	杏平	村議で討論した結果（1）外国交易（2）諸物価稀代の高騰（3）天候不順、多年の凶作（4）年貢未進、借財嵩み高利を貪る（5）高掛郡中割郷兵入費（6）金銀金札銭相場の乱高下（7）雛・幟の費が驕奢。（1）～（7）の大煩を脱せられたら民は富み栄え、慚愧の心を起こし堕胎圧殺の禁止もできるであろうとなった。3人目から御扶持米3合づつ下し置かれたら弊風一変し、強兵の一策ともなるだろう。	②⑥
24	虫明村	太郎兵衛 角太郎	死生天命の正路に導けば互いに慚愧の心を起こし自然と禁止になるだろう。極貧は密通・内縁・後家・寡婦・妾の内に難題として出てくる。これに対し村々の議者が差し支えないよう庶議の上対応し、取計いができない際は議頭を通して藩へ申し出、裁許を願う。士分で万一心得違いで堕胎圧殺の過がある際は切腹、農工商で身元がある人は田徳金銭を取上、この利益で貧窮者の生子扶助手当にし、身元がない者は入牢。	①⑦

No.	村名	議者(肩書)	議論の要旨	分類
25	牛文村	宗一郎	子養育米として居屋敷の租税を減少するように仰せ付ける。もし心得違いの者を見聞したら村役人・五軒組合から厳しく指図して藩の裁許を承る。外国の立法に基づき、便利の地へ「養児院」を立て、役人が出張し乳母など手配する。成人の後は「文武館」で諸芸を身に着け、時節柄戦兵に取立てるなどする。刺婆や堕胎薬の販売者を厳刑に処する。先達て差出しになった絵図を一戸ごとに広めたら自然と悪心も善心に立ち帰るだろう。	③⑤⑥⑦⑨
26	東片岡村	歓太（五人組頭）和一郎	出産した年から12、3歳まで米麦御救助する。当日渡世を営みかねる者や年輩で扶食に乏しい者は法令に背くであろう。有徳に暮らしているのに図らずも堕胎圧殺をした者は厳罰を科するようにする。安政5年4月郡代山内権左衛門が極貧者出生の子ども扶養（3歳まで毎年5俵、4歳から8歳まで3俵）をした。	①⑦
27	北幸田村	定平（名主）	中以上の百姓が勝手に堕胎圧殺を行ったら罪金を取り立てる。中以下の百姓が懐胎したら早々取り調べ、出産後育料遣わし、その上で堕胎圧殺を行ったら厳刑に処する。中以下の百姓で心得違いの者に罪金を取立ないこと。藩主の帰藩後に新規の御仕法御冥加金の取立がないように仰せ下されたなら下方の人気も和らぐだろう。近来諸国異人が多数入り込み、多端の入費、百姓においても困窮差し迫り、交易勝手次第により諸色高値、貧民も渡世し兼ねている。米麦相場が下値になったら出生人数も増すだろう。	①⑥⑦
28	上笠加村	後兵衛	堕胎圧殺の弊風は驕奢増長により起こっている。本郡の鶴海村庄田福谷辺りは未だ質朴節倹を常とする土地柄であるため悪風もあまりない。よって厳しく節倹を守り、無用の入費を省き家業を楽しみ、何となく質朴の風俗に推し移り富み栄えたら自然と悪風も一変するだろう。しかしこの弊風が増している今は禁止の法も廃し、極々窮民の扶助を設けられたい。国中の寺院米金の費が莫大であるので、1郡に1宗1ヶ寺に減らし、弔いの費用も軽くし、追善も僧を呼ばず家内で行い、その入費を分限により役人に預け置き、貧民の小児養育費として6歳まで1ヶ年2俵づつ遣わしたら堕圧も止むだろう。死後の入費でこれまで堕胎していた小児の養育ができたなら、先祖に対して功徳となる。百姓の内家業を行わず博打などを取り行っている者を吟味し、家業を行わせたなら、壮年血気の若者数百人が一時に出産するのに相当する。	①⑥
29	山田庄村	栄三郎	中農以下第三子より3俵か4俵を10年前後ご褒美として下されたなら人数が増すだろう。出産祝儀、上巳端午の二節句の祝物、子どもの身祝全て差止め、貧家でも富家を羨まず養育できるようにする。これら村議一決のまま書き上げる。	②⑩
30	佐井田村	小介	第三子より3、4歳の内は扶持を支給する。年子を養う物は格別に手配し、五子を成人まで育て上げた者には毎年御褒賞を仰せ付ける。	①④
31	鹿忍村	梅介	近来諸色高値で下方では子どもを3、4人育てると親子とも難渋する。中以下の者の子育ては多少に限らず親子とも立ち行く様にしてほしい。中以上の者が堕胎圧殺を勝手にしたら相応の過料を取立、以下の者へ割合にして遣わしたら、自然と堕胎圧殺を慎み、人数も増し、村方の田畑を大切にするだろう。	①⑦

No.	村名	議者(肩書)	議論の要旨	分類
32			中以下の者は当り作や日雇いで、老人を養い、子ども2、3人を育てるのに田畑や家屋敷を売払い、その日を暮らせず、親子共難儀している所、近来諸色高値でさらに養育が難しい。第三子出産の月から5年間藩より1人扶持を下し、中以上で堕胎圧殺の禁に違反した者には相応の過料を取立、中以下の養育者に割合をもって遣わす。	①⑦
33	与田	要蔵	富裕者で堕胎圧殺を行った者は罰金100両を科し、貧民のお救いに当てるのはどうか。しかし間引きは大概貧民に多い。貧民の養育料として糠藁代を半分に下げ、貧民の救いがある時はそこから出したら弊風の一助となるだろう。	①⑦
34	神崎村	鷹次兵衛	極貧民の多くは今日の糊口に差し支え難渋する所からやむを得ず堕胎圧殺を行う。このまま捨て置いては村々寄絶家も多くできる。寺院や便宜のよい場所へ「助育所」と唱え赤子を捨て置き、5、6歳まで養育し、訴歎に及ぶ親がいる場合訳柄を計らった上で親元に返し、出所不明の者は散田畑耕作や所々の株絶や独身相続人のいない者へ株継に遣わしたら小児が多く成長するだろう。その入用金銭は（1）法令に背き買込みや抜売をしている者から罰料をとる。（2）高利貸や田畑当作加地子を引上げている者を4、5年の間極貧民で小児養育手段がない者と入れ替え、持ち来たりの金銭を取上、養育入用を任せる。富民が改心したら戻す。（3）富民で堕胎圧殺をしている者は戒めとして集会の節末席に差し置き、罰料を分限に応じて科し、それを貧民養育者に賞助とする。	①⑤⑦
35	乙子村	善左衛門	（1）堕胎圧殺を行った家主・産婦・五人組合に相応の咎を下す。（2）妻・娘・後家が懐妊したら五人組合へ申出、五人組合筆頭が判頭へ届ける。毎月判頭が改め、村役人へ申し出る。（3）出産を五人組合で見届け、判頭へ申し出る。（4）出産の節五人組合に届け出なかった際は過料金1両を科す。死胎の際は金3両、五人組合は金1歩の過料。（5）過料を貧民小児養育者へ遣わす。過料がない場合は村議の上富民より相応の助成を願う。	①⑦⑧
36	下阿知村	市郎治（名主）	妊婦の出産を五人組合が見届け、後から堕胎圧殺がわかった際は咎を下す。養育料は1軒に付き銭札5分ずつを毎月積立、世話方肝煎を2人決め、貧富に応じて割賦する。	③⑦⑧
37	長船村	夏太郎	法度を立て、極貧の者へは小児1人に麦3俵ほどの生育料を下し、御用掛かりの医者や村役人に厳しく取締をさせる。	①
38	西片岡村	松五郎	土地が空いている所へ「捨子軒」を造立し軒司を申し付け、貧富に関わらずやむを得ない場合や後家や娘で父親がわからない出産の時、遠慮なく「同所より何の方に当たる」という札を付けて捨て置き、軒司が養育者を見つけ養育料を渡すようにする。養育料は虚無僧の軍用手当として下方より差出している分を積立たらよい。御一新の折柄、重婚でない限り小児養育するならば男女の婚姻を宥恕したらよい。	⑤⑥
39	八日市村	賢次	今般諸運上の取立てを廃されたが、再び取立てその金高で正米を買い、利付して貸し回し、年々元利組立てたなら余程の蓄米となる。その米を極々貧者の子ども3人以上から7歳位迄の間1人何程と定め扶助したら「御威光」を有難く感服し弊習を去り人気一変し堕胎圧殺の禁止の目図にもなるだろう。	①⑥

No.	村名	議者(肩書)	議論の要旨	分類
40	新地村	周蔵	乙子村御蔵（郡営の備荒貯蓄蔵）納銀1ヶ年に300目ずつ毎年お下げになり、五軒組合が取り締まる中、堕胎圧殺違反が顕れた際は過料としてその五軒組合から300目ずつ取立て、その上年柄がよい年には村内から貧民子ども養育料として300目ずつ取立て、これらの銀を村預かりにして元利をもって子孫育料としたい。	①⑦
41	豊安村	徳左衛門（五人組頭）	(1) 新太郎様（池田光政）の時や百年余り以前のように万端にしたら貧民も有難く思うだろう。(2) 神職や寺方が初尾や布施を取るばかりに気をつけ神仏の道を失っているため、寺領社領を取り上げたらよい。(3) 村々で少々書物を見回っている者へ少しずつ扶持を下し、寺子師匠として神仏儒道仁義礼義を守り、追々人数を増やしていったらよい。(4) 藩主から最も費えとなっている禁酒を仰せつけるとよい。(5) 散田畑興起するよう考えてほしい。	⑥
42	大塚	沢吉（名主）喜平次	懐胎の者を五人組合より村役へ申し出、貧者で養育するのが難しい者へは14歳まで扶助米を下したら追々人数が増え、散田手余地へ出百姓を願ったら上下の為筋となるだろう。	①⑧
43	邑久郷村	久太郎	藩の出資で組合の内1ヶ所づつ大村ならば村々でも子ども養育場所を拵え、人目に知れないように差し出させ、藩が助勢したなら、追々藩にも役立ち、散田手余り地がある村方に差し向け耕作させたら上下の為筋となるだろう。	⑤
44	下山田村	嘉三次	中下の者の出生子に7歳までの間近来御触の通養育料年々遣わしたら堕胎圧殺の所業も改まり人数も増えるだろう。	①
45	上阿知村	兵次郎	藩から1人100目当りの銀を村方人数の割合をもって下し、それを運用し貧民の子どもを育てる。	①
46	小津村	熊右衛門	神儒仏の三教をもって説諭したら、自ずから慙愧の心を起こし育てるだろう。	⑨
47	西幸崎村	駒太郎	堕胎圧殺の禁止を制度としてしてほしい。取締の方法は郷内で儒者実体な者を藩より聞き糺しの上人選し、村々吟味役人として3、4人程づつ付けてほしい。依怙贔屓が発生するとよくないので任期を付けて定期的に人が替わる方がよい。懐胎おろし薬など使う者は村々の儒者が吟味を遂げる。	⑨
48	宿毛村		村内に世話人を申し付け、渡世や養うことが困難な者が懐胎したら、子のない者に申し付け、子となし、4歳になるまではその者より親へ「よのひ」するようにしたら、郡中人別が増えるだろう。郷蔵を南幸田村辺りに命じてほしい。	⑤
49	福里村	真タ右衛門	堕胎圧殺の薬を売る者や刺婆という者を厳しく差止められるよう仰せ付けられたい。やむを得ない事情でこの事が起こっていると申し出があったが委細は村議書へ差し出す。心得違いで圧殺を行っている者もいるので、この場合は村役人を始め、隣村隣家の者であっても見聞き次第、違反者について委細書出し無名で辻々所々に立札したら追々慙愧の心が起こるかもしれない。藩からも厳しく厳罰が下されるだろう。極貧難渋の者で多分に生育している者は相応の賞を与えてほしい。これの政事向を異国人に任せ異国の風習が移ったら、自然と禁止できるだろう。	①⑥⑦

No.	村名	議者(肩書)	議論の要旨	分類
50	東須恵村	伸太	堕薬を月払で売り広める者や取り扱う者を厳科に処したら自然と改心するだろう。もし流産や難産で育てるのが難しい者は即座に医師の見届けを受けるべきである。貧民で心得違いを起こす者はこれまで布告している養育料をもって、最寄りのよい場所に「子産館」を造営して乳母を差し向けたら成長でき、国栄となるだろう。	⑤⑦
51	笠輪村	小兵衛	衣類飲食など節倹堅く仰せ出されたら奢りが抑えられ自然と慙愧の心が起こるだろう。その上で貧民が出産したら御米3俵ずつ下したら貴賤とも多数育て上げれるだろう。年貢払上げの分からその分を出し、その他に1俵につき3合を冥加米として取立て預かり、貧民で出産した者へ褒美として下してほしい。そうしたら追々人数も増え散田を起こす基になり、上下の為筋になるだろう。	①⑩
52	門前村	虎之介	身元がよい者が堕胎圧殺を行ったら隣家五人組合の者が取り糺し、相応の咎とする。貧者で渡世経営しかねている者が行った場合、身元よろしい者が養育料を遣わせば圧殺は止み、村民が増え為筋となるだろう。	①⑦
53	寿富	河野兵衛	近年格別の凶作で貧民の小児養育が難しい。藩の御林竹木を切り払いその金で18歳まで養育をしたらどうか。心得違いで安逸に渡世したい気持ちから禁を破る者は厳科を申し付けたらよい。	①⑥⑦
54	大富村	千代吉(五人組頭) 恵左衛門	厳しく制度を立て、以後五軒組合が互いに吟味し、もし違反した者がいた場合本人はもとより五軒組合の者まで厳しく取り締まる。死胎・流産の節は五軒組合よりその虚実を糺し早急に村役人へ届ける。極貧の者は御銀札を4,5年の間藩から助成する。	①⑦⑧
55	磯上村之内西岡		貧窮であることから心得違いの者もあるかと思うので、懐胎になったらその月から米半俵ずつ下し、出産の上は5年間毎年3俵ずつ仰せ付けたら、自然と心違いの者も改めるだろう。	①
56	土佐村	善左衛門	堕胎圧殺をする者は夫婦ともに吉凶の会合や他行の際にたすき帯を用い、もしそれに背いたら悪徳者に勝手次第奪い取らせる。ただし追って出産の子を養育した際は以前の通りである。	⑦
57	福谷村	卯市	富民で懐胎した者は隣民が気を付け、もし隠すものがいたら隣民も罰を受ける。5人10人を育てあげた者は新株別家を許可し格別の褒美を受ける。堕胎圧殺をする者は厳しく吟味し禁止する。貧民で懐胎したらこれもまた隣民が気にかけ、その土地の富者がその妊婦を援助し、出生の上はお定めの養育料をお下しになり、年々払っている頭銭・余力金・博打過料の類を足し、足りない際は無子の者が我子として育てあげる。違反の者は村八分とする。	①④⑦
58	佐山村	甚兵衛 平八	貧窮者が懐胎したら扶助米を下し、出産したら5、6歳まで救米を渡す。	①
59	樫山	小次郎	刺胎術・堕薬売買する者を御目見医者と組合の者に取り締まらせる。これらを行った者がいたら、妊婦・村役人ともに咎とする。極貧の者へ養育料を渡す。死胎の場合は早急に医者・役人が改める。	①⑦⑧
60	千手村	虎吉	懐胎したら五人組合に届け、組合が吟味し、出産の節は五人組合家内の者が万端に世話をし養育する。厳重に養育した者には藩から褒美を下し、養育の趣に寄り格を付けたら一統人気も直るだろう。	⑧

No.	村名	議者(肩書)	議論の要旨	分類
61	宗三村	与十郎	厳しく倹約を命じて渡世しやすくする。3人以上の子育てには少々の扶持を下す。	②⑩
62	丸山	清兵衛	雅女・密通・生涯夫婦にならない者・極貧者が子どもを生んでも親子共に飢えで悩み、養育の当てがないので堕胎・圧殺を止めることが難しい。雅女・密通は寡婦より起こり、妻が夫を娶らなければ止めるのは難しい。貧民が富裕になったら堕胎・圧殺の制禁がなくても人倫の道で自然と止むだろう。ただし15歳になれば内縁を取り結ぶように命じてほしい。すぐに貧者が富裕になるのは難しいので、生活が成り立たない者は5年間生育料1人扶持を遣わされ、もし5年たっても生活が成り立たない子は「勧農舎」へ入れ生活させる。成長したら百姓として取立る。	①⑤
63	大ヶ島村	吉五郎（五人組頭）	村々の社家共へ肝煎役を仰せつけ、両度の配札のついでに懐妊の面々を調べ、平産の上、散田1反ずつ年貢を無くし、諸掛りなどを除き、8年間御救いをしたらいかがだろうか。	③⑧
64			中以下の難渋の者へ10歳迄救米を願上、常々心得違いがないように村中示し合い、万一背いた者がいたら噂するように取り計らえば自然と慚愧の心を生じ禁止に押し移るようにしたい。	①
65	上寺村	惣左衛門	心得違いの者があったら誤書を認めさせ5ヶ月間厳しく門口に立札をする。	⑦
66	正義	八五郎（五人組頭）	まず貧民の立行方を会議し、御蔵を再起されるように議決するのがよいだろう。食に困らなければ必ず人民は増えるだろう。かつ、費えとなっている商賈を上が厳しく差し止めたら奢侈の風自ずと減り、村方において倹約すれば弊風が一変するだろう。	⑥⑩
67	北地村	真太郎	圧殺重罰であると講釈して触れるか、諸色下値で国豊かに民が生活し新株の願いを叶えるか、極貧民には御免高の土地を御救いとするか、極貧民はその分限に応じて1日に1匁5分か1匁の御救いをするか、いかが。	①⑥⑦⑨
68	佐古田	虎吉	小前極難渋の者懐胎し出生したら、養育料を下すよう願上る。	①
69	福里村	猪久右衛門代勤	流産の売薬を差し止め、陰で手業している者に停止を命じ、郡中に「子育館」を造営し、子育てできない者がここへ捨て置き、藩から乳母を命じ、秩禄を仮にお下しになるのを懇願する。養育後は郷兵や御小人として御上様の勝手次第に御軍用に取り立てたら、堕胎圧殺の禁止の見込みになるだろう。	⑤⑦
70	田中	八百蔵 亥二郎	貧民などで養育に差し詰まり、仕方なく成長させることができず誠に嘆かわしいことである。何卒「御一洗の御憐法」を願い上げる。	⑥
71	五明村	仙三郎	禁止の見込みは養育専一であると思うが、今の時節柄下方一同へ行き届く取救いは難しい。諸民においても近来の凶作で養育を取救う手段がなく、どれほど厳禁しようと心得違いに堕胎する者がいて、母の一命を失う類もあるのは嘆かわしいが、養育取救い方禁止の件は色々考えてみたが見込みはない。	⑪
72	邑久郷村	久太郎（No.43と同）	貧者で法度を守らない者のために、便のよい場所に「子捨場」を建て、育てることができない者が姓名を書付その場所へ捨て、藩が養うようにする。追々成長し御用人に遣わされたならば、今の御時勢人数の手当にもなる。それにより身元相当にもかかわらず心得違いをする者が恥じ入り、自然と人数などが増し、下方一同の繁栄となる。	⑤

No.	村名	議者(肩書)	議論の要旨	分類
73	円張	保太郎	貧福にかかわらず行っている。中以上でしている者はその家から過料を取りたてる。小前の者には徳米100俵以上の者から6歩方取立てて出産の料として遣わしたらよい。	①⑦
74	東幸崎村	柳蔵	貧家でこれがある時は村方で身元がよい者から月々1匁5分くらい取立てた除銀で育ててはどうか。	①
75	川口村	信右衛門	村役人の取締りが念入りで、特に近来窮民へは養育料を下し、その上医者中へも締役を命じたため、以来取締りも別して行き届いている。村役人・医者が骨を折ったらこれまで以上の御締まりとなるだろう。	①
76	閏徳村	亀右衛門	貧窮より堕胎圧殺を行わざるを得ない者には養育料を7、8年位下されたら自然と禁止できるだろう。娘後家などで堕胎を行う者への咎口がないのはいかがと思う。	①⑦
77	西須恵村	虎吉	近来の凶作により衣類はもとより扶食不自由な所に心得違いの者も計りがたく、説諭だけでは禁止できないだろう。これより以後懐胎の者を取調べ中以下の者へ米銭に限らず相応の養育料を願いたい。	①
78	新村	鹿蔵	懐胎人を村役人が厳重に留め置き、出産次第人馬帳へ加入する。もし「倩子」を申し出た者は大人死去同様、50日以内に白紙を張り、その上身元相応の過料銀を徴収し、村役人が預かり、極々貧民で出生の子どもを大切に育てている者へ毎月渡せば貧者の渡世の助けとなる。そうすれば人々は神罰を恐れ、恥じ、懐胎した者は申すに及ばず、家内中も無難に出産することを神仏に祈り、懐胎人の身持養生もよくなるだろう。	①⑦⑧
79	福山村	伊三郎	毎年300目ずつお下しになり、村辻へ貯え置き、年柄がよい年は村方から300目取立、それを元利として貧民養育料としたら禁止できるだろう。	①

注：肩書は⑴小林久磨雄『邑久郡史』下巻（邑久郡史刊行会、1954年）に掲載の「万延元年（1860）邑久郡大手鑑」、⑵『邑久町史史料編（別冊）邑久郡手鑑』（瀬戸内市、2008年、柴田一の解説によると安政7年3月～万延元年9月［1860］間に成立）、『岡山県歴史人物事典』（山陽新聞社、1994年）を参考にした。⑴⑵は内容に異同がある。

第九章　岡山藩議院開設前における邑久郡議事院の決議

――郷学文武館の設立過程を中心に――

はじめに

本章は明治二年（一八六九）七月より岡山藩内の邑久郡で始められた邑久郡議事院の文教政策の広がりを考察するものである。

前章において、明治二年二月より動き出していたものの版籍奉還で停滞していた岡山藩議院において、それに先駆ける形で八月より議論を開始した邑久郡議事院の開始前後の位置づけを行い、設立時の規則に基づき意見集約を行った第二回議案「堕胎圧殺禁止」を分析した[1]。邑久郡議事院の目的は、維新期の動乱のなかで地域社会が直面する問題を地域で議論するとともに、それを藩上層部へ共有させることであった。そのため「堕胎圧殺禁止」の決議および衆議書は岡山藩議長へ提出され、藩議院での再議を願った。決議そのものをすぐに邑久郡が独自に地域行政に反映させる動きが見られなかったため、邑久郡議事院では地域の集団的な意思決定を行うことができなかったのだろうか、明治七年を画期として制度化される地域民会とはその性質や目的が異なったのだろうかと疑問が残った。

これまで「地域社会論[2]」において、国訴や国集会、郡中議定などの近世後期の地域社会における自律的な地域運営システムから近代の議事制や代議制を展望する試みがなされ、近世地域社会における合議慣習から近代地域社会運営や地方民会への展開が示されてきた(3)。

本章で取り扱う邑久郡議事院は明治政府の公議制をうけて藩からの要請によって始まっており、この研究史にどのように位置づけたらよいか、筆者にはまだその答えはない。しかし、前述したような集団的な意思決定を行えたのか、否かという点を明らかにすることができたなら、廃藩置県後の地域民会との質的異同を考える一助となるのではないだろうか(4)。邑久郡議事院はあくまでも藩のもとで構想された議院であり、府県制のもとでの民会と等しく考えることはできないが、これまで事例が少なかった明治維新期から廃藩置県前の過渡期の地域における議会を紹介することに意味はあるだろう。

また本章でとりあげる決議内容は地域に「文武講習之場」を設立するものである。これは第一回議案「郷兵制度」の決議であるが、第一節ではその内容を分析する。また、第二節ではその決議が地域でどのように実現されていくのか、「興文館棄児院衆議書」と「郷学文武館起原録」を中心に見ていく。「興文館棄児院衆議書」は第二回議案「堕胎圧殺禁止」を踏まえて、さらに踏み込んだ内容として考えられた議案に対する議者六六名の回答である。

これらの分析を通して、当時彼らが教育にどのような思いを寄せていたのか、その思想を読み取り、明治維新期の地域において教育がいかなる役割を期待されていたのかをうかがう。

第一節　第一回議会決議

邑久郡議事院は七月に岡山藩議院議長にその始動を願い、運営規則である「議院制」[5]を定めた。八月五日第一回会議があり、「貧民立行方　見込可申出事」「郷兵制度　一同心を合練磨中費無之様速備実用上下御為筋之見込可申出事」といった二つの議案に対してそれぞれ「衆議書」を作成した。

そもそも邑久郡議事院では、会議当日までに村々の議者たちが各自議案を村議にかけ議書を作成する。会議開催の当日にそれをもち寄り、各村々の議書を集めて「衆議書」[6]を作成、会議で読み上げ討論した後に、主だった議書に各村の議者が一人ずつ「可」「否」「未定」と書き出し、それを集計してその多寡によって決議する。当日全てが終わる場合もあるが、そうでない場合、そのなかから同意の見込みが多い案を議頭・議頭補が書き出し、次回会議までに各議者で推考、それぞれの案に「可」「否」と決意を肩書きしたものを会議当日に持参することとなっていた[7]。よって、二回にわたった際は「可否書出」という帳面も作られている[8]。二回目の会議日にそれを集計し、決議する。最終的に、議頭・議頭補が概略を書き抜いた書上、決議書、衆議書のなかから主だった議書数通を岡山藩議院に提出した[9]。この一連の流れで運営された。

第一回議案「郷兵制度」は会議当日に討論の上、可否書出が済み、決議が行われたケースである。議案は「一同心を合練磨中費無之様速備実用、上下御為筋之見込可申出事」とあるように、郷兵[10]の修練においていかに費用をかけずに速やかに備え、実用に足りうるようにできるか、その見込みを問うものであった。

ここでは、岡山藩議院議長上島与惣兵衛に八月付で提出された「書上」[11]を引用し、邑久郡議事院の決議を紹介する。

書上

邑久郡議事院八月五日会議左之通

議案

郷兵制度

一同心を合練磨中、費無之様速備実用上下御為筋之見込可申出事

一当時既ニ御編制之郷兵元来蒙昧頑愚之農民多分探開等ニ而入隊、実忠正義之志無之、且貧民多、一時衣服美麗之粧ひ耳志シ候処〻、忽家産を破り、郷里之償を乞ひ、自然一家郷村不和合、隊外之者怨望を生し、兵員も却而技芸精錬之志を失ひ、怠惰候様相成候、第一費を省候厳禁無之而者、富強不全候ニ付、衣服之制度木綿租麻ニ限り、其外練磨中酒食之奢御厳令被仰付候ハ、練磨一図ニ相成、士気憤起、速備実用費無之様相成可申見込、十一名

一郷兵中才能御撰并予備兵之内堪其任候者郷士格ニ御取立、教授方被仰付、岡山江詰切、技芸熟練之上、所々便宜ニ従ひ、一同へ教授仕候様被仰付候ハヽ、其費無之、却而速備可仕見込、二名

（中略）

一①郷兵ハ半農半兵土着之義、御扶持被遣候分其村々散田畑之内御収箇御扶持相当之地所御渡被遣候ハヽ、田祖上納御扶持請取等運送之費ヲ省キ、且御上御損亡無之して郷兵大ニ其利ヲ得、其上地所肥立、郷里親睦、出兵中も父兄之生業不乏、上下御為筋之見込

但当否討論之上、為可者二十七名、為否者二十八名

一②郷兵三年交代ニ而者追年不残入隊、淳朴之民自然華美遊冶ニ傚ひ、遊民相増御不益之基と相成可申ニ付、

散田地多分之村方へ郷兵屋敷御取建、兵一人ニ散田地四五反ツ、被下、永代諸掛り物一切除高ニ被仰付、当時之御物成計り払上、永々郷士同様ニ被仰付候ハヽ、自然練磨相励、風俗ヲ傷ハス、兵備速整、上下御為筋之見込

但右同断、為可者十二名、為否者六十二名

一③御郡中便宜之土地見合、文武講習之道場、相設勤怠賞罰之法度相定、勤勉奨励、入費者社領寺領之内半減、御取上ヶ、右費用ニ御充被遊度見込

但右同断為可者三十二名、為否者二十七名

右之外当時練磨費用ハ山林自林藪等、運上取立申度、或ハ田畑塩浜地子米之内取立申度、或ハ富民・大庄屋・名主ゟ為指出可然等、右習練所遠近或者日数之多寡等之衆議一定不仕、右之内衣服飲食之御制度衆議大意異存無御座、文武道場相設之議為可者多く一郡決議ニ相当り、其余決意無御座候、右之趣概略書抜、外ニ決議書并衆議書之内懇ニ情態ヲ陳するもの五通相添書上申候、已上

巳八月

議頭補　射越村　晋平

議頭　西幸西村　野崎万三郎

上島与惣兵衛様

（引用文の傍線、番号は筆者が加え、欠字は省略した。以下同）

中略を挟んだが、全部で一一ヶ条の議書を書き上げ、最後の三つに「可」「否」の多寡が記載されており、可否

書出を行ったことがわかる。この三つの可否は邑久郡議事院の決議のあり方を端的に表している。

①は賛成が過半数をわずかに割った。その内容は郷兵に現在支給している扶持の代わりにその分の地所を与え、村々の散田を耕させるといったものである。この案に対して賛成は二七名、反対は二八名であった。

②は反対が多数を占めた。散田地の多い村に「郷兵屋敷」を建て、諸雑税は免除し、本年貢のみ課し、郷士並にするといった内容である。この案に対しては賛成一二名、反対六二名であった。

最後に決議があったのが③である。郡中の便利な土地に、「文武講習之道場」を設け、勤勉を奨励し、藩が寺社領を半分とりあげた分をその費用に充てるといった内容である。賛成三二名、反対二七名と、賛成が反対を五名上回った。

この決議により、邑久郡議事院の決議の指標が過半数を超えるかどうかであったことがわかる。一つ目の一つ書では、一一名もの議者が習練中の衣服・飲食に制限を設け、本人含め、郷里の家産を逼迫させないようにさせるといった趣旨の議書を出していることがわかるが、これに対し当日集まった議者[12]は概ね賛成であったとあるものの、可否書出は行われなかった。その案の趣旨が、藩から出す法度の発令を促すものになるため、邑久郡議事院では可否書出を行わず、藩にこの書上で報告するのみとしたと考えられる。この他、習練の費用の調達案として、山林藪等の運上や、田畑塩浜地子米から取り立てるといった案や、大庄屋・名主から出させる案等も出されたが、習練をする場所、日数などをどれほどにするかといった点とともに可否書出は行われなかった。

では、この「文武講習之場」を設けるといった決議はどのように展開されていくのだろうか。

第二節　「郷学文武館」の設立過程

一　第三回議案「興文館棄児院之議」について

第一節でみてきたように、第一回議案「郷兵制度」の決議は八月五日に行われた。第二回は九月五日に予定されたが、その議案は「堕胎圧殺　弊風一変銘々慙愧之心ヲ記し、自然禁止之見込可申出事」であった(13)。そもそも邑久郡議事院はその規則（議院制）によると、毎月五日に会議を行うこととされ、それまでに議案を村議にかけることになっていた。「村議之節者其村々役人中ゟ村内布告、会議議者上席、役人中立会之事」とあるように、村々でもある一定の体裁を整えて会議を行っており、議案は邑久郡議事院の会議より大分前から決めておかなければならない。「議事院録」には第一回会議後の八月十五日に議頭野崎万三郎より大庄屋の庄田・森・仁科に宛ててこの経緯を次のように記している。

以来弥御壮栄被成御座、珍重奉存候、然者議事院覚書、先回衆議書抜、并九月議案とも三通指出申候、毎々役介奉存候得共、早急村々議者中へ諸事行届候様御移せ可被下候、尤堕胎圧殺之議案議長様御内存ニ候間此段議者中へ御移置可下候、彼是当月も多忙ニ而議案布告及延引候間、何卒明日村々判形御見届之席ニ而も御通達被下候ハヽ、猶々都合よろしく役人中ゟも早々議者中へ相移候様御談被下度奉願候、右急得貴意申上度、如斯御座候、以上

八月十五日当賀　　　　　　野崎万三郎

庄田文蔵様
森太郎右衛門様
仁科恒太郎様

第一回会議では不参加者、退出、遅刻等があったため、それに対する覚書が出された[14]。それとともに議案「貧民立行方」の「衆議書抜」、第二回の議案が大庄屋経由で村々の議者に向けて差し出されたのである。

ここでは「堕胎圧殺」の議案は岡山藩議長の発案とあり、邑久郡議事院の議案策定に、岡山藩議院の意向も含んでいたことがわかり興味深い。第一節でみたように議頭の野崎は邑久郡議事院の会議内容を議長に報告していたが、それのみならず、藩議院からの意向も含みつつ議事院の運営をしていたといえる。版籍奉還で停滞していた藩議院であるが、邑久郡議事院の動向に関心を寄せていた様子がうかがえる。

また、多忙で議案の布告が遅くなってしまったので、議者へ早急に届けるように村役人へも話してほしいとあるように、第一回会議の十日後に第二回の議案が周知されたことが見て取れる。

第二回会議は議案の周知が遅かったことが影響したのか、十日ほど延期され、実際は九月十六日に行われた。その代わりに第三回議案は第二回会議で披露することができた[15]。「未進片付仕法　見込可申出事[16]」「興文館棄児院之議」の二つで、十月十五日開催予定[17]とされた。前者は本章では触れないが、後者は「教養之場相興候ハ国家之盛事といへとも其創造及ひ教育之費用ニ可充之料無之而ハ難相興、右見込可申出事」とあり、教養の場の設立費用と運営費用について衆議を求める内容であった。九月の第二回議案が岡山藩議長の意向を含んだ議題であったため、遅くなった感があるが、八月五日の「郷兵制度」の決議をうけて、設定された議案と考えられる。第一節でみたように「郷兵制度」の決議は、郡中の便利な土地に、「文武講習之道場」を設け、勤勉を奨励し、藩が寺社領を半分とりあげた分をその費用に充てるといった内容であったが、その費用の捻出方法を改めて衆議にかけたわけである。

さらに注目しなければならないのは、「教養之場」のなかに「棄児院」が増えている点である。第三回議案を決める時期は、第二回議案「堕胎圧殺禁止」を村議にかけ、議者が議書をまとめる時期と一致する。前章で分析したように、八三名の議書をまとめた「堕胎圧殺禁止衆議書」[18]には「棄児院」をはじめ「捨子館」「助育所」などその名称は違えど、子どもを地域で養育する場所の創設を提案した議者が一三名いた。そのなかでも「棄児院」の創設を主張したのは、下笠加村の幸太郎であり、彼は郡奉行香川真一が邑久郡の学館として位置づけた淳風館の教師を務め[19]、議事院でも九月の入札で特選議者に選ばれた人物である。議案を考案する一員であったと考えられる。「郷兵制度」の決議段階では郷兵養成に修練を目的とした「文武講習之場」が考えられていたが、改めて、邑久郡で教養の場を設けようと考えた際、そういった狭義のものではなく、地域の子育て支援をも含んだ広義のものとして構想しなおされたといえる。それを村々の議者と共有し、広く討論しようと考えられたのである。

二　「興文館棄児院衆議書」について

十月十五日に予定されていた第三回会議は十一月十日に延期された[20]。その経緯は不明である。「議事院録」にも十月の記録は九月に藩議院に願った特選議者の許可がおりたことを郡宰から野崎へ伝えるものだけであり、その他は全く見つからなかった。

第一項でみたように第三回議案は九月十六日段階で周知されていたのであるから、議者たちは十一月十日までの間に村議にかけて議書をまとめた。それを綴ったのが「興文館棄児院衆議書」[21]である。本章末にそれぞれの要約を一覧で掲載した。各人様々に論じているが、以下九項目に分類した。一つの意見のなかに該当する項目が複数ある場合もある。

①村々で割賦九件、②富裕者からの献金一二件、③積立金・貸付の益金六件、④生徒から謝儀をとる五件、⑤寺院・寺社料等の活用二二件、⑥諸税の見直し一九件、⑦国や藩からの下賜金・師匠の派遣一六件、⑧方策なし、反対、今はできない、一三件、⑨異存なし、具体策なし、二件、である。⑧の反対には、興文館は賛成であるが、棄児院は創設せず、養育料を支給する方がよいとする意見五件を含む。

No.1の下笠加村の幸太郎も九月の「堕胎圧殺禁止衆議書」では棄児院の創設を提案した首謀者であるが、この「興文館棄児院衆議書」では、数年は延引した方がよいとしている。以下のようである。

興文館及棄児院御創造之義者御仁政之御大挙、諸国未曾有之御盛事と者奉存候へ共、其費用許多之義故、御上様ニ而者御国事御多端之御時節於下方も近来甚貧弱之処、且昨今年歉凶打続候折柄ニ而其資料求るに所なく奉存候間、今数年之間、結構御延引被遊、先姑ク興文館ニ代事ニハ学時者禄其中ニ在、聖教ニ被為随其趣意御布令被為在候歟、又者千金ヲ以馬骨を買ふ之古轍践せられ、草莽之人材御旌賞被為在候歟、右両様之中ニ而、信を下に取給時者、志学之徒奮敷之眼を蛍雪にさらし、追年文明の風俗ニ可相化と奉存候、棄児院ニ易事にハ多子産育之者共江相当之御救育料下賜候ハヽ、是又生殖遂日弥増可申候、然ル上者両館御開基費用之半ニも不至して、其功却而倍之候哉と奉存じ候、且上是を好せ給へハ下之ゟ甚敷者ある之効相顕、終ニハ御仁厚之御趣意体認仕候者相増、義心奮敷之輩共社を結ひ費用献納、下方ゟ二院造営を願立候様可相成と奉遠察候、乍併両館創営御確定無止事之御場合ニも至候ハヽ、旧来無功者共へ被下来之御禄米一切被召上、其費用ニ被為充て候ハヽ、事足可能申と愚考仕候、一前文無功者と申上候内、特ニ甚敷者寺料社料ニ而元来恐多も神仏御帰依之御前代様ゟ寺社修造之料ニ被為宛行候義と奉存候得共、暁薄之僧徒巫覡とも仏意神道を相弁候者殆稀成事と相成、多くハ游惰徒食之者ニ而、社料寺料とハ唱候へ共絶而社寺之料ニ供せす、徒に其身之衣食ニ費し、従来難有御恩恵之程をも不顧、独永代其身所有之物と相心得、社寺之建替修復等有之節者其入費不残檀家氏子へ割付相償せ、或者年番を以御免勧化を願立、郡村を募貪等仕候を事業と相心得、既ニ前年寺方江御用金被課付候砌も檀家ゟ貪取献納仕候哉之風説承伝申候、如此所行之者故仰て御上江対無寸功、俯て下民ニ有大害、可尊信之条絶無之候間、右被下来之料者を始とし、其他無功者之禄米一切被召上、両館費用ニ被為宛行候事可然奉存候、然後巫覡僧徒之中有功之者共へハ更ニ一世之御恩禄を以御旌賞被為遊候ハヽ、右目之道義ニ奮敷も可仕と愚考仕候ニ付、如前条奉書上候、已上

下笠加村議者

己十一月

幸太郎

興文館についても消極的で、館を建てるよりも、学問をすることを奨励する風潮を上から作っていくことで箱物を作るよりも効果が倍増であるとしている。もし造営するならば、その費用はこれまで慣例化してきた寺社料をはじめとした「無功者」の禄米から支弁することを主張している。

先の分類でも確認できるように、興文館棄児院の創設費用に寺院や寺社料を活用する意見（⑤一三件）が最も多いのが特徴的である。破仏の風潮である当時、寺僧や寺料を教養の場として活用することは、寺僧にとってもかえってよいとするのは№８の乙子村善左衛門である。

興文館及棄児院議

興文館及棄院者所以継往聖開来学奉天心教人道而御政事之大本也、然今世天下大変節為流民農民為軍士諸法旧制皆改新因以物価騰貴殆十層、公候以下食禄十之一是故上下困窮至極、欲他興二館、而償其費何物有之乎、実如作室無基也難哉、仁風不行時乎、然寺僧多寛閑、而現在無益人事、且寺院高大而平生不用、却可謂有余也、右二館者可用此寺院也、用此何煩創造之失費乎、使以其隣里秀童習此館則、師者一郡へ、大教授一人・教授補数人被仰付候ハヽ、大教授者定四五ヶ所、且会日而巡会、教訓其辺教授補且俊秀之諸生、将教授補者亦其辺廻寺之教小僧秀童、然小僧読孝経論語了則使小僧廻村又教村童、是又何煩、教授師之失費乎、今也一心御発気被遊候ハヽ、次第ニ令伝習、日而有十倍之功、月而有百倍之功、三年後世上風化、必可出神童、既時勢而間有破仏之情、然ハ俄及破仏則僧徒難苦且恐有愚民、旧染之情ニ而疑惑迷蒙之輩因以暫循旧轍而、寺僧ヱ右加役御用所兼帯被仰付候ハヽ、雖煩多尚勝及於破仏寺務多事却養生ニ而可成、長命夫可知古来閑僧之短命然両全之理也、将棄児養育者使其檀家中平生遂勤倹而一層出精、為布施而将擬養育則為先祖菩提雖千部万部之読経、亦如何是善行且棄児幾許多少暗量三五八九十人而当育一児否極而可知不到棄児飢寒也、然何憂創造之失費乎、自是可為風化乎奉存候、已上

乙子邨

巳十一月十日　　善左衛門

議頭様

議頭補様

興文館については一郡で大教授一人が四、五ヶ所へ会日に巡回し、その辺の教授補や俊秀の諸生を教訓し、教

授補がその辺の寺を廻り小僧や秀童を教え、その小僧が孝経・論語を学び終え、村を廻り村童に教えたなら、教授者の費用はどうにかなるだろう。今は破仏の時勢であり僧徒が困っているが、この加役を仰せ付けたら寺務は多くなってもかえって寺僧の養生になって両全の策である。棄児院については棄児の養育は檀家に平生勤倹を遂げさせ、先祖菩提の読経の布施を養育に宛てさせたら、善行であろう。棄児三万五八九〇人ほどいるが、まさに一児を育てることが棄児を飢寒に至らせないことにつながる。どうして棄児院を創造する費用が心配になるだろうか。興文館と棄児院は政治の大本である。しかし今は天下の大変な時であり、流民があり、農民も軍士となり、法制は皆改新、物価は騰貴し武士の食禄も十分の一となっている。これにより社会は困窮しており、この二館を興すといってもその費用はどうすればよいか。すなわち寺院の僧侶や領知を用いるべきであるとする。

第一節でみたように第一回議案「郷兵制度」の決議は、郡中の便利な土地に、「文武講習之道場」を設け、勤勉を奨励し、藩が寺社領を半分とりあげた分をその費用に充てるといった内容であった。「興文館棄児院」の費用に特化した第三回衆議においても過半数とはいえないものの、多くの議者から提案されているといえよう。

三　「郷学文武館起原録」について

第三回会議は時間の都合上決議には至らなかった。しかし、同じ十一月に邑久郡議事院議頭野崎万三郎・議頭補射越村晋平から岡山藩議長・郡宰の両者へ「郷学文武館」の創立が願われた。その顛末を記したのが次の「郷学文武館起原録」[22]である。

御内意奉懇願口上

一御政体御改革ニ付而ハ広く言路御洞開、追々御郡々議事院御開ニ相成、既ニ①邑久郡八月ゟ開議仕居申候処、御国家之御為憂慨之志有之者甚乏敷、衆議持論多く一己之私意我欲ニ成り種々人心引立候得共、元来固陋蒙昧ニ而確乎之公議難相立、却而議事院之規則等相妨甚敷ニ至り候而者、惣体御一新之御所置ヲ以、怨望之心ヲ抱キ、彼是私ニ誹謗等仕候様相成、甚以可歎息次第、其事情推考仕候処、従来治安因循姑息之世態ニ馴れ、偏ニ仁柔之御政体ヲ仰キ、無学文盲ニ而時勢不相弁処ゟ之義ニ而於役人共も御一新之御布告尚半信半疑ヲ不免、此侭ニ而ハ折角御仁政被為立行候而も御趣意容易ニ貫徹難仕、其間万一自然之機変御座候而も一同頑愚ニ而ハ説諭行届不申、②旁以御国家之御為と存込ニ付、郡中所々文武館相興申度、尤昨今年之凶作ニ而当節民家窮乏之時ニハ相当り居候得者尚年々多少之富民も御座候処、是迄ハ空敷怠惰遊楽ニ打過居申者少敷悔悟之念を生し、③於役人共も近来之御触書等ニ指支候処ゟ志学之念相起り居申折柄、此時ニ乗し一時之勢ヲ以文房武場相開候得ハ、自然と義理相弁御一新之御趣意も速ニ貫通可仕と奉存候、素郷村中ニ而村役人共富民之風俗一変候得者、其勢即座ニ押移候者郷里之常態ニ御座候、尤是迄者折節生質好学之者御座候而相学せ候得ハ、自然慷慨鬱勃相伸不申処ゟ怠惰悪癡之者と相成、却而産業ヲ失ひ、家ヲ亡し候程之義も御座候得共、当時ハ人才御登傭之時節自然相応之人物出来候得ハ、、一郡中ニ而相応之任責被為命候ハ、、右等之憂ハ有御座間敷、勿論空く遊楽風俗相乱し候者と同日之論ニ無御座、其上④近来ハ郷兵御編制とも相成候義、右入隊之者共ハ別而技芸練磨之余力ヲ以文武館へ出入学問仕せ、傍剣術稽古仕せ候ハ、、士気相養ひ、出兵之節、他藩応接之御都合ニも可相成と奉存候、既ニ当二月ゟ当郡乙子村ニ而同志之者申合、聊之文房相開、近辺社方之内相頼、教授致罷居申処、先般ゟ社方一同大隊御組立、技芸練磨或出兵等被仰付候ニ付、文房会席相怠り有志之者共甚望を失ひ、当惑仕居申候、右ニ付此度一郡一ヶ所郷学館被仰付、傍剣術稽古被仰付度、尤当郡下笠加村ニも既ニ近来文房相開居申ニ付、右等ヲ始、遠近

便宜ニ随ひ、⑤追々五六ヶ所附属之文武館相興、一ヶ年四五度諸館之諸生郷学館へ会合、互ニ研窮相励合候様被仰付候ハヽ、一同難有奉存、風俗も一変可仕と奉存候、尤郷学館土地柄之模様熟考仕候処、当郡神崎村近郷最寄宜敷、殊ニ先当郡中ニ而ハ近辺富民多々村々其上有志之者会合便利ニ御座候間、⑥同所成願寺へ御移合被仰付、師範之御方様御壱人同村へ在宅ニ御指向被仰付候ハヽ、当時借宅ハ有志之者ゟ借受差出、⑦勿論学館中諸入用、是又有志之者共年々別紙之通出来開館仕度奉存候、尚開館之上、同志之者共相増候ハヽ、其節ニ御噂申上、追々盛ニ相興し申度、素先ツ指当り同志之者共会社取結、御国家之御為と存込、御噂申上義、何卒右御師範御指向、寺院移合之両条、御採用も被仰付候ハヽ、別段之御役介筋不申上、一郡他郡ニ不拘、有志之者共勝手次第出席仕、近郷郷士郷兵并村役人子弟其外見元ヶ也ニ相暮し居申者ハ何卒余力ヲ以、会日出席学問仕候様、御布告被仰付候様、夫々御採用之程、奉熟願候、左候ハヽ、御一新之御政体速ニ貫通仕、御余沢を以議事院公議も相立、上下一致、御国威相輝キ候様相成、一同難有可奉存候、乍恐別段見込書付相添、右之趣偏ニ奉熟願候、以上

議頭補射越村　晋平

巳十一月　　議頭西幸西村　野崎万三郎

上島総衛様

津田道彦様

その設立の目的は、まず、議事院において当時①一己之私意我欲に陥り、確乎とした公議が立たないことが問題となっていたが、②郡中の各地に文武館を興すことで③義理をわきまえ御一新の趣旨を貫徹できるようにすることがあげられている。また、④郷兵の修練も当然目的とされている。⑤郡中に五、六ヶ所増設していく予定で

あるが、この「郷学文武館」はその中心として考えられており、まずは⑥神崎村成願寺に移転を願い、その場所に創立するとしている。

⑦にもあるように、郷学館創設の費用は、有志一〇名[23]が結社し、毎年各人一〇～二〇俵の米を出し合い、積立米によって賄うこととされた。また、引用末にあった見込書は次のようである。

御内意書上

一邑久郡江此度郷学文武館被仰付度、御内意懇願書之趣、万一御採用も被為遣候ハヽ、左之通被仰付度

一当時郷学館邑久郡神崎村成願寺ニ而相開申度同寺へ御移合被仰付度

一伊木若狭様元御家来是迄邑久郡虫明村御住居此度御藩列ニ被為召出候、太田杏三様右郷学館文房教授惣裁ニ御指向、右神崎村へ御在宅ニ被仰付度

一池田兵庫様元御家来右同様被為召出候、邑久郡邑久郷村岡田勝様御同人御子息同姓太郎様郷学館武場剣術御師範ニ御指向、隣村之義其侭御在宅に被仰付度

一邑久郡邑久郷村神職児仁井三岳、尾張村医者横山謙斎、下笠加村幸太郎、乙子村善三郎共右文房教授補助仕候様、夫々へ御移合被仰付度

一同郡神崎村名主鬼三二俊治、同村五人組頭誠之治鷹治、乙子村泰作、右五人共会社之者共へ申談郷学館諸世話元〆仕候様御移合被仰付度

一同郡下笠加村文館掛之面々是迄之通無懈怠出精、此度相興候神崎郡郷学館へ互ニ来往研窮、時々会合相励合候様、別段御移合被仰付度右之通夫々御移合被仰付候ハヽ、別段御厄介不申、上下方会社取結、文武館相興、兵隊之者とも志気相養ひ人民御教導之一助とも相成、上下御為筋有志之者とも志を遂、一同難有可

奉存候、夫々見込之趣乍恐為御内意書上申候、已上

議頭補射越村　晋平

巳十一月

議頭西幸西村　野崎万三郎

上島総衛様

津田道彦様

この願いは十二月七日に郡宰から聞き届けられた。

おわりに

本章では、邑久郡議事院の決議からその実現の過程をみてきた。そもそも第一回会議「郷兵制度」の決議であった文武道場の創設が、第三回議案設定時に「教養之場」として地域の子育て支援を含み合わせた広義の教育振興策をいかに実効のある形で実現できるかを議論するように変遷し、最終的には、その第一歩として「郷学文武館」の設立が実現した。その設立目的は郷兵の養成はもちろんのことであるが、御一新の地域行政を担う人々の養成が大きく位置づけられていた。

前章で指摘したが、邑久郡議事院で主導的な役割を担い、議論を活発なものとする素地となっていたのは、郡の学館淳風館の教師たちであった。しかし、淳風館に出席していたのは、ほとんど村役人の子弟であったという。[24]明治維新期にはそれよりも裾野の広い「教養の場」の創設が地域運営の鍵と考えられており、その半面で寺院の活用等も目論まれていたといえる。

【注】

（1）拙稿「岡山藩議院開設前における邑久郡議事院について―明治二年「堕胎圧殺禁止衆議書」の分析を中心に―」（『岡山県立記録資料館紀要』第一六号、二〇二一年）。

（2）代表的研究として、藪田貫『国訴と百姓一揆の研究』校倉書房、一九九二年、谷山正道『近世民衆運動の展開』高科書店、一九九四年、平川新『紛争と世論』東京大学出版会、二〇〇一年、谷山正道『民衆運動からみる幕末維新期』清文堂出版、二〇一七年、今村直樹『近世の地域行政と明治維新』吉川弘文館、二〇二〇年。

（3）伊故海貴則「明治維新期地域社会における「多数決」導入―静岡県駿河国地域の地租改正をめぐる合議を中心に―」（『立命館大学人文学研究所紀要』第一二四号、二〇二〇年）を参考とした。

（4）「地域社会論」をうけて、岡山藩における一国レベル・一郡レベルの大庄屋集会を分析したものに定兼学『近世の生活文化史』（清文堂出版、一九九九年）がある。定兼の論に学びながら、近代移行期の地域における議会の位置づけを明らかにするのが今後の課題である。

（5）岡山県立記録資料館所蔵明治前期岡山県吏野崎家資料「議事院録」A60-1（以下、同資料群からの引用は資料番号のみ記載する）。これは議頭野崎万三郎が邑久郡議事院に関係する記録を書き留めたものである。

（6）邑久郡議事院では七月に規則を定めたが、八月の初会で、不参加者（二、三名）、退出（三名）、遅刻、議書の不統一等があったため、八月付でそれを取締まる「覚」が出されている。その中に、議書が合冊しやすいように「議書認方区々ニ而不都合ニ付以後、規則之通半紙竪二ツ折、合冊都合能く議案一ヶ条ツ、別々ニ相認可申事」とある（「議事院録」A60-1）。

（7）前掲注5。

（8）第一回「貧民立行方衆議之内可否書出」（A60-10）、第二回「堕胎圧殺禁止衆議書之内可否書出」（A60-11）。

（9）第一回「郷兵制度」（「議事院録」A60-1）。第三回の「未進片付方見込」「興文館棄児院」は十月より新設の特選議者が「衆議書」から主だった議書を選別している（「邑久郡議事院会議書上」A60-16）。詳しくは前掲注1。

(10) 岡山藩では慶応二年(一八六六)に「惣触」が出され、軍制改革を実施、郡奉行七人が「農兵御取立御用」に任命され、村方から農兵が取り立てられていった。その後「耕戦隊」と改名、同四年の組替えで「遊奇隊」と改称した(谷口澄夫「備前藩の農兵制度」『瀬戸内海研究』第七号、一九五五年、吉田恵子「幕末農兵制度採用の必要性について―岡山藩の場合―」『軍事史学』第八号、一九七三年、岡山県史編纂委員会『岡山県史 第九巻 近世Ⅳ』一九八九年、政次加奈子「岡山藩における農兵の取立過程」『岡山地方史研究』第一五六号、二〇二二年、等参照)。ここで議案となっている「郷兵」はその後継と考えられる。

(11) 前掲注5。

(12) 引用の四つ目の一つ書より、当日少なくとも七四名が参会したことがわかる。

(13) 第二回は他に「下方難渋事件」についてもとりあげられたが、こちらは当初から決議をする予定はなく、意見がない者は議書を持参せずともよいとされたので、衆議書も残っていない。よって、「堕胎圧殺禁止」が主な議案であったといえる。

(14) 前掲注6。

(15) 前掲注5。

(16) 八月五日の第一回議案「貧民立行方」「郷兵制度」とともに明治維新期の村々が抱えていた諸問題をトータルに考えるには年貢未進の問題を抜きにしては考えにくい。しかし、本章では前章に引き続き、邑久郡議事院を先導した地域の医師や教師を中心とした知識人が、明治維新期において、地域振興をいかに構想し、教育にどのような役割を期待していたのかという点を先行して考察するため捨象した。機会を改めてぜひ分析してみたい課題である。

(17) 邑久郡議事院は前述したように規則(議院制)で毎月五日に開催としていたが、九月の開催が十六日になったため、村議にかけ、議書を作成する一ヶ月を確保するためか、開催日がずれていったようである。

(18) 拙稿前掲。

(19) 下笠加村幸太郎(一八一八〜一八九五)。のち児島東雄と改める。淳風館教授となったのは元治元年(一八六四)であるが、文久元年（一八六一）より宗三村で私塾発蒙館を開いて青少年の教育にあたっていた（小林久磨雄『邑久郡史』下巻、邑久郡史刊行会、一九五四年、『岡山県歴史人物事典』山陽新聞社、一九九四年）。

(20) 前掲注6のように第一回会議後、不参加（二、三名）、退席（三名）、遅刻等が問題視されていたが、九月の第二回でも不参加者は一一名に増え、議頭野崎から大庄屋庄田・仁科・森に対し規則（議院制）の徹底を周知してほしいと依頼している。そのなかには「村々役人中ニおゐても御用繁之折柄余分之手数相掛候義ニハ御座候へとも是又御国家之御為何分等閑之義無之様御頼上度、役人中ゟ議者へ之通達遅延之廉も御座ニ而不都合御座候間此段為念御移置可被下奉頼候」とあり、業務多端の村役人を通しての議者との連絡に苦労している様子がうかがえる。

(21)「興文館棄児院衆議書」A60-13。

(22) 岡山県立記録資料館所蔵二〇一四年度収集諸資料「郷学文武館起原録」A88-4。

(23) 西幸西村野崎万三郎、南幸田村守吉、五明村尚太郎、射越村晋平、川口村新六郎、西片岡村森吾、北幸田村定平、乙子村慎吉、同村善三郎、新村多喜次。このうち、議者は西片岡村森吾、北幸田村定平である。

(24) 紙幅の都合で割愛したが、「上書写」（明治二年九月、A60-71）の山田庄村円蔵の乍恐口上に、「既ニ当郡ニハ下笠加乙子両村ニ而有志之人々文学教授仕居候得共、右文館出席仕候者十之八九ハ役人共之子弟ニ而」とある。

表　「興文館棄児院衆議書」一覧

<table>
<tr><th rowspan="2">No.</th><th rowspan="2">村名</th><th rowspan="2">議者</th><th rowspan="2">堕圧禁止
衆議書No.</th><th>興文館について</th><th>棄児院について</th><th rowspan="2">分類</th></tr>
<tr><th colspan="2">両院共通</th></tr>
<tr><td rowspan="2">1</td><td rowspan="2">下笠加村</td><td rowspan="2">幸太郎</td><td rowspan="2">(1)</td><td>今から数年の間は延引して、その代わりに、学問をしたら禄につながるように聖教（漢学）に基いて布令するか、草莽（在野）の人材を表彰するかして人々に学問をすることに信用をつけさせたら、年を追って文明の風俗に化すだろう。</td><td>今から数年の間は延引して、その代わりに、子どもが多い人に相応の救育料を下賜する。</td><td>⑤
⑧</td></tr>
<tr><td colspan="2">両館を建てる費用の半分以下で、効果は倍になるだろう。上がその風潮を好んだら、下からも義心がある者が結社し、費用を献納、両館造営を願うようになる。しかし両館造営することが確定の場合は、旧来功績がない者へ下してきた禄米（特に該当するのは寺社料）を一切召上げ、その費用に当てたらよい。</td><td></td></tr>
<tr><td>2</td><td>尾張村の
内中村</td><td>横山謙斎</td><td>(2)</td><td>所々で有志の者が結社し教授所を設けているし、まだ無い所も仰せ付けたらすぐにできるだろう。師となる人は博学多識でなくとも善行で人から信用のある人がよい。社寺・里正・医者・議者・分相応の暮らしをしている者まで暇日に文館に出入りし学業をするように公命で仰せ付けたら速やかに改まるだろう。学ぶ機会を逸してきた者もいるので老幼に関わらず入学する様厳命するとよい。堂宇も師弟が入れればよく、費用も少しだろう。国中一斉に築造せずとも仮屋でもよい。師の束脩は執事が人々から春秋に取立、官倉に貯めておけばよい。</td><td>外国では人口を増やし、土地開墾を進めるために有志の富裕者が建てていると聞いている。皇国では兼ねてより禁止しているし、もしそうでなくとも父母が慈愛の心を失い人倫の大綱を失っては国家の恥辱に関わる。もし盛んに行われたら、父母を蔑む弊害も出てくるだろう。最も堕胎圧殺が多いための仁策であるとは察するものの、堕胎圧殺は厳律を出したら消滅するだろう。もし棄児院の費用があるならば、貧民多子の者へ賑救するか、貧院や病院を設けてはどうだろうか。</td><td>①
⑧</td></tr>
<tr><td>3</td><td>鶴海</td><td>大月立節
喜平治</td><td>(3)</td><td colspan="2">文館・棄児院は国家の至宝であり、速やかに造営した方がよいが、莫大の費用がなくては行いがたい。現状では藩・村々ともに困弊しているため、朝廷から各郡へ毎年現米六百石ずつ下賜し、両院の造営・教育の費用に充てたらどうか。または国内の演劇場や妓楼に課税し両院費用の一助としてはどうか。</td><td>⑦</td></tr>
</table>

<table>
<tr><th rowspan="2">No.</th><th rowspan="2">村名</th><th rowspan="2">議者</th><th rowspan="2">堕圧禁止衆議書No.</th><th>興文館について</th><th>棄児院について</th><th rowspan="2">分類</th></tr>
<tr><th colspan="2">両院共通</th></tr>
<tr><td>4</td><td>豆田村</td><td>松原俊二</td><td>(4)</td><td>最寄りの寺院をそのまま文館に仰せ付ける。講師・読書師・習字師は藩校より派遣し、手伝いは遊民から出し、両者ともに藩から扶持を支給する。諸雑費は村々が負担。ただし富裕者に元請を仰せ付け一郡限りで富裕者に割賦するか、興文講を立てるか談合すること。</td><td>棄児院については費用が莫大でできない。しかし、当村から先議で述べているように社寺領・山林の冥加銀を取り立てるか、議院・棄児院名義の手形を銭札で摺りだし、2割8年賦で国中へ貸付、その益銀を手当としたらすぐにできるだろう。銭札の貸付は藩側村側両者にとって良策である。諸運上や郡中割等は未進を重ね物価騰貴となるため両者に益とならない。</td><td>①
③
⑤
⑥
⑦</td></tr>
<tr><td>5</td><td>福元村</td><td>一吉</td><td>(5)</td><td colspan="2">留場の鳥獣被害が深刻であるので、猟業を許可し村々から運上を取立、文館・棄児院入用とするとして積み立てる。両館の入費に備えなくとも追々農民の為になるので自然と冥加金を献納するようになるだろう。</td><td>③
⑥</td></tr>
<tr><td rowspan="2">6</td><td rowspan="2">山田庄村</td><td rowspan="2">栄三郎</td><td rowspan="2">(29)</td><td>文館については少しの入用でも下方衰弱の折柄であるが、すぐに興したいと兼ねてより私たちで願ってきた。費用は中農・上農が持つようにしたら貧民の害にはならず、賢才が増えるだろう。</td><td>西洋では行われているが本朝では行われていない。人々が窮迫している時に大掛りな事業を興しても続かない。人口が増えるためには人々に仁政を施し、刑罰を省き、税金を下げ、人々を富ませたらよい。日を追って人数が増えるだろう。</td><td>①
⑤
⑥</td></tr>
<tr><td colspan="2">文館・棄児院は当時の急務であるが、今はそれにあてる費用もなく、民家は窮乏し、仁義礼智を説くよりも、衣食が足りるよう政治を行えば自然と弊風が一変するだろう。もっとも、ある議者の説に村々の諸川の運上金取立たり、鳥狩を許可してその運上金を両館の費用としたら利国利民両全の策となるとあったり、あるいは寺院を廃し寺領をもってその入費にあてる等の論説があった。</td><td></td></tr>
<tr><td>7</td><td>上笠加村</td><td>後一郎
(後衛)</td><td>(28)</td><td></td><td>堕圧と五十歩百歩で親子の仁義の風化を損なう。また眼前の成長する子どもに慈愛を抱き、多子で共に窮乏するよりは出産前に処置しようという心情から不義を行っているということはわかっていない。忍んで堕圧は行っても棄児院に子どもを入れることはできず、棄児院を興しても実功はなく、あったとしても弊害がでてくる。また入費の総計も予めできていないと思うので、興院しなくとも、極貧民で育てかねている者に規則を立てて扶助したら父母が自分で養育することが最もよいと思われる。</td><td>⑧</td></tr>
</table>

<table>
<tr><th rowspan="2">No.</th><th rowspan="2">村名</th><th rowspan="2">議者</th><th rowspan="2">堕圧禁止
衆議書No.</th><th>興文館について</th><th>棄児院について</th><th rowspan="2">分類</th></tr>
<tr><th colspan="2">両院共通</th></tr>
<tr><td rowspan="2">8</td><td rowspan="2">乙子村</td><td rowspan="2">善左衛門</td><td rowspan="2">(35)</td><td>一郡で大教授一人が4、5ヶ所へ会日に巡回し、その辺の教授補や俊秀の諸生を教訓し、教授補がその辺の寺を廻り小僧や秀童を教え、その小僧が孝経・論語を学び終え、村を廻り村童に教えたなら、教授者の費用はどうにかなるだろう。今は破仏の時勢であり僧徒が困っているが、この加役を仰せ付けたら寺務は多くなっても却って寺僧の養生になって両全の策である。</td><td>棄児の養育は檀家に平生勤倹を遂げさせ、先祖菩提の読経の布施を養育に宛てさせたら、善行であろう。棄児3万5890人ほどいるが、まさに一児を育てることが棄児を飢寒に至らせないことにつながると知るべきである。どうして棄児院を創造する費用が心配になるだろうか。</td><td>⑤</td></tr>
<tr><td colspan="2">興文館と棄児院は政治の大本である。しかし今は天下の大変な時であり、流民があり、農民も軍士となり、法制は皆改新、物価は騰貴し武士の食禄も十分の一となっている。これにより社会は困窮しており、この二館を興すといってもその費用はどうすればよいか。すなわち寺院の僧侶や領知を用いるべきである。</td><td></td></tr>
<tr><td>9</td><td>尻海</td><td></td><td></td><td colspan="2">無住の空寺を用いたら檀家が修復する煩いもなく、入費も減少する。入費については①留場の殺生を免じてその運上金を課す。②留場の食害が減る分、百姓へ冥加金を課す。③浦々漁業益銀をあてる。</td><td>⑤
⑥</td></tr>
<tr><td>10</td><td>南幸田村</td><td>勘治郎</td><td></td><td>宮社拝殿、無住寺院をその土地に応じて仮に興し、雑費は月々に学文料を取立、預け置いて利分を破損入用にして、過分は積立、そもそも二季の謝礼はせず、高弟の者へ2、3人ずつ万事周旋したら、近い内に規則も立つだろう。</td><td></td><td>③
⑤</td></tr>
<tr><td>11</td><td>小津村</td><td>熊右衛門</td><td>(46)</td><td>興文館は一個人、家、村、国のためにもなる一大事のことであるが、新たに造営するのは現状では難しい。従来各地にいる子供師匠に藩から扶持を与え、いない地域では村役人から出して手伝わさせたらよい。</td><td>御一新の折柄弊風が改まるようにしたい。貧民に養育料を与え、追々制度ができたらよいが、急に改めると国民が疑惑を持つだろう。棄児院の衆議が一決したら棄児院を1ヶ所造営して養育料が足りるようにするか、その費用を懐胎中から出産以後の養育料として直にその家へ渡すか二つの方法でこの先3ヶ年試してはどうか。二つを一度に造営して不用になったらよくない。</td><td>⑦</td></tr>
</table>

<table>
<tr><th rowspan="2">No.</th><th rowspan="2">村名</th><th rowspan="2">議者</th><th rowspan="2">堕圧禁止
衆議書No.</th><th>興文館について</th><th>棄児院について</th><th rowspan="2">分類</th></tr>
<tr><th colspan="2">両院共通</th></tr>
<tr><td>12</td><td>神崎村</td><td>鷹次衛</td><td>(34)</td><td>身許がよい者から米麦1、2俵取立て、造営の費用とする。館内の規則は大先生は藩から仰せ付ける。7月と12月の2回に謝儀を渡す。上分は10匁、中分8匁、末分6匁、女子もこれに準じる。難渋人で志のある者は無謝儀。順席は貴賤に関わらず、出精次第。</td><td>増やされた村役の除高分を番役で補って当年だけ減らし、その分を院内赤子育料や造営入用にしたらよい。</td><td>②
④
⑥</td></tr>
<tr><td>13</td><td>大ヶ島村</td><td></td><td>(63)</td><td>一里四方の最寄りのよい寺院をそのまま文館にする。諸先生は藩から、手伝いは村々から出し、諸入用は藩が持つ。文館の諸入用は村々が割賦。その方法は郡中で相談するべきである。この元請を富家に仰せ付け、他に世話方を書算が達者な人物に仰せ付けられたい。</td><td>棄児院については入用がかかりすぎて村々では手段がない。イギリスでは10分の1の年貢と聞いており、諸色下値で小児養育料も少なくすむが、現在の取向では村々では力が及ばない。また当国では夫口糖藁代という年貢外の物成があるが、今回の改革で不用になったと聞いている。これをこの手当にしてはどうか。</td><td>①
②
⑤
⑥
⑦</td></tr>
<tr><td>14</td><td>福永村</td><td>弥平</td><td>(13)</td><td colspan="2">費用がないので興すことは難しいが、一郡に千石ほど下して興したら国家の盛事で上下のためになる。</td><td>⑦</td></tr>
<tr><td>15</td><td>東幸西村</td><td>吾吉
(弥介)</td><td></td><td colspan="2">①樋守給を調整して余分を教養の入費とする。②子どもの生育儀礼の祝儀を分限に応じて倹約して棄児院にあてる。③葬式・法事も同様、分限に応じて倹約すれば人一人助けることができ、目前の天利にかなうだろう。</td><td>⑥</td></tr>
<tr><td>16</td><td>長船村</td><td>夏太郎</td><td>(37)</td><td colspan="2">天下の大変革になり、諸藩減米の分が太政官へ収租されると聞いているがそこから1万石を文児教育料を仰せ付けたらよい。</td><td>⑦</td></tr>
<tr><td rowspan="2">17</td><td rowspan="2">飯井島</td><td rowspan="2">額田太仲</td><td rowspan="2">(6)</td><td>費用は村々の寺子屋をやめ、そこに行っていた手習子を興文館に集め、謝義を集め、それを3年間運用した銀とその年の謝義で賄う。師匠は家業がない者や医者・住僧・神職がしたら、その内しかるべき人も出てくるだろう。</td><td>棄児院の養育師匠などは色々やり方があるだろうが、棄児があった際は乳母に扶持を下す。</td><td>③
④
⑤</td></tr>
<tr><td colspan="2">最寄りの寺院を興文館と定め、その側に棄児院を造営、その入用は村々の寺社の林から竹木を寄進したらよい。</td><td></td></tr>
<tr><td rowspan="2">18</td><td rowspan="2">下阿知村</td><td rowspan="2">市郎治</td><td rowspan="2">(36)</td><td></td><td>極貧であっても棄児を嫌って自宅で養育したい者へは養育料を遣わす。</td><td>①
⑥
⑧</td></tr>
<tr><td colspan="2">教養場を一郡に一ヶ所建てるなら大ヶ島、上寺、尾張、横尾あたりがよいだろう。大家や無住寺を借用し、樋守給・山守給を減らすなどして藩が費用を仰せ付け、教授人や乳母等は村々が給銀を遣わし、院内の支配人も仰せ付けたらよい。</td><td></td></tr>
</table>

No.	村名	議者	堕圧禁止衆議書No.	興文館について	棄児院について	分類
				両院共通		
19	宮下	嘉次郎	(14)	人の子を養育できるのか、乳母は確保できるのかなど見込みを算段することは現状難かしい。		⑧
20	西須恵村	虎吉	(77)	文館については成長次第、禅寺へ入学させ、それぞれ働けるようになったら村々の絶株に取り立てる。	檀家不足の無住寺を棄児院に採用。養育料は修行者の米麦を当てる。	⑤
21	奥浦村	豊蔵	(16)	便利のよい社寺内にきめ、教授方が2、3日巡回すれば自然と盛んになる。教授方は藩から派遣して、入費は諸生が償えば藩・村々両者のためになる。	院が定まったら窮家より数多くの棄児があるだろうが、見込みを立てるのは難しい。	④ ⑤ ⑦
22	鹿忍村	泰介		村々社寺に村役人文館を建て、教授方は藩から指向け、2、3日で廻ったら自然と文館も盛んになるだろう。雑費は月々諸生から取る。	棄児院は10ヶ年間、村々で仕法で積立なくては、見込みを立てるのが難しい。	④ ⑤ ⑦
23	冨岡	与一平	(18)	寺院を文館として最寄りの医者や心掛けがよい者が補助したら修行も上達して費用もかからず、現在の藩・村々の為になる。	棄児院10ヶ年の仕法①棄児は1月1人、1年12人、10年120人。②棄児11〜15歳迄のものは奉公、16〜20歳迄は給銀の半分ずつを児童と院へ出す。③藩から小児へ1人扶持下賜。④諸郡から年々助成として米20俵ずつ送ること。⑤自郡は臨時乳母等周旋すること。⑥棄児が成長した後、親元が絶家の心配がある時は返すこと。このように当郡で試みにしてみて近い将来に繁栄したら諸郡でも1ヶ所ずつ造営したらよい。	① ⑤ ⑦
24				先に国中の山林の樹木を年々枝打ち・根切などしているので、興文館・棄児院の創造・教育費用にしてはどうか。		⑥
25	東須恵村	伸太	(50)	興文館・棄児院については檀家不足で無住となっている寺を孤艱館と呼ぶこととする。養育の費用は、便利がよい地に乞食を止める関所を4、5ヶ所造営し、非人番を付け、少しの金銭で他国へ追払うようにする。村々で日々の諸勧進は1年間にすると少なくなく、極貧村では特に迷惑している。このように止めたならば、他国無益の施行も止み、孤独の者を憐み、撫育したならば追々庶民が増し国益となるだろう。棄児成長の発端にもなるだろう。		⑤
26	笠輪村	庫平 （小兵衛）	(51)	興文館・棄子院の費用見込みはない。		⑧
27	横尾村	東吉	(19)	教導の者も100人いたら50人は貧家のため、苗字を許し、扶持を下したら、恩義に思い益々教授に励むだろう。文館を立てたり、堕胎圧殺についても趣意書を日々熟読させたら地域で風俗が一変し、生育が増すだろう。		⑦

<table>
<tr><th rowspan="2">No.</th><th rowspan="2">村名</th><th rowspan="2">議者</th><th rowspan="2">堕圧禁止衆議書No.</th><th>興文館について</th><th>棄児院について</th><th rowspan="2">分類</th></tr>
<tr><th colspan="2">両院共通</th></tr>
<tr><td>28</td><td>邑久郷村</td><td>勝蔵</td><td></td><td colspan="2">幼児の教養は最寄りの場所に造立するのが国家の繁栄にもなるが、失費でもあるため藩から少々の償いも下されたら村々も奮発するだろう。</td><td>⑦</td></tr>
<tr><td>29</td><td>田中</td><td>亥二郎
八百蔵</td><td>(70)</td><td colspan="2">費用については色々考えたが妙案はない。大庄屋以下の村役人や富裕者に年々冥加米を出させてはどうか。</td><td>②</td></tr>
<tr><td>30</td><td>庄田村</td><td></td><td>(20)</td><td colspan="2">新たに造営するのではなく、各地の寺々を採用したらよい。寺は減っても出家方の人数が減らなければ、檀家の支障にはならない。院館の修復や教育費用は百姓から当秋の米麦1升2升ずつか、町方からはそれ相応の金子を集め、世話人を決めて組み立て費用としたら行き届くだろう。先生は藩から仰せ付け、男子6、7歳になったら入学する様にしたら、自然と優秀な者も出て藩・村々双方のためにもなるだろう。</td><td>①
⑤
⑦</td></tr>
<tr><td>31</td><td>上阿知村</td><td>兵次郎</td><td>(45)</td><td colspan="2">造営・教養費は村々で償うのではなく、藩からの拝借金等仰せ付けられたい。</td><td>⑦</td></tr>
<tr><td>32</td><td>宗三村</td><td>与十郎</td><td>(61)</td><td colspan="2">村議は一決せず、教育の費用にする見込みはないが、いづれ衆議するが、富家が奮発しないで興すのは難しい。</td><td>②</td></tr>
<tr><td>33</td><td>八日市村</td><td>賢治</td><td>(39)</td><td>寺社の樹木を相応の値段で売払い、興文館教養の入用にしたらどうか。</td><td></td><td>⑤</td></tr>
<tr><td>34</td><td>大山村</td><td>安太郎</td><td>(12)</td><td colspan="2">村議は一決しなかったが、富家の者たちが奮励したら教育の費用に充てるべき財源が整うのではないだろうか。</td><td>②</td></tr>
<tr><td rowspan="2">35</td><td rowspan="2">牛文村</td><td rowspan="2">宗一郎</td><td rowspan="2">(25)</td><td></td><td>藩も御一新の折柄なので、郡中に1ヶ所ずつ炭薪売捌方を決め、冥加銭を取り立てたら棄児院の入費となるのではないだろうか。</td><td>⑤
⑥</td></tr>
<tr><td colspan="2">寺社領を半分にして、その分を5年間積立たらその費用になるだろう。また、1郡に2、3ヶ所運用の雑蔵を設け、貸付、5年程積立てたらこれもまた費用手当になるだろう。</td><td></td></tr>
<tr><td>36</td><td>上寺村</td><td>惣平
(惣左衛門)</td><td>(65)</td><td colspan="2">興文館と棄児院の議は否である。</td><td>⑧</td></tr>
<tr><td>37</td><td>豊安村</td><td>徳三郎</td><td>(41)
徳左衛門</td><td colspan="2">創造は結構であるが、今年の作柄では費用がなく、暫く延引し、豊作になったら造営を願いたい。</td><td>⑧</td></tr>
<tr><td>38</td><td>佐山村</td><td>甚平
平八
(代人源六)</td><td>(58)</td><td colspan="2">寺に定めてほしい。教育費用の当ては除地や、不熟の場所に植えてある林木を切払い、地主から少々払わせても苦しくないのではないか。1村で1石ずつであっても国中では1000石半になる。これを棄児院免と名付け、年々取立たらどうか。</td><td>⑤
⑥</td></tr>
<tr><td>39</td><td>(寿富)</td><td>河野兵衛</td><td>(53)</td><td colspan="2">高にかけるわけではないが、1石につき1合の見込で、普段から余力を貯えさせ、指し出させたら、1郡に余程の費用の見込みとなるだろう。</td><td>①</td></tr>
<tr><td>40</td><td>上山田村</td><td></td><td>(10)</td><td>1郡に1ヶ所ずつ藩から造営、教授方も一切施行してほしい。村々では多事の折柄であるのでこれを用立てるのは難しい。</td><td>棄児院の創造・養育料は幾康館で執行してはどうか。</td><td>③</td></tr>
</table>

No.	村名	議者	堕圧禁止衆議書No.	興文館について	棄児院について	分類
				両院共通		
41	大塚	喜平次	(42)	しかるべき考えがない。		⑧
42	佐井田村	小四郎（小介）	(30)	堂や無住の寺で、費用は村役人の諸用を軽くし、除高を軽くしてほしい。	間米などが止めになったが、やはり割高1石に1升ずつ名主の手元に残し積み立ててこの入用に当ててほしい。	⑤⑥
43	射越村	杏平	(23)	大庄屋以下の役人や富裕者に分限相応の冥加米を出すように布令する。神職・医者・坊主も同様か。	2、3年の間見合わせたら、年貢未進も片付き、窮民も生活がよくなったら禁止すべきである。また、文館が執行し各々が慙愧の心を起こしたら弊風が一変し、棄児院は不用になるだろう。	②
44	虫明村	真五太 角太郎	(24) 太郎兵衛、角太郎	1郡に大文館1ヶ所、中文館4、5ヶ所（大庄屋1組合に1ヶ所ずつ）小文館は大村に1ヶ所、小村か最寄りよい土地は2～5村で1ヶ所設ける。入費や創造料は1年で一家当たり米3升ずつ藩から下されて、村内有志の者で与力米を組立て、その村相応の造立をしたらよい。		②⑦
45 48	磯上村 西岡	周造（弁右衛門）	(55)	教養の場所は当郡では下笠加あたりに仰せ付けられたい。乳母は近隣の村から申し出るようにする。入用は酒造益銭をあて養育したらよい。		⑥
46	西幸西村	條三太		よい考えがないので、議頭・議頭補・特撰衆中でしかるべく議論くださるよう。		⑧
47	樫山	小次郎	(59)	組合に1ヶ所、寺に設置し、費用は社寺林木を当てる。		⑤
49	百田村	元次郎			貧民が捨子などをしたらその母を取調べて呼出し、乳母扶持給を仰せ付けて成長したら男子は兵隊に遣し、女子は貧民で妻がいない者へ縁付かせる。乳母扶持給は国中の富家から下方徳米金として日2割ずつ冥加として取立る。	②
50	東片岡村	定平（代人源之介、和市郎）	(26) 勧太、和一郎	最寄りのよい場所の空寺などを拝借し教授を仰せ付け、入用は、この度廃止された船持の帆別銭をこれまでの通り取立て当てたらどうか。		⑤⑥
51	福里村	両八郎（真タ右衛門）猪久太（猪久右衛門）	(49) (69)	費用の見込みはない。		⑧
52	北幸田村	定平	(27)	空寺を拝借して教授を仰せ付ける。入用は身持ちのよい百姓から米1俵か2斗5升取集め積立て、追って諸入費を取計ったらどうか。		②⑤

<table>
<tr><th rowspan="2">No.</th><th rowspan="2">村名</th><th rowspan="2">議者</th><th rowspan="2">堕圧禁止
衆議書No.</th><th>興文館について</th><th>棄児院について</th><th rowspan="2">分類</th></tr>
<tr><th colspan="2">両院共通</th></tr>
<tr><td>53</td><td>新池村</td><td>周蔵
(代人峰造)</td><td>(40)</td><td colspan="2">藩から仰せ付けられた花料300ずつと非人小屋の者の物もらいがなくなった分で1軒1ヶ月に2合を取よけ、100軒で年々2石4斗になる。この2つ入用に宛てたらよい。</td><td>⑥</td></tr>
<tr><td>54</td><td>向山村</td><td>喜代二</td><td>(8)</td><td colspan="2">大庄屋以下下役人は勿論富裕者から身許相応の冥加米を年々差し出させたらよい。</td><td>②</td></tr>
<tr><td>55</td><td></td><td></td><td></td><td>文館の費用は諸運上を拝借し、富裕民から諸銭を徴収するのは当然だろう。</td><td>棄児をその家に留め、養育料を与えるのが藩・村々双方の為である。</td><td>②
⑥
⑧</td></tr>
<tr><td>56</td><td>山手村</td><td></td><td></td><td>志ある面々から議院のたびごとに出金するか、郡中で別に富家から出金して積金を起こすように仰せ付けてほしい。</td><td></td><td>②</td></tr>
<tr><td>57</td><td>鹿忍村</td><td>梅次郎</td><td>(31)
梅介</td><td>神職の家か寺を文館として諸生を集める。先生は藩から遣わし、給料も藩から出す。文館の失費は諸生から償う。</td><td>棄児院は立てない方がよい。</td><td>④
⑤
⑦</td></tr>
<tr><td rowspan="2">58</td><td rowspan="2">丸山</td><td rowspan="2">清五郎</td><td rowspan="2">(62)
清兵衛</td><td>藩側は多端の入費、村側は不作で難渋しており、富裕の者はしかるべき考えがあるものの、心ある者が修練している状態である。</td><td>棄児院も同様。</td><td>⑧</td></tr>
<tr><td colspan="2">二ヶ条とも見込はない。</td><td></td></tr>
<tr><td>59</td><td>小津村</td><td>貞次郎</td><td></td><td colspan="2">夫米口米糖藁代を免じられて、文館棄児院費用としたらよい。</td><td>⑥</td></tr>
<tr><td>60</td><td>牛窓村</td><td>用之介
三九郎</td><td></td><td colspan="2">異存はない。</td><td>⑨</td></tr>
<tr><td>61</td><td>宿毛村</td><td>伊太郎</td><td>(48)</td><td>乙子村か西幸西か希望は議頭様の内であるが、定めて作ってほしい。</td><td></td><td>⑧</td></tr>
<tr><td>62</td><td>邑久郷村</td><td>久太郎</td><td>(43)</td><td>4ヶ所候補の場所があるが、組合の内で場所を相談するのがよいだろう。</td><td>乙子村御蔵の夏麦を貧民に貸すことにしていたが、これも今年のことであるので止めるように仰せ付けられたい。もしそれができないのなら年延をお願いしたい。</td><td>③</td></tr>
<tr><td>63</td><td>虫明村</td><td>真五太
角太郎</td><td>(24)
太郎兵衛、角太郎</td><td></td><td>棄児院は見込みが難しいが、ます岡山に大棄児院を創造する。1郡には2、30ヶ所ないと行き届かず、いずれは1村に2～5ヶ所造らないと、赤子を運ぶのは難しい。人目も忍び難い。創造料は1年に8郡で1万俵ずつ、入費は8郡で2万俵ずつで〆て3万俵である。ただし、村数750村と見込み、1村で2ヶ所と定めて、1500院、1院に1年で20俵ずつの見込みである。</td><td>①</td></tr>
</table>

No.	村名	議者	堕圧禁止衆議書No.	興文館について	棄児院について	分類
				両院共通		
64	千手村	虎吉	(60)	家別1年で1日ずつ足役（2升立）があるが、その半分の1升を村役人に預け、1ヶ村100軒ならば1石、1000軒で10石、1万軒には100石あるので、この石数で教養場諸入用にしたらよい。		⑥

注：「分類」は本文にも明記したが以下の9項目である。①村々で割賦、②富裕者からの献金、③積立金・貸付の益金、④生徒から謝儀をとる、⑤寺院・寺社料等の活用、⑥諸税の見直し、⑦国や藩からの下賜金・師匠の派遣、⑧方策なし、反対（興文館は賛成も含む）、今はできない⑨異存なし、具体策なし。

結びと展望

中期幕藩制において、新井白石は将軍を起点とした万民のための政治改革を構想、「礼」を通して社会を再編し、為政者・被治者へ「国家」を観念させるために将軍家の「祖」である神祖家康の顕彰と、官位制度の起点となっている天皇家の保護をはかった。正徳の改鋳や、武家官位制の整備といった「礼」の思想的裏付けが「鬼神論」や「祭祀考」であり、「礼」によって再編された富が個人を超えた「家」に継承されていくために構想されたのである。

そもそも、なぜ幕藩制の転換期において、のちに「明君」と評される為政者たちは儒学者を登用し、政治改革を行ったのか。戦国期からすでに為政者たちは仏教勢力を弾圧し、自らを神格化、そのもとで天下国家の樹立を行ってきたが[1]、近世社会においても、為政者主導で富の再編を行う際には、儒学ベースの「家」を観念させ、その継承を視野に改革が構想される傾向にあったからである。本書で分析の中心とした新井白石は、幕府の経済危機に面し、将軍が社会の永続的な繁栄を調整する役割を担ってこそ、正当性を担保できるとして、富の再編を「礼」によって行い、それを将軍家に継承させるために「鬼神」を論じた。これは、「家」を土台とした国家観念を中期幕藩制において適合的に創出する試みであったといえる。

そして、その延長上にあるのが、第四章でみた、松平定信である。彼が飢饉に対応するために行った藩政改革が、祖先顕彰を飢饉に対応する「財」創出の起点とし、自らを神格化したのも同様である。また、幕政改革においては自らの藩政改革を模範としながら、朱子学を正学としつつ、全国的に備荒貯蓄制度の整備を推奨、江戸では町奉行所が主導して七分積立金を創出した。これらは、近代において東京府の財源となった。

第五章で取り扱った後期水戸学は、改革思想であるものの、為政者の祖にとどまらない「天祖」をその国家観の中枢に据えた点において、単なる延長線とはいえない。後期水戸学で企図されたのは、「外夷」に対する備えを幕府主導ではなく、いかに地域に創出するかであったが、その起点に「天祖」が置かれ、このことにより、草莽の志士が直接的に政治に与かれるチャネルが飛躍的に開かれた。

定信は、自らが模範となり、人々の修養を広く求め、公共「財」を為政者の「祖」のもとに創出し、その運用を為政者自身が行うことを可能としたが、自身を「神」とするなど、その修養の度合いは個々人が到達するには著しく困難な次元にまで到達しており、近世における修養を基礎に置いた公共「財」の構築の限界点に達していたといえる。

一方後期水戸学は、為政者個人の「祖」ではなく、国家を創始した「天祖」をその改革思想のもとに置いたことにより、直接的に万民がその「祖」に連なることができるとし、人々が「兵」「財」の捻出のために主体的に生活や習俗、またはその総体としての社会構造の調整を抜本的に行いうる思想構造となった。「国家」を観念する個々人は、天「祖」をその最高位に置き、その政治性のもとに公共「財」を創出する。そこでは、それまで祖先よりもより高次な存在とされてきた神仏をもその再編の対象とされうる。新政府の登場とともに、「祖先」と仏教・諸宗教が切り離され、社会の再編を行いやすくしたのが、神仏分離であり、その土壌において「国体」を観念する人々が主体的に廃仏毀釈を行ったのが明治維新といえる。安丸が『神々の明治維新』において全国的な廃仏毀釈の広がりを総体的に明らかにしたが、その土壌は近世改革期に儒学者たちによって耕されてきたといえる。

では、このような儒学をもとにした祖先顕彰を政治に据えた改革思想を、幕藩制の中央から眺めるのではなく、それが活発に行われた地域に視点を変えて観察してみてはどうか。地域史料を紐解いてそれを試みたのが、「第二部　岡山という地域から」である。

岡山藩では、藩政確立期から儒教による祭祀を領内に推奨し、仏教に先祖祭祀を委託することを退けた。寺請制が主流であった当時の幕藩制において特異な政策を推し進めたが、次代ではこの「孝」を中核に据えた宗教政策は緩和され、藩主による宗廟祭祀のみに限定され、明治初期まで続けられた。岡山藩政では、藩政初期に祖先祭祀を政治のもとに置いたことにより、池田家家臣団は公的な経営体となり、それを行った池田光政自身も「明君」として顕彰され、藩主・藩士が政治に与かるためのチャネルとなった。[2] 光政自身は領内に葬祭を通して人々の生活や習俗の再編を促し、「家」の確立をもとに領内政治の立て直しをはかろうとしたが、当時の幕藩制において、それを永続的に貫徹する必要性はなく、為政者の「道徳」性を顕彰することによって、政治性を感覚的に呼び覚ませる装置となったといえる。

岡山地域において、祖先祭祀を介して改めて個々人が政治に参画する画期となるのは、尊王攘夷運動に共鳴した藩士たち、「復古派」「開明派」が活躍した幕末から明治初期である。城下では平田篤胤の「新鬼神論」を思想的背景にもつ「復古派」の「公正塾」が開かれ、そこで学んだ藩士たちが全国の志士たちと交流・周旋した。平田篤胤は新井白石の「鬼神論」を継承しつつ、儒学者たちに反駁する形で、鬼神・神の実在を明らかにし、さらに「鬼神はその族類に非ざれば、その祭を歆けず」（『左伝』）という儒学的主張に対して、鬼神はそのような制限なしに祭りをうけるものであり、またそのような枠に関わりなく霊異をあらわすだけの能力をもつものであることを多くの実例をあげて論じた。それにより、より多くの個々人がその幽冥観のもとに政治に参画する端緒となったのである。この平田派国学の幽冥観の上にさらに岡山藩では上田及淵らが道徳性を強くした「皇学」を藩士たちに教授した。彼らも、後期水戸学を信奉し「国体」を観念する個々人と同じくして、主体的に廃仏毀釈を行った。そもそも新井白石は「鬼神論」において、個人の善行が家に積まれるというように、個人ではなく、家にその善（徳）を継承させていくことにより、社会・国家をそのもとに形成していくと考え、「祖」を顕彰することによって個々人がその善性を帯びた政治性に与かることができると考えたが、篤胤は白石が依拠した儒学という縛りを外し、古事記をはじめとした神学と適合させ、個々人がより身近に「祖」を顕彰しうる幽冥観を構想したといえる。これらは政治主体を形成する過程であり、その主体のもとに次代へと継承されるべき規範・公共「財」が生み出される。そして、それは主体同士により客観的に形成されるものではなく、個人の感情に基づいた主観的なものであり、「祖」つまり、故人から発し、政治主体を規制する性質をもつ。近世から近代移行期の政治主体の形成の特異点は、そういった政治主体の形成が「家」を基礎とされたことにある。国家という閉じられた空間に政治主体を形成するために、祖先神の肥大化がはかられ、国家の枠を飛び越えうる仏教などの諸宗教からの分離＝神仏分離がなされた。

その一方で、政治主体への規制が少ない形で規範や公共財を社会に生み出す方策として、維新期に急速に導入されていくのが、「議会」である。こちらは、主体同士で行う客観的なものといえる。岡山藩では、「復古派」と対立した「開明派」が維新期に議会を開き、新しい時代の人材育成を模索した。そこでは、人材を育て上げる社会を構築するために、人々の生活や習俗の再編が議論された。維新期という画期にあたって抜本的な富の再編が企図され、地域の寺院を新たな教育施設に転換、公的な教育機関として活用する道が模索された。

「復古派」と「開明派」は藩内で対立関係であった[3]が、しかし、この「議会」も決して、「祖」の規制から自由であったわけではない。「議会」と同時に郡奉行が主導して地域で進められた地域財源の一つとなった社倉は、人々の積立金によってできた公共「財」といえるが、その完成に際してそれを祝う祭礼が地域の神社で行われた(4)。神社が地域財政の結集点を象徴的に表す場であったといえよう。

本書でみてきたのは、近世から近代にかけて、「国家」という閉じられた空間を作り、そのなかで政治主体を形成し、輿論を調整、公共「財」を創出するための模索であったと換言できる。序でみたように、小路田泰直は『日本近代の起源(5)』において、話し合いに基づく輿論政治の安定化のため、輿論の上により広大で奥行きのある「死者の輿論」を置き、私利私欲に引き裂かれがちな輿論を輿論の名において抑制するといった鎌倉以降の近代への模索を明らかにした。本書においては、近世における儒学者が経世家であり、儒学が個人的修養を重視し、欲の調整を含んだ学問であるという要素を重視し、「祖」を置くことによる輿論の調整は国家のもとに公共「財」を創出するためであった点を明らかにし、その理解のもとに、神仏分離・廃仏毀釈を位置づけた点に特色がある。近世から近代の政治改革が常に「祖」をもとにした手法をとり、後期水戸学・平田国学によって、それに与かる主体の広がりがもたらされたが、大政奉還、王政復古といった新しい政治体制への転換に際して、いかに人々から社会に有益な公共「財」を形成するかといった根源的な問いに対する極めて近世・近代的（modern）な回答がなされたといえるのである。

明治維新期に神仏分離・廃仏毀釈があったことは、この「祖」による政治主体の形成と、公共「財」創出の思想的系譜から理解される。その後、民権運動が最高潮となる明治十年代には、幕末期以来の治外法権の撤廃、関税自主権の回復、国家財政の立て直しを実現するため、国会の開設を模索する人々が地域で活躍したが、岡山の一地域では、民権運動家が招魂祭を行い、維新期に活躍した尊王家を顕彰することによって、自らの運動の原動力とする論理をもつに至った。[6] 彼らは地域代表の県会議員でもあり、養蚕・製糸業の立役者たちでもあった。[7]

ここには、幕末維新期に国家のために尽力した尊王家を新たな「祖」とし、彼らを顕彰することによって、自身が道徳性をもった政治性を帯び、社会のなかで新たな政治的主体となって活動に参画していく様子がうかがえる。これは近世以来の政治主体形成の手法といえ、「議会」という、規範や公共「財」を主体同士により客観的に形成するための場を生み出すための原動力が、「祖」つまり故人の「国家」に対する模範的な行動の顕彰――これは感情に基づく規範といえよう――から発しているといえるのである。[8] 近代における政治と思想を考える上で、この近世以来の政治主体形成の系統を無視しえないことを指摘して、他日稿を改めて論じることにしたい。

【注】

（1）安丸良夫『神々の明治維新―神仏分離と廃仏毀釈―』岩波新書、一九七九年、一二三頁。

（2）深谷克己「明君の創造と藩屏国家（一）」（『早稲田大学大学院文学研究科紀要哲学・史学編』第四〇号、一九九四年）の他、岡山藩士浅田源太夫知信の蔵書形成から十八世紀後半の池田光政顕彰の一端をみた論考として、拙稿「一岡山藩士家代々の学習活動―藩主家族の側仕えと蔵書形成を中心に―」（『岡山県立記録資料館紀要』第一三号、二〇一八年）がある。

（3）谷口澄夫「香川真一遺稿「自伝稿」（上）」（『瀬戸内海研究』第一一号、一九五七年）。

（4）「諸御用留帳」明治二年一月十一日、岡山県立記録資料館所蔵明治前期岡山県吏野崎家資料A63‐111。

（5）小路田泰直『日本近代の起源』敬文舎、二〇一五年。

（6）岡山県苫田郡鏡野町の民権運動家・中島衛は地域で郷党親睦会を組織し、美作地方の自由民権運動の中心的人物であったが、明治十二～十三年（一八七九～八〇）の国会開設請願運動の真最中である十三年九月二十五日に美作の二宮高野神社で行われた招魂祭の発起人であり、当日祭文を読み上げた。祭られたのは、明治維新における尊王の志士たち立石正介・妹尾三郎平・桜井新三郎・安東鉄馬であった。中島については、ひろたまさき「美作の民権家・中島衛について」（藤井駿先生喜寿記念『岡山の歴史と文化』福武書店、一九八三年）を参照。「招魂祭広告」（鏡野町教育委員会所蔵中島家文書）は『鏡野町史　史料編』（鏡野町、二〇〇八年）所収。

（7）発起人は中島の他に、両備作国会開設建白上京総代の井手毛三（備中）、三村久吾（備前）、また、美作国の豪農であり、もともとは東北条郡知和村庄屋であった内田饒穂、勝南郡行信村庄屋矢吹家の出であり、幕末期に津山藩で国事周旋運動に従事、外事掛を務めた矢吹正則、元勝山藩士族の加藤平四郎ら一二名である。

（8）宮地正人「幕末期から民権期の岡山県域」（『地域の視座から通史を撃て！』校倉書房、二〇一六年、第一部自由民権への幕末維新架橋の試み）では、中島らが行ったこの招魂祭を、岡山県では明治十二年九月、山陽道諸県議連合の試みが高崎県令によって弾圧され、十三年四月には全国的に、集会条例という政治集会弾圧法規が公布されるなど、権力側の露骨な運動抑圧政策に直面、改めて弾圧を受け続ける自分たちの政治運動を歴史的に位置づけ、幕末維新期の運動とのつながりを自覚し、自覚することによって自分たちの政治運動の正当性と困難にうちかつ勇気を獲得する動きとして位置づけている。本書では、政治に与かろうとするものが、「祖」を顕彰することにより政治的主体となりうるといった、近世的政治手法の延長線にこの招魂祭を理解する。この展望に基づいた美作地域における近世から近代にかけての詳論は後日に期す。

初出一覧

序　章「近世《modern》・近代の礼と国家」　新稿

第一章「新井白石の礼制構想と鬼神論の関係性―積み重なる制度と「祖」の観念―」（奈良女子大学史学会『寧楽史苑』第五三号、二〇〇八年二月）

第二章「新井白石の貨幣論―中期幕藩制における貨幣危機と「国家」構想―」（東北大学大学院文学研究科日本思想史研究室『日本思想史研究』第四一号、二〇〇九年三月）

第三章「新井白石の政治論―『読史余論』を中心に―」（奈良女子大学史学会『寧楽史苑』第五七号、二〇一二年二月）

第四章「松平定信の政治思想―『宇下人言』を中心に―」（『奈良歴史研究』第七六号、二〇一一年六月）

第五章「後期水戸学の国体論」（二〇一二年一月に奈良女子大学に提出し、同三月に博士（文学）の学位を授与された博士論文「日本近世社会における政治改革と「祖」の観念―近代政体の源流―」に収録、未発表論文）

第六章「江戸前期岡山藩主の先祖祭祀とその思想背景」（『岡山県立記録資料館紀要』第九号、二〇一四年三月）

第七章「幕末維新期における岡山藩国学の死生観と祭祀」（『岡山県立記録資料館紀要』第一四号、二〇一九年三月）

第八章「岡山藩議院開設前における邑久郡議事院について―明治二年「堕胎圧殺禁止衆議書」の分析を中心に―」（『岡山県立記録資料館紀要』第一六号、二〇二一年三月）

第九章「岡山藩議院開設前における邑久郡議事院について（その二）―郷学文武館の設立過程を中心に―」（『岡山県立記録資料館紀要』第一七号、二〇二二年三月）

結びと展望　新稿

あとがき

　カトリック信者である母に連れられ、幼いころから教会やミサを身近に感じてきた。お城の見える堀端の教会が私の原風景にある。その一方で、母の実家が奈良の東大寺近くにあり、夏休みは長期滞在していたが、毎日朝晩には祖母が仏壇・神棚にお供えを欠かさず、お盆には三日三晩御詠歌をあげて先祖供養をするといったように、こちらも熱心な仏教徒であった。別に祖母と母がその点において仲が悪かったわけではなく、それぞれがそれぞれの信仰を大事にしていたのだが、幼な心によくわからないものの、そういった儀礼を通じて、両者には両者の、種類は異なるけれど、神聖なものがあると感じてきた。二つの異なる信仰に触れる幼時体験が、私が日本社会と宗教について、関心をもつきっかけとなった。

　奇しくも奈良の大学に行き、日本史を勉強しながら、古社寺巡りをするなかで、仏像の宗教的な美しさに心動かされた。しかし、その一方で、それを社会的に退けた歴史、廃仏毀釈があったことを知る。それまで蜜月であった神仏世界がなぜ痛みを伴って分離されたのか。何か別のものを生み出すためであったのではないか。卒業論文で選んだこのテーマは、あまりにも漠然としたものであるものの、現在に至るまで変わっていない。

　この茫漠とした問いを拾い上げ、考える場を与えてくださったのは、奈良女子大学の小路田泰直先生である。中世史の西谷地晴美先生と合同で行われていた卒論演習では、両氏により学生の疑問や発想を最大限に活かすアドバイスがなされ、時代を限定せず、多種多様な研究テーマが乱立していた。その自由で、学問を楽しむ気風により、多大な学恩をいただいた。学生の問いを掘り下げ、研究へと昇華させる両氏の指導がなければ、私のような問いが一書となることはなかったであろう。また、西村さとみ先生には、折に触れて研究者としての姿勢のようなものを教えていただいた。学生の問いや議論を常に柔らかく嚙み砕き、要点を示してくださり、その温かさにいつも励まされた。当時の奈良女子大学の比較歴史社会学コースにおける学際的で温かな雰囲気は西村氏が常に意識して作られていたように思う。そして、院生時代、問題関心だけ強く、劣等生だった私を最もささえてくれたのは、今は亡き伯母である。大学近く、東笹鉾町にあった母の実家での、病身の伯母との二人生活は、その後の私に生きる力をくれた。確実に悪化する病状にありながらも、最期まで強く生きた彼女の姿は私の心に深く刻まれ、彼女を見送った経験は、私にとって何事にも代えがたいものとなった。伯母の死によって、借家であった母の実家はなくなり、幼いころ見た風景は、記憶のなかだけに残ることとなった。伯母の生前に博士論文を見せることができなかったことは悔やまれるが、博士論文提出後、十二年の時を経て本書までたどり着けたのは、伯母からもらった思いや力によるだろう。

博士論文を提出し、大学院を修了した後は、岡山に転居し、資料館に職を得た。当時の館長である定兼学氏は、初任者である私を古文書の専門員として様々な機会を設けて育ててくださった。何の地縁もなく、ただ、儒学興隆の地としての関心だけで岡山にやってきた私が、現在も研究を続けていられるのは、定兼氏と、先輩であり同僚の上井良子氏、山下香織氏の理解や働きによる所が大きい。また、毎年行う企画展準備で山本秀夫氏と岡山県内各所の調査をしてきた。香川県からの通勤で、時間に限りがあるなかでも、それを上回る熱意で地域資料を博捜し、生き生きと自分の言葉で資料からみえる地域像を伝えていかれる氏の姿を見るにつけて、真摯に資料と向き合うことの大切さを教えていただいた。近年、文化行政が後退し、正規の専門職員が減っている一方で、過疎化により地域での資料の守り手も急速に不足し、資料館への資料レスキューの相談も多くなっている。地域資料を取り巻く状況は年々厳しくなっているといえるが、多端にわたる業務のなか、孤軍奮闘している職員も多く、その疲弊が心配される。現在、私たちが生きている社会をより深く知ることができる場が失われないように、人と資料が双方向に持続可能な仕組みとはいかなるものか、非正規ではあるものの、一文書館職員の立場から、そういった環境作りへの思いを絶やさずに邁進していきたい。

院生時代からの友人や、資料館を利用する郷土史家の方たち、資料整理ボランティアの皆さんからは、多様な資料との関わり方、一人一人異なる「歴史」への思いや向き合い方を日々教わっている。歴史は一握りの歴史家だけのものではない。残された「文字」や「風景」を読み解くことさえできれば、誰もが自分が生きる社会をより深く知ることができる。自らの「生」に沿った「歴史」を自身で模索することは、一人一人の「生」をゆたかにする。そういった、人のゆたかな「生」を育む資料が社会に活かされ、学問が多様で開かれたものとなるように、これからも試行錯誤していきたい。

出版の機会を与えてくださった、西谷地先生、小路田先生に改めて心より感謝申し上げたい。博士論文提出後に機会をいただいていたにもかかわらず、自らの着地点が定まらず、十二年も時が経過してしまった。岡山での論考を重ねるなかで見えてきたものを形にしたいと恥を忍んで申し出たところ、当初からかなりの時間が経過していたにもかかわらず、対応してくださったこと、本当に有難く感謝している。博士論文とその後の論稿を一つにまとめる作業は、想像以上に難産になり、小路田先生と同期の斉藤恵美氏には岡山まで足を運んでもらい、研究報告の場をわざわざ設けてもらった。また、再度奈良において西谷地ゼミでも報告の機会をいただいた。諸氏には、不出来な私をここまで励ましてもらい、本当に感謝している。塙書房の寺島正行氏には、時間がたった上での突然の申し出にもかかわらず、理解して編集の労をとってくださり、大変お世話になった。深く感謝申し上げたい。

最後に、大学院に進学して以来、数多くの心配をかけてきたものの、一番近くで私を理解し、ささえ続けてくれている家族に、いつもありがとう、と伝えたい。特に、自身が育った「家族」の関係に悩みながらも、信仰をささえに私たち「家族」を思い、ささえてきてくれた母に感謝して本書を終える。

二〇二四年三月

近藤萌美

近　藤　萌　美（こんどう・めぐみ）

略　歴
2005年　奈良女子大学文学部卒業
2012年　奈良女子大学人間文化研究科博士後期課程修了、博士号（文学）取得
同年　岡山県立記録資料館古文書等整理専門員、現在に至る

主要著書・論文
「新井白石の貨幣論―中期幕藩制における貨幣危機と「国家」構想―」（『日本思想史研究』41、2009）
「松平定信の政治思想―『宇下人言』を中心に―」（『奈良歴史研究』76、2011）
「明治初期小田県の地域学習結社―興譲館と一新社の記録から―」（『岡山県立記録資料館紀要』11、2016）
「一岡山藩士家代々の学習活動―藩主家族の側仕えと蔵書形成を中心に―」（『岡山県立記録資料館紀要』13、2018）
「明治初期備中地域の啓蒙社における教科書の調達について」（『岡山県立記録資料館紀要』18、2023）

近世《きんせい》日本《にほん》の礼《れい》と国家《こっか》

2024年11月5日　第1版第1刷

著者　近　藤　萌　美
発行者　白　石　タ　イ
発行所　株式会社　塙　書　房
〒113-0033　東京都文京区本郷6丁目26－12
電話　03(3812)5821
FAX　03(3811)0617
振替　00100－6－8782

富士リプロ・弘伸製本

定価はケースに表示してあります。落丁本・乱丁本はお取替えいたします。

ISBN978-4-8273-1356-7 C3021

事　項

と

は

ひ

ふ

へ

ほ

ま

み

め

も

ゆ

よ

り

れ

人　名